W0342751

ADMINISTRACIÓN, GESTIÓN Y COMERCIALIZACIÓN EN LA PEQUEÑA EMPRESA

ESTRATEGIAS PARA LA CREACIÓN DE UNA EMPRESA

CICLO FORMATIVO

ADMINISTRACIÓN, GESTIÓN Y COMERCIALIZACIÓN EN LA PEQUEÑA EMPRESA

ESTRATEGIAS PARA LA CREACIÓN DE UNA EMPRESA

Araceli Alonso Sánchez
Diplomada en Ciencias Empresariales.
Técnica de Formación e Inserción Profesional. INEM

Javier Gándara Martínez
Licenciado en Ciencias Económicas y Empresariales.
Catedrático de Formación y Orientación Laboral

José Manuel Salinas Sánchez
Licenciado en Derecho.
Profesor de Enseñanza Secundaria de Formación y Orientación Laboral

REVISIÓN TÉCNICA

Eugenio Ruiz Otero
Profesor Técnico Administrativo de Formación Profesional.
Economista

McGraw Hill

MADRID • BUENOS AIRES • CARACAS • GUATEMALA • LISBOA • MÉXICO
NUEVA YORK • PANAMÁ • SAN JUAN • SANTAFÉ DE BOGOTÁ • SANTIAGO • SÃO PAULO
AUCKLAND • HAMBURGO • LONDRES • MILÁN • MONTREAL • NUEVA DELHI
PARÍS • SAN FRANCISCO • SIDNEY • SINGAPUR • ST. LOUIS • TOKIO • TORONTO

Libro de texto correspondiente al Módulo Administración, Gestión y Comercialización en la Pequeña Empresa, perteneciente a Ciclos Formativos de Grado Medio y Grado Superior, que forma parte de los materiales curriculares del Proyecto editorial McGraw-Hill y ha sido debidamente supervisado y aprobado.

ADMINISTRACIÓN, GESTIÓN Y COMERCIALIZACIÓN EN LA PEQUEÑA EMPRESA • GRADO MEDIO Y GRADO SUPERIOR

No está permitida la reproducción total o parcial de este libro, ni su tratamiento informático, ni la transmisión de ninguna forma o por cualquier medio, ya sea electrónico, mecánico, por fotocopia, por registro u otros métodos, sin el permiso previo y por escrito de los titulares del Copyright.

DERECHOS RESERVADOS © 1999, respecto a la primera edición en español, por
McGRAW-HILL/INTERAMERICANA DE ESPAÑA, S. A. U.
Edificio Valrealty, 1.ª planta
Basauri, 17
28023 Aravaca (Madrid)

ISBN: 84-481-2322-0
Depósito legal: M. 17.044-1999

Editor: Óscar García Sanz
Cubierta: Estudio F. Piñuela
Preimpresión: MonoComp, S. A.
Impreso en Edigrafos, S. A.

IMPRESO EN ESPAÑA - PRINTED IN SPAIN

DEDICATORIA

A nuestras familias

AGRADECIMIENTOS

Al economista Antonio Sánchez Gómez, director del IES Venancio Blanco, por su asesoramiento en una ciencia tan compleja como la contabilidad.

A Ana, por su ayuda.

A Susana Sánchez, por su impulso.

A Rubén, por su disposición.

CONTENIDO

Prólogo **11**

Unidad de Trabajo 1. La idea **13**

1.1. Introducción 14
1.2. Satisface necesidades 14
1.3. Factor diferenciador 15
1.4. Nuevos yacimientos de empleo 16
1.4.1. Servicios de la vida diaria 17
1.4.2. Servicios para la mejora de la calidad de vida 18
1.4.3. Servicios culturales y de ocio 19
1.4.4. Temas medioambientales 20

Unidad de Trabajo 2. Estudiando mi negocio **23**

2.1. Introducción 24
2.2. El producto 24
2.2.1. Niveles de producto 24
2.2.2. Tipos de productos 25
2.2.3. Características del producto 26
2.3. El mercado 27
2.3.1. Tamaño del mercado 27
2.3.2. Tipos de mercado 28
2.3.3. Estructura del mercado 28
2.3.4. El mercado meta 28
2.4. Nuestros clientes 29
2.4.1. Lo que debo saber de mi cliente 29
2.4.2. Factores que influyen en nuestros clientes 30
2.4.3. Fases del proceso de compra 31
2.5. La competencia 32
2.5.1. Nuestra empresa en el mercado 33
2.6. Dar a conocer nuestro producto 33
2.6.1. Canales de comunicación 34
2.6.2. Eficacia de los instrumentos de comunicación 35
2.7. Distribución del producto 36
Anexo. Dónde buscar información para hacer un estudio de mercado 37

Unidad de Trabajo 3. ¡Así hacemos nuestro producto! **39**

3.1. El plan de producción 40
3.1.1. ¿Cómo se confecciona el plan de producción? 40
3.1.2. ¿Qué utilidad tiene el plan de producción? 40
3.1.3. Ejemplo de un plan de producción 40
3.2. La gestión del almacén 42
3.3. ¿Cuánto tiempo se emplea en realizar el proceso productivo? 43
3.4. Cálculo de los costes a través de un ejemplo 44

3.5. El punto muerto o umbral de rentabilidad 45
3.6. El período medio de maduración o ciclo de explotación 46

Unidad de Trabajo 4. Mis colaboradores 51

4.1. Introducción 52
4.2. Convenios colectivos 52
4.2.1. ¿Qué es lo que contiene un convenio colectivo? 53
4.2.2. Tramitación 53
4.3. La jornada laboral 54
4.3.1. Descanso diario 54
4.3.2. Horas extraordinarias 54
4.3.3. Descanso semanal 54
4.3.4. Fiestas laborales 55
4.3.5. Vacaciones anuales 55
4.4. El salario 55
4.4.1. Concepto de salario 55
4.4.2. Estructura salarial 55
4.4.3. El salario mínimo interprofesional 56
4.4.4. Liquidación y pago del salario 56
4.4.5. Pagas extraordinarias 56
4.5. Deducciones salariales 58
4.5.1. Cotización a la Seguridad Social 58
4.5.2. El Impuesto sobre la Renta de las Personas Físicas 60
4.6. ¿Cuánto nos cuesta un trabajador? 60
4.7. Si somos autónomos, ¿pagamos a la Seguridad Social? 60
4.8. ¿Qué contratos hago? 62
4.8.1. Modalidades de contratación 62

Unidad de Trabajo 5. Las finanzas a lo fácil 67

5.1. El plan financiero 68
5.2. Previsión de tesorería 68
5.3. Cuenta de resultados previsional 72
5.3.1. Explicación de la cuenta de resultados previsional 75
5.4. Balance previsional 78
5.4.1. Concepto de patrimonio 78
5.4.2. Representación contable del patrimonio 79
5.4.3. ¿Qué información proporciona el balance? 82

Unidad de Trabajo 6. La decisión 85

6.1. Introducción 86
6.2. Valoración de la idea 86
6.3. Decisiones sobre el mercado 87
6.4. Decisiones sobre la competencia 88
6.5. Decisiones sobre la clientela 89
6.6. Decisiones sobre el precio 89
6.6.1. Métodos de fijación de precios 90
6.7. Decisiones sobre la localización 91
6.8. Decisiones sobre la forma jurídica a adoptar 92
6.9. ¿Mis características personales son las del director emprendedor y líder? 92
6.10. ¿Mi negocio es rentable? Diagnóstico económico-financiero 94

Unidad de Trabajo 7. ¿Qué tipo de empresa es la que me interesa? 97

7.1. Elección de la forma jurídica 98
7.1.1. Aspectos que hay que tener en cuenta en la elección de la forma jurídica 98
7.2. Características de las diferentes formas jurídicas 100
7.2.1. Empresario individual 101
7.2.2. Sociedad Colectiva 101
7.2.3. Sociedad Comanditaria 102
7.2.4. Sociedad de Responsabilidad Limitada 102

7.2.5. Sociedad Anónima 103
7.2.6. La Sociedad Laboral 104
7.2.7. Las Sociedades Cooperativas 105
7.2.8. Las comunidades de Bienes 108
Anexo I. Estatutos de Sociedad Limitada 110
Anexo II. Contrato de comunidad de bienes 112

Unidad de Trabajo 8. La puesta en marcha 113

8.1. Trámites concretos para las diferentes formas jurídicas 114
8.2. Trámites generales para cualquier forma jurídica 114
8.3. Descripción de los trámites 114
8.3.1. Alta en el IAE (Impuesto de Actividades Económicas) 115
8.3.2. Declaración de alta en el censo de etiquetas y opciones de IVA 115
8.3.3. Declaración previa al inicio de la actividad 115
8.3.4. Elección del régimen de IRPF (estimación directa, estimación objetiva) . . 115
8.3.5. Alta en el Régimen Especial de Trabajadores Autónomos de la Seguridad Social. 115
8.3.6. Legalización de los libros oficiales 115
8.3.7. Redacción de la escritura de constitución y de los estatutos 116
8.3.8. Obtención de la certificación negativa del Registro General de Sociedades Mercantiles 116
8.3.9. Otorgamiento ante notario de la escritura pública de constitución y aprobación de los estatutos 116
8.3.10. Solicitud de calificación de los estatutos 117
8.3.11. Liquidación del Impuesto de Transmisiones Patrimoniales y Actos Jurídicos Documentados 117
8.3.12. Inscripción en el Registro General de Cooperativas 117
8.3.13. Inscripción en el Registro Mercantil 117
8.3.14. Obtención del Código de Identificación Fiscal 117
8.3.15. Inscripción de la empresa en la Seguridad Social 117
8.3.16. Afiliación y alta de los trabajadores 118
8.3.17. Afiliación a la Seguridad Social de los socios 118
8.3.18. Formalización de los contratos de trabajo 118
8.3.19. Solicitud de licencia de apertura 118
8.3.20. Comunicación de apertura del centro de trabajo 119
8.3.21. Adquisición y sellado de los libros de matrícula y visitas 119
8.3.22. Confección del calendario laboral 119
8.3.23. Redacción del contrato de sociedad en las Comunidades de Bienes 119
8.3.24. Compra de los locales 119
8.3.25. Arrendamiento de locales 119
8.3.26. Solicitud de licencia de obras 120
8.3.27. Patentes y marcas 120
8.4. Clasificación de los trámites en función del lugar donde se realizan 121
Anexo. Documentación 123

Unidad de Trabajo 9. ¿Me decido por la franquicia? 137

9.1. ¿Qué es la franquicia? 138
9.2. Un par de consejos 140
9.2.1. ¿Reúno las condiciones necesarias para ser franquiciado? 140
9.2.2. Infórmate 140
9.3. Ventajas e inconvenientes de la franquicia 141
9.3.1. Ventajas 141
9.3.2. Inconvenientes 141
9.4. Régimen legal 141
9.4.1. Por qué normas se rige la franquicia 141
9.5. Ejemplos de franquicias 142
9.6. El contrato de franquicia 145
9.6.1. El precontrato 145
9.6.2. El contrato 145
9.7. Financiación de la franquicia 145
9.8. ¿Hay posibilidad de fraude? 146

9.9. Causas de extinción del contrato de franquicia 146
Anexo 1. Código deontológico de la franquicia en Europa 148

Unidad de Trabajo 10. ¿Qué hacemos con Hacienda? **150**

10.1. Impuestos a los que están sometidos los diferentes tipos de empresa 151
10.2. Impuesto sobre actividades económicas (IAE) 151
10.3. Impuesto sobre sociedades 152
10.4. El impuesto sobre la Renta de las Personas Físicas 153
10.4.1. Estimación directa normal 154
10.4.2. Estimación directa simplificada 154
10.4.3. Estimación objetiva 156
10.5. El Impuesto sobre el Valor Añadido 158
10.5.1. Régimen general 158
10.5.2. Regímenes especiales 159
10.6. Otras cuestiones referentes al Fisco 161

Unidad de Trabajo 11. ¿Qué documentos tengo que utilizar? **163**

11.1. Los procesos administrativos en la empresa 164
11.2. Documentos relacionados con la compraventa 164
11.2.1. El pedido o propuesta de pedido 164
11.2.2. El albarán 164
11.2.3. La factura 166
11.3. Documentos relacionados con el pago y el cobro 166
11.3.1. La letra de cambio 169
11.3.2. El cheque 173
11.3.3. El recibo 176

Aplicación de los conocimientos adquiridos a un caso real. Plan de empresa **177**

1. Presentación del proyecto 178
1.1. Descripción de la idea 178
1.2. Descripción del objeto 178
2. Área comercial 178
2.1. El producto o servicio 178
2.2. El mercado 179
2.3. La clientela 179
2.4. La competencia 180
2.5. Plan de ventas 180
3. Área técnica 181
3.1. Plan de emplazamiento 181
3.2. Plan de producción 181
3.3. Organización y dirección 182
4. Área económico-financiera 183
4.1. Inversiones necesarias 183
4.2. Capacidad financiera 183
4.3. Previsión de ventas 183
4.4. Previsión de gastos 183
4.5. Presupuesto de tesorería 184
4.6. Blance y cuenta de resultados previsionales 185
4.7. Umbral de rentabilidad 186
5. La decisión 186
5.1. Reflexiones sobre la viabilidad comercial, técnica y económico-financiera 186
5.2. Cálculo de rentabilidad 186
6. Elección de la forma jurídica 187
7. Calendario de actividades 187
8. Obtención de recursos 187
8.1. Recursos humanos: personal y mano de obra 187
8.2. Recursos económicos 187
8.3. Recursos materiales 188
9. Trámites administrativos 188
10. Comentario al proyecto 189

Bibliografía **191**

PRÓLOGO

El objetivo fundamental de este libro es proporcionar a los jóvenes un esquema claro y unas pautas que permitan su inserción en el mundo laboral, a través del autoempleo, mediante la creación de su propio negocio.

La estructura y contenidos se planifican para responder a preguntas tales como:

— ¿Cómo surge la idea del negocio?
— ¿Qué debo tener en cuenta?
— ¿Cuánto me va a costar?
— ¿Con quién he de contar?
— ¿En qué me baso para tomar mi decisión?
— ¿Qué tipo de empresa quiero?
— ¿Qué trámites he de realizar?
— ¿Qué obligaciones tengo?
— ¿Qué documentos voy a tener que utilizar?
— Etcétera.

Sus destinatarios son los alumnos y alumnas de los Ciclos Formativos de Formación Profesional, así como cualquier persona que se plantee la posibilidad de crear su propio negocio, bien por «vocación», bien como medio de autoempleo.

El enfoque es eminentemente práctico y realista y sigue el orden cronológico de la creación de una empresa.

Se adecua a las capacidades terminales recogidas en los Reales Decretos de los títulos, tanto en los Ciclos Formativos de Grado Medio como en los de Grado Superior, en el módulo profesional, «Realizar la administración, gestión y comercialización de una pequeña empresa o taller».

Cada unidad de trabajo, además de una exposición de contenidos clara y actualizada, incluye diversos elementos didácticos que facilitarán el aprendizaje, como la presentación del tema que se va a tratar, un guión de contenidos inicial, casos prácticos, ejemplos y textos de apoyo, así como actividades de enseñanza-aprendizaje y actividades de evaluación.

El libro termina con un caso práctico en el que se aplican todos los contenidos expuestos en las unidades de trabajo anteriores, y que aborda la elaboración completa, detallada y adecuada a la realidad de un **Plan de Empresa** que sirve como referente de todo lo expuesto con anterioridad.

Consideramos que este caso práctico elegido, junto con los innumerables ejemplos que ilustran los diferentes conceptos del manual, constituye el elemento diferenciador del mismo.

Proponemos dos posibles itinerarios de estudio. El primero, que es el modelo clásico, seguiría el orden de las diferentes unidades de trabajo hasta llegar al caso práctico final.

En el segundo, se combinarían la lectura y el trabajo de cada unidad, para pasar a continuación a su aplicación en el caso práctico.

Con todo ello, esperamos que el lector encuentre en este libro un instrumento útil y adecuado, tanto porque se trata de un texto de estudio teórico claro como porque es un elemento-guía en la consecución del autoempleo, fórmula de ocupación laboral de interés creciente en nuestros días.

Los autores

UNIDAD DE TRABAJO 1

LA IDEA

La **idea** es el punto de partida de todo proyecto empresarial, de ahí su importancia en la creación de una empresa.

En esta Unidad de Trabajo vamos a analizar las principales características que debe tener una idea de negocio para que tenga posibilidades de éxito (satisfacer necesidades y el factor diferenciador).

Una parte importante del tema se dedica a los «nuevos yacimientos de empleo» que la Comisión Europea considera como posibles generadores de empleo, ya que consideramos que pueden servir de ayuda a la hora de buscar iniciativas empresariales.

CONTENIDO

1.1. Introducción.
1.2. Satisface necesidades.
1.3. Factor diferenciador.
1.4. Nuevos «yacimientos de empleo».

OBJETIVOS

1. Analizar «la idea» como elemento de partida clave en cualquier proyecto empresarial.
2. Conocer los «nuevos yacimientos de empleo» descritos por la Comisión Europea.

1.1. Introducción

El progreso tecnológico ha marcado considerablemente la evolución del mercado de trabajo en los últimos años.

A pesar de las políticas de reactivación económica y de las medidas específicas de promoción de empleo, son muchos los factores que dificultan la generación de puestos de trabajo y, por consiguiente, la incorporación de los desempleados a la vida laboral.

Una de las vías que quedan abiertas y que se muestran como más capaces de contribuir a la solución de este gran problema, es la **creación de pequeñas empresas,** el autoempleo.

El proceso de generación de un proyecto empresarial tiene como punto de partida la elección del tipo de negocio que se pretende poner en marcha, es decir, **la idea**, que puede surgir de los conocimientos personales que se tengan sobre el producto o servicio, de la existencia de un mercado especialmente interesante y desabastecido, del hallazgo de un producto o servicio nuevo, de la observación del entorno, etc.

No hay que olvidar que gran parte de los proyectos que se ponen en marcha fracasan en su primer año de vida. Para evitar esto, el producto o servicio debe:

- **Satisfacer necesitades.**
- **Ser innovador, distinto.**

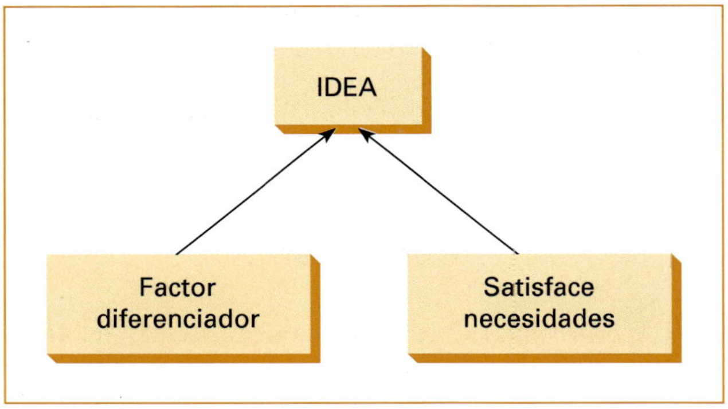

Esquema 1.1. Proceso de un proyecto empresarial.

1.2. Satisface necesidades

Para afrontar con éxito una empresa se debe partir de una idea que satisfaga las necesidades particulares de la clientela futura, dirigiendo todos los esfuerzos hacia áreas de mercado que no han sido atendidas. El negocio debe estar diseñado en función de la demanda del mercado.

Si observamos los cambios sociales que se han producido recientemente será fácil obtener una larga lista de oportunidades de negocio posibles, basándonos en las nuevas necesidades que tales cambios generan.

❏ Cambios en el nivel de ingresos

Un aumento significativo de los ingresos personales del conjunto de la población, o de un segmento de la misma, puede generar, en sociedades desarrolladas como la nuestra, necesidades nuevas, como las siguientes:

- Actividades relacionadas con el cuidado personal: gimnasios, centros de estética, clínicas de cirugía estética, comercialización de productos dietéticos, vestuario, peluquerías.
- Preocupación por un mayor confort en la vivienda: calefacción, aire acondicionado, electrodomésticos más sofisticados, decoración.
- Compra o alquiler de segunda vivienda: mantenimiento y abastecimiento de jardines.
- Restaurantes, cafeterías.
- Informática y robótica personales.

❏ Cambios en el nivel cultural

Si lo que observamos es una elevación considerable del nivel educativo de una población determinada, podrían surgir nuevas necesidades de este tipo:

- Formación: perfeccionamiento profesional, idiomas.
- Libros, revistas, periódicos.
- Bibliotecas.
- Sensibilidad creciente por la ecología y el medio ambiente: en este campo podemos incluir las empresas dedicadas a nuevos procesos de reciclaje.
- Mayor sensibilidad por el entorno: rehabilitación de edificios.

❏ Cambios en el tiempo libre

Un tercer factor de cambio se refiere a la mayor importancia que se concede al tiempo libre y a las actividades desarrolladas durante el mismo. De ahí pueden surgir nuevas necesidades, como:

- Deporte: centros y tiendas especializados.
- Centros de desarrollo de la creatividad: centros de aprendizaje de artes plásticas, teatro, bricolaje, música.
- Espectáculos.
- Jardinería: enseñanza, utensilios, plantas, libros.
- Escuelas de baile.

❏ Cambios en la esperanza de vida

El aumento del nivel económico de nuestra sociedad, unido a los avances científicos, ha conseguido que se alargue la vida de las personas.

Esto ha creado, asimismo, nuevas necesidades:

- Servicios médicos especializados para ancianos: geriatría.
- Residencias para ancianos.
- Viajes y actividades recreativas para la tercera edad.
- Creación de infraestructuras y servicios especialmente pensados para gente mayor.

❑ Cambios en la actividad laboral de la mujer

El desarrollo económico y cultural de un país va unido a un incremento notable del porcentaje de mujeres que trabajan fuera del hogar. Este factor de cambio genera numerosas necesidades nuevas, por ejemplo:

- Guarderías.
- Servicio doméstico.
- Nuevos productos alimenticios de fácil preparación: precocinados, congelados.
- Nuevos electrodomésticos: congeladores, microondas.
- Revistas especializadas para la mujer que trabaja.

❑ Cambios en las formas de vida: la soledad

En numerosas sociedades urbanas aumenta el número de personas que viven solas, bien porque no se casan, o porque están separadas, o son viudas, o bien porque están de paso por razones profesionales. Ello genera, también, nuevas necesidades específicas:

- Apartamentos amueblados.
- Agencias matrimoniales y de contactos.
- Centros de organización de actividades recreativas: clubes, asociaciones, tertulias.

❑ Cambios en los «miedos» de la población

En nuestra sociedad aparecen nuevos miedos y de mayor envergadura que en otras épocas: miedos a la guerra, al robo, a la violación, a accidentes, etc. De ahí surgen nuevas necesidades que pueden generar nuevas empresas:

- Puertas blindadas.
- Guardas personales: de *parkings*, edificios, empresas, almacenes.
- Sistemas de alarma.
- Nuevas modalidades de seguros.

❑ Cambios en el mercado de trabajo: aumento del desempleo

Las sociedades que ven aumentar de forma importante la cifra de desempleados tienen problemas que generan nuevas necesidades. Éstas son algunas de ellas:

- Empresas de trabajo temporal.
- Centros privados de enseñanza de cualificación profesional en actividades específicas.
- Centros de orientación profesional: preparación para entrevistas.
- Trabajo autónomo a domicilio: centros dedicados a organizarlo.
- Actividades de trabajo no lucrativo.

❑ Cambios en el entorno energético

La escasez creciente de los recursos energéticos tradicionales plantea posibles iniciativas empresariales como:

- Nuevas fuentes de energía: solar, térmica, eólica.
- Métodos para reducir el consumo energético.

❑ Cambios en el entorno económico de las empresas

Con la incorporación al Mercado Común Europeo, a las empresas españolas se les plantean nuevos retos y problemas y, por tanto, también se crean nuevas necesidades:

- Asesoramiento sobre procedimientos comunitarios.
- Contactos de empresas españolas con empresas de otros países comunitarios.
- Idiomas: cursos acelerados de idiomas, traductores.

Cuadro 1.1. Cambios sociales que pueden generar nuevas necesidades

- Cambios en el nivel de ingresos.
- Cambios en el nivel cultural.
- Cambios en el tiempo libre.
- Cambios en la esperanza de vida.
- Cambios en la actividad laboral de la mujer.
- Cambios en las formas de vida: la soledad.
- Cambios en los miedos de la población.
- Cambios en el mercado de trabajo.
- Cambios en el entorno energético.
- Cambios en el entorno económico de las empresas.

1.3. Factor diferenciador

Todos hemos advertido alguna vez la existencia de un bar, entre muchos de una determinada calle, en el que se concentra la mayor parte de la clientela que frecuenta la zona. Si nos paramos a pensar en la causa de este fenómeno, casi con seguridad encontraremos rápidamente un hecho que lo diferencia del resto de los establecimientos que lo rodean: la especialización en servir unas tapas determinadas, un tipo de música ambiental dirigida a una determinada edad, una decoración especialmente atractiva, etc. Cualquiera de ellos puede ser el **factor diferenciador** que ejerza una atracción sobre la clientela.

No hay prácticamente ningún producto en el mercado que no pueda ser distinguido de los demás de alguna forma atractiva o ventajosa.

Las pequeñas empresas que realmente triunfan explotan, con muy pocas excepciones, alguna ventaja competitiva distinta y comunicable. Una ventaja competitiva determinante se obtiene suministrando bienes o servicios que sean ligeramente diferentes o mejores que los de la competencia. Precisamente las pequeñas empresas son las que mejor pueden adaptarse y responder a los matices y necesidades de grupos de clientes específicos.

A la hora de plantear la idea de un negocio no podemos perder de vista el objetivo principal de cualquier empresa, que es la obtención de un beneficio empresarial, y la única forma de conseguirlo es haciendo que los consumidores compren nuestro producto o servicio, que se decidan por él, que lo elijan entre todos los que se ofrecen en el mercado con características similares.

En función de los motivos que intervienen en la decisión de compra, podemos señalar los siguientes factores diferenciadores:

❑ Económicos

El precio puede ser determinante a la hora de que un cliente se decida por un producto: podemos hacer un producto con bajo precio y que llegue a un amplio sector de la población o, por el contrario, seleccionar la clientela en función del precio del producto o servicio. Ejemplos de estos dos casos se observan claramente en los negocios de hostelería: cafeterías que ofrecen servicios a precios asequibles con el fin de atraer un gran número de clientes y aquellas que multiplican el precio para el mismo servicio con el fin de seleccionar una clientela determinada.

Otras consideraciones de tipo económico pueden ser las condiciones de pago que se ofrecen, como el caso de determinadas empresas que ofrecen el producto con el lema «compre hoy y pague dentro de tres meses», o desarrollar técnicas promocionales para los mismos bienes o servicios existentes en el mercado.

❑ Prácticos

En la decisión de compra pueden influir la comodidad, la confianza y el ahorro de tiempo y de trabajo, aunque esto suponga que el producto se encarezca relativamente. Por ejemplo, podemos ver determinados servicios rápidos en tiendas de cercanía, de reparto a domicilio, alimentos precocinados, empresas que prestan servicios en una hora (revelados, limpieza en seco) y hasta en el sector del automóvil; o bien aquellos establecimientos que saben ofrecer al consumidor fiabilidad y confianza.

❑ Estéticos

Se puede introducir un factor diferenciador haciendo que el envase resulte atractivo a la clientela. El color, la forma, el tamaño, el diseño del envase, pueden ser el elemento clave que determine la compra de un producto y no el de la competencia.

❑ Técnicos

Se puede llegar a introducir una innovación o diferenciación del producto valorando las características técnicas de las que carecen otros productos existentes e incorporando las ideas y necesidades de los usuarios.

❑ Psicológicos o sociales

La decisión de compra en algunos clientes puede estar motivada por el hecho de obtener un prestigio o un status, por ir a la moda, o simplemente por satisfacer su identidad individual o colectiva.

Cuadro 1.2. Factores diferenciadores que intervienen en la decisión de compra

- Económicos.
- Prácticos.
- Estéticos.
- Técnicos.
- Psicológicos o sociales.

1.4. Nuevos «yacimientos de empleo»

La Comisión Europea, consciente del problema de desempleo que afecta a la mayoría de los países miembros, ha elaborado un informe que se conoce como el «Libro Blanco sobre el Crecimiento, la Competitividad y el Empleo, pistas para entrar en el siglo XXI». Con él se trata de alertar sobre la grave situación del desempleo en la UE, a la vez que se ofrecen un diagnóstico y propuestas para mejorar la situación.

Dicho informe afirma que se debe intentar aprovechar al máximo el gran mercado interior y fomentar el desarrollo y adaptación de las pequeñas empresas, entre otras recomendaciones para los países miembros.

En el estudio realizado por la Comisión Europea se señalan los sectores con mayor capacidad para generar empleo, y además se plantea el modelo futuro de desarrollo sostenible como una sociedad con un grado de bienestar mayor y de menor consumo.

En el apartado «Ir al encuentro de las nuevas necesidades» se señala que las economías europeas guardan aún nuevos «yacimientos de empleo»; éstos serían aquellas necesidades procedentes del sector terciario, es decir, de los servicios.

En el informe realizado por la Comisión se enumeran 17 ámbitos como generadores potenciales de empleo, clasificándolos en cuatro bloques en función de la evolución de las necesidades de los europeos: la vida diaria, el entorno de los ciudadanos, el tiempo libre y la protección del medio ambiente.

A continuación ofrecemos un breve resumen de las posibilidades de empleo que aparecen en el informe como consecuencia, generalmente, de las necesidades insatisfechas de los europeos, y transcribiremos algunos de los proyectos que se han puesto en marcha en algunos de los países miembros de la Unión con resultados positivos para el empleo.

Cuadro 1.3. Nuevos yacimientos de empleo

Servicios de la vida diaria	1. Servicios a domicilio. 2. Cuidado de los niños. 3. Nuevas tecnologías de la información y de la comunicación. 4. Ayuda a jóvenes con dificultad y a la inserción.
Servicios para la mejora de la calidad de vida	5. Mejora de la vivienda. 6. Seguridad. 7. Transportes colectivos locales. 8. Revalorización de espacios públicos urbanos. 9. Comercios de proximidad.
Servicios culturales y de ocio	10. Turismo. 11. Sector audiovisual. 12. Valoración del patrimonio cultural. 13. Desarrollo cultural local.
Temas medioambientales	14. Gestión de residuos. 15. Gestión del agua. 16. Protección y mantenimiento de zonas naturales. 17. Control de la contaminación.

1.4.1. Servicios de la vida diaria

El envejecimiento de la población, la incorporación de la mujer al trabajo, la evolución de las estructuras familiares y de las formas de vida, entre otros muchos cambios producidos en nuestra sociedad, han dado origen a la proliferación de servicios de la vida diaria, que permiten satisfacer las necesidades de la población y mejorar la calidad de vida.

❑ Servicios a domicilio

La demanda potencial de servicios a domicilio tiene una gran importancia, especialmente en lo que se refiere a las personas mayores y a los niños. Según el análisis de las tendencias, la Comisión Europea señala que los ancianos y los niños son los que permitirán crear un número mayor de empleos.

En este informe de la Comisión se citan ejemplos de actividades que se desarrollan en el sector de los servicios personales y a domicilio como respuestas innovadoras a necesidades tradicionales:

- Servicios de acompañamiento a personas mayores durante gestiones administrativas, en desplazamientos al exterior, especialmente para realizar compras, etc.
- Elaboración y entrega de comidas a domicilio.
- Servicios de planchado y de limpieza que funcionan con un sistema de abono para particulares, etc.

EJEMPLO 1.1

Un ejemplo de servicio a personas mayores es la iniciativa CONFORT/FRANCE, creada en 1992 por una asociación sin ánimo de lucro entre el municipio de Nogent s.Marne y las empresas públicas EDF.GDF.

Esta asociación ofrece ayuda a las personas mayores en todos sus problemas diarios a cambio de un abono anual de 800 ecus. Los servicios propuestos conciernen principalmente a las pequeñas reparaciones domésticas, al mantenimiento corriente de la casa, a la ayuda para las gestiones administrativas, etc. Igualmente, la asociación efectúa un seguimiento regular de las personas mayores que, sin ser dependientes, aprecian poder contar con una ayuda material y una intervención rápida.

La asociación ha creado en Nogent 14 empleos de dedicación exclusiva contratando a personas que, además de recibir una formación tecnológica, recibían una enseñanza práctica de relaciones con un público mayor. Varios trabajadores, tras las prácticas, han creado sociedades paralelas en otras regiones.

❑ Cuidado de los niños

El cuidado de los niños comprende, por un lado, a los niños que no han alcanzado la edad escolar y, por otro, los servicios de atención y entretenimiento para los que están en edad escolar. Por tanto, el abanico de posibilidades abarca desde guarderías, servicios de cuidadoras controladas, guarderías momentáneas, cuidados de niños enfermos o durante las vacaciones (zonas de juego, estancias deportivas o educacionales), etc.

❑ Tecnología de la información y la comunicación

Las tecnologías de la información y la comunicación permiten dar respuesta a las nuevas necesidades de los individuos, de los trabajadores, de las empresas (en particular las pymes) o de las autoridades públicas locales.

El incremento gobal de los niveles de vida favorece el aumento creciente del presupuesto de los hogares dedicado a las actividades mercantiles de comunicación, cultura, salud y ocio. Por otra parte, la solicitud de bienes y de servicios de carácter individualizado constituye una tendencia socioeconómica de gran peso que no es satisfecha correctamente por la producción en masa.

Los servicios y las aplicaciones telemáticas ofrecen la posibilidad técnica de responder rápidamente a esta demanda de servicios individualizados de calidad a un coste menor, con lo que se reducen los condicionantes presupuestarios.

Como ejemplos de actividades, dentro de estos campos, se citan en el informe de la Comisión: la telemedicina (seguimiento médico y diagnóstico a distancia), la utilización creciente de las tecnologías multimedia en los sistemas educativos y de formación, el comercio electrónico y las reservas e informaciones relacionadas con el ocio, etc.

❑ Ayuda a jóvenes con dificultad y a la inserción

Debido a las dificultades que encuentra un número creciente de jóvenes en su proceso de inserción social y profesional, han surgido varias iniciativas europeas para corregirlo orientadas fundamentalmente a niños en edad escolar para prevenir el fracaso escolar. En los últimos años, la mayoría de los países de la Unión Europea han ideado sistemas preventivos desarrollando la preescolaridad, pero también sistemas alternativos, basados en la apertura de las instituciones educativas hacia el exterior y en las asociaciones de todo tipo: intercentros escolares, que reúnen asociaciones locales, trabajadores sociales, empresas, autoridades locales, etc.

Respecto de los jóvenes que han dejado el medio escolar, las iniciativas tomadas para favorecer su inserción proceden tanto del Estado como de empresas privadas, que, a través de enfoques voluntaristas o de políticas de calidad del servicio, ofrecen auténticas posibilidades de empleo.

1.4.2. Servicios para la mejora de la calidad de vida

❑ Mejora de la vivienda

Según una encuesta de Eurostat, la mayoría de las viviendas antiguas carece en buena medida de comodidades (aislamientos, equipamientos sanitarios, etc.). En España, el 40 por 100 de las viviendas se encuentra en esta situación. Por otra parte, la seguridad y el mantenimiento de los edificios constituyen una preocupación creciente para los habitantes.

Del trabajo realizado por la Comisión Europea se desprende que las posibilidades de creación de empleo se concentran en dos sectores:

- La renovación de inmuebles, que ofrece una gran diversidad de actividades profesionales.
- El mantenimiento de viviendas y los servicios relacionados con él que responden a una demanda nueva.

❑ Seguridad

La evolución demográfica (envejecimiento de la población) y sociológica (urbanización, modos individualistas de vida, exclusión social y economía de la droga) han dado lugar a una mayor sensibilización de los europeos ante los problemas de seguridad.

La gama de actividades que generan empleo en este sector es muy amplia y abarca desde el mantenimiento del orden (policía, ejército, justicia) a actividades profesionales de vigilancia, acogida en lugares públicos, transportes colectivos, instalación de sistemas de seguridad en casas particulares o empresas. Otra vía posible es la aplicación de la vigilancia a distancia, que permiten las nuevas tecnologías de la información y la comunicación, abriendo posibilidades de innovación en los servicios, con un coste de gestión normalmente moderado.

❑ Transportes colectivos locales

En Europa se está produciendo un cambio del comportamiento ante los medios de transporte. Ello se debe a la diversificación de los motivos de desplazamiento respecto del tradicional viaje de ida y vuelta del domicilio al trabajo. La demanda obedece también a los fenómenos de individualismo creciente y segmentación del mercado: las necesidades varían según las categorías de las personas (edad, lugar de residencia, etc.) y las actividades. Por otra parte, el uso intensivo del automóvil empieza a tener efectos muy nocivos para el medio ambiente urbano (contaminación, saturación, degradación de los parajes, etc.), lo que lleva a la mayoría de las ciudades a tomar medidas drásticas.

Existen opciones alternativas al transporte público que permiten prever una importante creación de empleo. Las modalidades de empleo potenciales son:

- Puestos de empleo directos vinculados a la innovación tecnológica (comodidad técnica, accesibilidad para los minusválidos, etc.).

- Trabajos derivados de una nueva organización del transporte colectivo urbano (empresas multiservicios, abastecimiento, mantenimiento de vehículos, asociaciones locales de taxis y autobuses).
- Actividades vinculadas al acompañamiento de personas de edad, niños, personas de movilidad reducida; relacionadas con la seguridad, la información (turismo, asesoramiento, etc.), o con la vigilancia de vehículos (aparcamientos con talleres de reparación, lavado, etc.).
- Otros grupos de empleos serían los indirectos, generados como consecuencia del mayor atractivo que ofrecen las zonas que son más accesibles o practicables.

❑ Revalorización de los espacios públicos urbanos

La crisis social en algunos barrios de viviendas, la necesaria reconversión de antiguos emplazamientos industriales, el aprovechamiento del patrimonio histórico y el creciente interés de la población urbana por los espacios verdes, ha impulsado a muchas ciudades a revisar su tratamiento de los espacios públicos, que se conciben como espacios de convivencia en lugar de como espacios vacíos. Se incluyen en este concepto plazas, calles peatonales, parques urbanos o edificios de acceso a los transportes colectivos, como las estaciones.

El potencial de creación de empleo ligado al aprovechamiento de los espacios públicos urbanos puede considerarse desde tres puntos de vista:

- La realización de las obras correspondientes ocupa abundante mano de obra procedente del sector de la construcción.
- Mantenimiento de los espacios públicos: mobiliario urbano, señalización, limpieza, etc.
- También se crean puestos indirectos resultantes de la mejora del entorno.

❑ Comercio de proximidad

La aparición de grandes superficies comerciales integradas ha modificado el paisaje comercial europeo, haciendo que peligren los cimientos de comercios, a veces arcaicos y casi siempre muy pequeños.

Los comercios de proximidad o pequeños comercios suelen caracterizarse por una superficie de venta limitada, un surtido de mercancías reducido que incluye productos de primera necesidad y una localización próxima a los consumidores.

En varios países comunitarios se están adoptando iniciativas en cuanto a programas públicos tendentes a mantener los comercios en zonas rurales y los comercios de proximidad.

1.4.3. Servicios culturales y de ocio

❑ Turismo

Este sector ha experimentado un fuerte crecimiento en los últimos años. El turismo es un gran consumidor de mano de obra y puede crear empleo rápidamente.

La evolución de los gustos de los europeos y sus modos de vida ha hecho que aumente el interés por nuevas formas de turismo: rural, cultural, etc. Los puestos de trabajo generados por el turismo, generalmente no son duraderos, sobre todo en zonas rurales, por lo que se deben completar con otras actividades, como, por ejemplo, la agricultura. La aparición de nuevas ramas también puede ayudar a completar esos vacíos que genera el turismo estacional, como en el caso del acompañamiento de personas de edad avanzada.

❑ Sector audiovisual

Consta de cuatro subsectores: producción de películas y su distribución, producción de programas de televisión y su difusión.

EJEMPLO 1.2

Cooperativa de transportes ACAP (Perugia, Italia)

En Perugia, una pequeña cooperativa gestiona, en régimen de concesión, una parte del transporte público (telebús, BUXI, taxis que trabajan en el extrarradio y *bus-charter*).

La cooperativa inició su actividad en 1974 y agrupa en la actualidad a 47 pequeñas empresas que dan trabajo a un total de 83 trabajadores autónomos.

Dispone de un parque de 160 vehículos, incluidos los autobuses para turistas, los minibuses y los telebuses y presenta los servicios siguientes: *bus-charter* para turistas, autobuses escolares, transporte interregional entre Florencia y Roma, un servicio de minibús por encargo en las zonas de baja densidad del extrarradio (telebús) y un servicio de minibús en el centro histórico de la ciudad (BUXI).

El servicio de telebús es especialmente original, puesto que la ruta preestablecida para cada línea de autobús puede modificarse por encargo llamando a una terminal situada en las rutas alternativas, o por teléfono. Todas las líneas son atendidas con una frecuencia de 20 minutos. El coste de funcionamiento de este sistema es inferior al de las líneas clásicas (50 por 100 de ahorro) y, al mismo tiempo, presta un servicio modulado en función de la demanda (25 por 100 de ahorro).

Entre 1983 y 1992, el número de personas empleadas en el sector audiovisual aumentó en un 37 por 100, y todo indica que desde ahora hasta el año 2000 se crearán muchos puestos de trabajo en este sector.

❑ Valorización del patrimonio cultural

Este ámbito parece tener su gran potencial debido a actitudes de consumo más receptivas hacia el patrimonio cultural y artístico, a comportamientos más abiertos y dinámicos hacia el patrimonio y a la evolución de las técnicas pedagógicas, que configuran una nueva clientela, los niños.

Se observan tres líneas de trabajo posibles:

- La relacionada con la creación y la restauración de emplazamientos: artesanos, artistas, restauradores, conservadores de museos, etc.
- La que se vincula con la difusión de la cultura: guías, científicos, técnicos, editores, etc.
- La que se refiere al mantenimiento de los emplazamientos: guardias, gestores, personal de mantenimiento, etc.

❑ Desarrollo cultural local

El aumento del tiempo libre en todas las categorías de la población, el deseo de reencontrar las tradiciones culturales propias y el aumento del nivel de educación, contribuyen a una demanda creciente de las actividades relacionadas con la cultura local.

Los puestos de trabajo directos que se crean en este ámbito corresponden a la creación artística o a la difusión de las prácticas. También genera una corriente de trabajo indirecta derivada de la innovación tecnológica (ámbito audiovisual) o como consecuecia de la democratización del acceso a la cultura.

1.4.4. Temas medioambientales

❑ Gestión de los residuos

La creciente sensibilización de la población ante la escasez de recursos naturales, y la necesidad de reutilizarlos de un modo más racional, ha dado lugar a un comportamiento menos derrochador y a un mayor civismo en materia de residuos.

Por otra parte, las empresas tienen en cuenta que su imagen de marca depende cada vez más de su comportamiento hacia el medio ambiente, y, sobre todo, de su tratamiento de los residuos.

La satisfacción de las necesidades derivadas de un nuevo tratamiento de los residuos puede dar lugar a dos fuentes de creación de empleo:

- La recogida selectiva y el tratamiento de los distintos residuos utilizando métodos adecuados.
- La elaboración de métodos óptimos de recuperación y comercialización de los materiales obtenidos.

❑ Gestión del agua

El consumo de agua aumenta a medida que las sociedades son más ricas y los individuos exigen mejores condiciones de higiene y de vida. Pero la explotación de las reservas hidrológicas ha sido demasiado intensiva, dadas las posibilidades de recuperación natural de las mismas. Todo ello exige un enfoque integrado de la gestión del agua (protección del recurso, saneamiento de los ríos, limpieza y mantenimiento de las riberas de los cursos del agua, protección contra las aguas de lluvia contaminadas, etc.).

La Unión Europea considera que la principal dificultad es sensibilizar a la población y a los empresarios sobre los desafíos y las posibilidades que plantea una mejor gestión del agua, por lo que prevé un potencial de creación de empleo en el ámbito de la educación.

❑ Protección y mantenimiento de las zonas naturales

En los últimos cincuenta años se ha notado un importante despoblamiento de las zonas rurales. Las zonas naturales europeas han caído en un estado de abandono más o menos importante debido al éxodo rural o a las difíciles condiciones de vida y de explotación agrícola. Estas zonas se están enfrentando a un riesgo de degradación debido, por una parte, a la afluencia excesiva de turistas y, por otra, a la pérdida de técnicas tradicionales de mantenimiento.

Todo esto ha originado una sensibilización creciente de la población, lo que facilita la introducción de regímenes especiales de protección para estas zonas (parques naturales, reservas, programas de repoblación forestal o de recuperación de terrenos, etc.). Además, esta sensibilización se corresponde casi siempre con una fuerte demanda de lugares de ocio. Como consecuencia, se generará un gran número de puestos de trabajo, aunque muchos de ellos dependerán de una financiación pública.

❑ Control de la contaminación

La sensibilización de la opinión pública internacional a este respecto ha llevado a todos los países de la Unión Europea a comprometerse a realizar el refuerzo de la regulación y el control de las emisiones contaminantes.

Este compromiso puede generar distintas fuentes de empleo.

- El suministro de bienes o servicios relacionados con las tecnologías menos contaminantes, como las de filtración, de separación química o de ahorro energético.
- La exportación de los conocimientos técnicos y de las tecnologías fuera de Europa.

Los puestos de trabajo que genera este sector suelen ser muy cualificados (asesoramiento, control, etc.), aunque también se crean puestos en el ámbito del mantenimiento.

Como hemos visto en el estudio realizado por la Comisión Europea, las actividades generadoras de empleo, dentro de lo que se ha definido como «nuevos yacimientos de empleo», son muy diversas. Muchas de esas actividades requieren de la colaboración o participación de entidades públicas para ponerlas en marcha, pero casi todas las ideas pueden ser aprovechadas por iniciativas privadas para iniciar un negocio a partir de alguna de ellas.

Hemos dedicado una parte importante de este tema al trabajo realizado por la Comisión Europea, porque nos parece que conocer las «necesidades no satisfechas» de la población tiene un interés enorme, ya que todo proyecto empresarial que se base en ofrecer un producto o servicio nuevo y que cubra una demanda insatisfecha comienza con unas grandes posibilidades de éxito.

ACTIVIDADES DE ENSEÑANZA - APRENDIZAJE

1 Señala, en grupo, las ideas de negocio que os parezcan más interesantes. Se irán anotando todas en la pizarra, incluso aquellas que parezcan absurdas. Posteriormente se seleccionarán las ideas que se consideren más innovadoras.

2 De las ideas seleccionadas en la actividad anterior, analizad cuáles cubrirán con mayor éxito las necesidades no satisfechas dentro de nuestra ciudad.

3 Debate cuál de los «nuevos yacimientos de empleo», definidos por la Comisión Europea tendrían más posibilidades de generar empleo, a corto plazo, en vuestra provincia.

ACTIVIDADES DE EVALUACIÓN

1 ¿Cuáles son los pilares sobre los que debe basarse una idea de negocio?

2 ¿Cómo definirías una idea innovadora?

3 ¿En qué te basarías para generar un idea de negocio que satisfaga las necesidades de los posibles clientes?

4 En el informe realizado por la Comisión Europea, ¿en cuántas áreas se distribuyen los 17 ámbitos generadores de empleo?

5 ¿A qué actividades se refieren los «servicios de la vida diaria»?

6 ¿A qué actividades hacen referencia los «servicios para la mejora de la calidad de vida»?

7 ¿Qué temas relacionados con el medio ambiente pueden generar empleo?

8 Enumera cinco actividades relacionadas con los «servicios culturales y de ocio».

UNIDAD DE TRABAJO 2

ESTUDIANDO MI NEGOCIO

Con esta Unidad de Trabajo pretendemos que el alumno sea capaz de hacer un pequeño estudio de mercado.

Estudiaremos el producto, el mercado, los clientes, la competencia, las posibles formas de comunicar nuestro producto o servicio y cómo vamos a hacer la distribución.

A la hora de realizar un plan de empresa es fundamental conocer cómo se comportan todas estas variables en relación con el producto o servicio que queremos ofrecer. Y esto es lo que estudiaremos a lo largo de este tema.

CONTENIDO

2.1. Introducción.
2.2. El producto.
2.3. El mercado.
2.4. Nuestros clientes.
2.5. La competencia.
2.6. Dar a conocer nuestro producto.
2.7. La distribución del producto.
Anexo: Dónde buscar información para hacer un estudio de mercado.

OBJETIVOS

1. Analizar el producto ofrecido y las necesidades detectadas.
2. Conocer la forma de adaptar el producto a la necesidad del consumidor como eje central del éxito de la empresa.
3. Saber la etapa en la que se encuentra el producto.
4. Concretar el cliente tipo al que nos dirigimos.
5. Realizar un análisis de la competencia.
6. Determinar el sistema de comunicación y distribución de nuestro producto.

2.1. Introducción

Una de las características de las empresas es que producen bienes y servicios, pero no para quedarse con ellos; necesitan recibir algo a cambio, fundamentalmente dinero, para poder continuar con su actividad. Dicho de otra forma, **necesitan vender**.

Todas aquellas operaciones que realiza la empresa con el fin de vender lo que produce es lo que compone su **actividad comercial**.

La finalidad de la actividad comercial es facilitar el intercambio entre la empresa y los posibles compradores de sus productos. Cada día es más difícil realizar con éxito esta tarea, ya que nos encontramos en una sociedad con una competencia creciente y en la que se producen continuos cambios en las necesidades y deseos de los compradores. En el mercado existe una gran cantidad de productos similares producidos por distintas empresas. Pero, ¿por qué los productos de unas empresas tienen más éxito que los de otras? ¿Cuál es la causa de que unas empresas vendan más que otras? A este tipo de preguntas trata de dar respuesta el estudio de la **gestión comercial** que trata la forma de llevar a cabo la actividad comercial de un modo eficiente.

Antes de adentrarnos en el estudio de la gestión comercial es necesario aclarar algunos términos o conceptos importantes por su uso frecuente en estudios de mercado.

Cuadro 2.1. Términos frecuentes en estudios de mercado

Necesidad	Insatisfacción producida por no tener algo.
Demanda	Cantidad de un producto que los compradores están dispuestos a adquirir a un determinado precio.
Oferta	Cantidad de un producto que los vendedores están dispuestos a ofrecer a un determinado precio.
Intercambio	Obtención de algo deseado, que pertenece a otra persona, a cambio de algo que ella desea.
Mercado	• Lugar donde se realizan intercambios. • Conjunto de compradores y vendedores de un producto.

Debemos tener muy claro el concepto de *marketing* y su aplicación en la empresa. Podemos definirlo como la actividad humana dirigida a satisfacer las necesidades y deseos de las personas mediante procesos de intercambio, es decir, la forma en que se pueden iniciar, motivar, facilitar y llevar a cabo.

Dentro de la empresa, el *marketing* es el conjunto de técnicas con las que se lleva a cabo la gestión comercial y con él se desarrollan las actividades destinadas a conocer el entorno de la empresa y a identificar las oportunidades que éste le ofrece, así como también se diseñan políticas respecto a los productos, su precio, las formas de hacerlos llegar a los compradores y darlos a conocer aplicando estas políticas al logro de los objetivos de la empresa.

2.2. El producto

Podemos definir un producto como todo aquello que se puede ofrecer en un mercado para su uso o consumo, y que a sus características físicas une la capacidad de satisfacer un deseo o una necesidad. Pueden ser tanto objetos físicos (bienes) como servicios, personas, lugares, organizaciones e ideas.

El fin del proyecto empresarial va a ser el desarrollo de una actividad económica que traerá consigo la fabricación o comercialización de un producto o grupo de productos, o la prestación de un servicio.

El producto es el primer instrumento con el que cuenta la empresa para diseñar su política comercial y el punto de partida de la gestión comercial.

Para contar con el máximo de posibilidades de éxito en la venta del producto o servicio que queremos poner en el mercado debemos seguir una serie de pasos previos a la comercialización del mismo. En primer lugar, analizar cuidadosamente el mercado, determinar las necesidades no satisfechas en él y, finalmente, considerando los recursos con los que contamos y las limitaciones a que estamos sujetos, se diseñará el producto que satisfaga esas necesidades.

El producto es el corazón de los instrumentos comerciales de la empresa. Generalmente, el éxito comercial de las empresas sólidamente instaladas en el mercado está ligado a la oferta de buenos productos. Esto no quiere decir que un buen producto sea una garantía total de éxito, pero sí que un mal producto es la peor base para la gestión comercial.

Cuando diseñamos el producto o servicio que vamos a ofertar, siempre debemos tener en cuenta que **debe satisfacer una necesidad del consumidor**. Todas las decisiones que tomemos en torno a él deben tener como finalidad proporcionar al mercado al que queremos dirigirnos el producto que éste demanda.

2.2.1. Niveles del producto

En todo producto podemos establecer tres **niveles** diferentes:

- **Producto básico:** es la esencia del producto, la necesidad que espera satisfacer el consumidor. Por ejemplo, cuando una persona compra un coche, está comprando un medio de locomoción.
- **Producto formal:** se produce cuando el producto se transforma en algo tangible. Por ejemplo, un ordenador, un coche.

  Los productos formales están caracterizados, fundamentalmente, por su calidad, envase, imagen de marca, diseño y características técnicas. Estas cualidades son las que el consumidor tiene en cuenta ante un producto formal.

- **Producto ampliado:** es el producto formal al que se le añaden otras ventajas asociadas a su compra. A veces los beneficios adicionales suponen un mayor coste del producto, pero normalmente se aprecian las ventajas que ofrecen.

  Las ventajas adicionales que presentan son fundamentalmente:

  — La *entrega:* puede considerarse una ventaja adicional al producto la entrega a domicilio del mismo; por ejemplo, cuando un supermercado lleva a casa la compra realizada.

  — La *instalación:* cuando se compra un ordenador, el cliente no tiene que preocuparse por instalarlo, ya que la empresa que vende el producto, u otra persona contratada por ella, se haría cargo de su instalación. Éste es el caso de la mayoría de los electrodomésticos.

  — El *servicio posventa:* se asesora al cliente sobre el uso del producto, reparaciones, etc.

  — La *garantía:* el producto es reparado sin gastos para el cliente durante un período de tiempo.

  — La *financiación:* se ofrece la posibilidad de pagar al contado o aplazado sin que esto suponga mayor coste al cliente; a veces varía ligeramente el precio del producto.

Cuando un consumidor adquiere un producto tiene en cuenta todos los beneficios del mismo, no se fija en las características físicas, sino que tiene en cuenta el producto ampliado.

Cuando diseñemos el producto identificaremos, en primer lugar, qué necesidades del consumidor va a satisfacer. A continuación diseñaremos el producto final y, por último, buscaremos las formas de ampliar el producto, con el fin de crear un conjunto de beneficios que se adapten, de la mejor manera, a los deseos de los clientes. (Véase Ejemplo 2.1.)

2.2.2. Tipos de productos

❑ En función de su tangibilidad

- **Bienes:** son objetos físicos, se pueden tocar. Los podemos subdividir, a su vez, en:

  — *Duraderos:* si sobreviven a muchos usos. Por ejemplo, ropa, electrodomésticos, bolígrafos, etc.

Esquema 2.1. Niveles del producto.

  — *No duraderos*: son aquellos que se agotan al usarlos, como los alimentos, el papel, etc.

- **Servicios:** son actividades, beneficios o satisfacciones que se ofrecen en el mercado.

  — *No se pueden tocar.* Pensemos en el servicio ofrecido por una lavandería.

  — *No se pueden separar de la persona o máquina que lo suministra.* La reparación de un automóvil necesita la presencia de un mecánico.

  — *Son variables, dependen de quién lo proporcione.* Un corte de pelo es diferente, según el peluquero que lo haga.

  — *Son perecederos.* No se pueden guardar o almacenar. Un servicio de transporte tendrá más demanda en unas horas que en otras.

Cuadro 2.2. Tipos de productos según su tangibilidad

DIVISIÓN DEL PRODUCTO EN FUNCIÓN DE SU TANGIBILIDAD	
Bienes	**Servicios**

EJEMPLO 2.1

María tiene pensado montar un negocio de venta de ropa en la zona centro de la ciudad. En las proximidades del local elegido, el aparcamiento es difícil, pero muy cerca existe un *parking* de pago.

Se le ha ocurrido ofrecer a sus clientes aparcamiento gratis cuando realizan compras en su tienda, regalándoles un ticket de aparcamiento cada vez que visiten sus instalaciones.

En este ejemplo, los niveles del producto serían:
- Producto básico: Moda.
- Producto formal: Tienda de ropa.
- Producto ampliado: Tienda de ropa con aparcamiento gratuito.

❑ En función del fin al que se destinen

- **Productos de consumo:** los compran consumidores particulares para su uso personal. Por ejemplo, la fruta. A su vez, podemos dividirlos en:
  - — *Productos de uso común:* se compran periódicamente sin compararlos apenas con otros productos similares. Dentro de ellos distinguimos entre productos *básicos,* los que cubren nuestras primeras necesidades (por ejemplo pan); *de impulso,* su compra obedece a una apetencia repentina (por ejemplo, un helado), o *de emergencia,* cuando cubre una necesidad urgente y ocasional (por ejemplo una venda). En términos generales podemos decir que en los productos de uso común no influye el nivel económico del consumidor en la decisión de compra, pero cuanto más alto es, más productos de impulso consume.
  - — *Productos de comparación:* estos productos suelen ser de precio elevado. Antes de tomar una decisión de compra, el consumidor los compara con otros similares.
  - — *Productos de lujo:* son consumidos por un grupo minoritario, para el que es muy importante la marca y el prestigio y está dispuesto a pagar un precio elevado por ellos (por ejemplo, un perfume de Chanel).
- **Productos industriales:** son aquellos que compran las empresas para sus actividades productivas o comerciales. Por ejemplo, los tableros de madera que fabrica una empresa, que son adquiridos por otra empresa que se dedica a la fabricación de muebles.

Puede ocurrir que un mismo producto sea de consumo o industrial a la vez, según el fin con el que se adquiera. Por ejemplo, la fruta puede ser adquirida por una persona para comerla, o por una empresa que se dedica a la fabricación de mermeladas.

Cuadro 2.3. Tipos de productos según su fin

DIVISIÓN DEL PRODUCTO EN FUNCIÓN DEL FINAL AL QUE SE DESTINE		
❑ Industriales		
❑ De consumo	Productos de uso común	BÁSICOS
		DE IMPULSO
		DE EMERGENCIA
	Productos de comparación	
	Productos de lujo	

2.2.3. Características de nuestro producto

Una vez definido el producto y establecidos los distintos niveles y tipos de productos, vamos a estudiar los factores que lo diferenciarán de los productos de la competencia.

- **Marca**
- **Embalaje y etiquetado**
- **Producto ampliado**
- **Ciclo de vida del producto**
- **Nuevos productos**

❑ Marca

La marca permite identificar los productos y diferenciarlos de otros similares. Debe consistir en una palabra que contenga toda la información posible sobre el producto y sus características. Además, se debe poder memorizar y pronunciar fácilmente. Ahora bien, la elección de un nombre de marca es una tarea delicada y no debe dejarse en manos de la casualidad, debe realizarse cuidadosamente, valorando el impacto que ésta pueda tener sobre el mercado. Pero también debe tenerse en cuenta el coste que suponen para la empresa la elaboración y el registro de la marca.

❑ Embalaje

El embalaje, al igual que la marca, tiene como finalidad el diferenciar unos productos de otros.

En muchas ocasiones, ésta es una característica decisiva para el cliente. Deben decidirse el tamaño, el color, la forma, los materiales y el coste del envoltorio.

❑ Producto ampliado

En este nivel del producto se pueden encontrar formas para hacerlo más competitivo. Las decisiones sobre el producto ampliado hacen referencia a dos aspectos importantes: los *servicios adicionales* que deben ofrecerse al cliente, tales como asistencia técnica, descuentos, crédito, reparto a domicilio, garantía de cambio, etc., y la *forma y nivel de servicio* que se va a ofertar al consumidor. Como el resto de las decisiones, se debe sopesar lo que nos va a costar poner en práctica la decisión y los beneficios que esperamos de ella. Cualquier decisión deja de ser buena en el momento en que los beneficios que traiga consigo no cubran el esfuerzo que supone ponerla en marcha.

❑ Ciclo de vida del producto

Todos los productos tienen un ciclo de vida: aparecen en el mercado, se desarrollan de diversas formas y terminan desapareciendo cuando aparece un nuevo producto que satisfaga mejor las necesidades del consumidor, o simplemente porque los consumidores cambian de gusto o de necesidades.

El ciclo de vida del producto tiene las siguientes etapas:

- *Introducción.* Es un período de lanzamiento del producto. Es una etapa difícil, de crecimiento lento de las ventas, y requiere un gran esfuerzo comercial.
- *Crecimiento.* En esta etapa, las ventas comienzan a elevarse de forma considerable. Lo conocen cada vez más consumidores y ya no requiere tanto esfuerzo de promoción y publicidad.
- *Madurez.* Las ventas ahora son altas, sin variaciones en el volumen. En esta etapa se encuentran la mayoría de los productos que se ofertan en el mercado, estableciéndose una gran competencia entre las empresas.
- *Declive.* Es la última etapa del producto. Acabará cuando el producto deje de venderse por completo, y se caracteriza por una disminución de las ventas, que puede ser lenta o muy rápida. El ciclo de la vida de un producto se representa gráficamente de la siguiente forma:

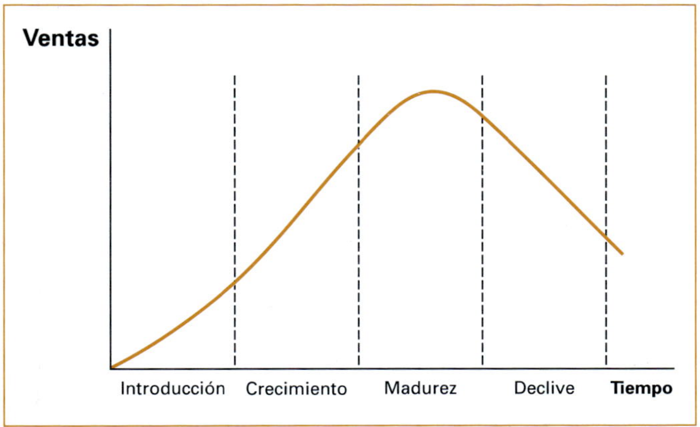

Esquema 2.2. Ciclo de vida del producto.

❑ Nuevos productos

Son aquellos que satisfacen una necesidad no atendida hasta el momento por ningún otro producto; son diferentes y novedosos, al menos para el consumidor. El desarrollo de un nuevo producto es un proceso largo y complejo. Se puede obtener a través de una invención o sencillamente introduciendo una mejora o modificación en un producto que ya existe.

2.3. El mercado

Desde la perspectiva del *marketing*, el mercado se define como el conjunto de compradores reales o potenciales de un producto. Se consideran compradores reales a quienes adquieren un determinado producto y potenciales a los que podrían llegar a adquirirlo.

2.3.1. Tamaño del mercado

El tamaño del mercado, de un bien o servicio, es la cantidad vendida durante un período determinado en un área geográfica concreta, medida en unidades físicas o económicas; por ejemplo, el tamaño del mercado de coches en Castilla y León del año 1995 es la suma de todas las unidades de coches vendidas durante ese año en esta comunidad.

Dentro del tamaño del mercado debemos distinguir entre *tamaño de mercado actual* y *tamaño de mercado potencial.*

❑ Tamaño de mercado actual

El tamaño de mercado actual es el que hace referencia a la demanda de un producto en un momento y lugar determinados. El mercado actual de un concesionario de coches en Palencia durante 1995, es la suma total de coches vendidos durante ese período.

Cuando se compara el mercado actual de una empresa con el mercado actual total del producto, el resultado que obtenemos es lo que se denomina *participación en el mercado* o *cuota de mercado.* Esta cifra se expresa en tanto por ciento y es una forma de medir el éxito comercial de una empresa:

$$\text{Cuota de mercado} = \text{Mercado actual de una empresa} / \text{Mercado actual total} \times 100$$

❑ Tamaño de mercado potencial

El tamaño de mercado potencial es aquel al que se dirige la oferta comercial. Está formado por los compradores actuales más todos aquellos que pueden llegar a serlo.

EJEMPLO 2.2

Supongamos que las ventas de coches por concesionario en Castilla y León, y la cuota de mercado de cada uno de ellos, han sido las reflejadas en el cuadro.

Podemos decir que la empresa líder de este mercado es Auto C, ya que tiene la mayor cuota de participación.

Concesionarios	Unidades vendidas en 1995	Cuota de mercado (%)
Auto A	1.920	12
Auto B	1.600	10
Auto C	5.600	35
Auto D	2.880	18
Auto X	4.000	25
Total	16.000	100

2.3.2. Tipos de mercados

Los podemos clasificar en función de varios criterios.

Según el tipo de compradores	**Mercados de consumo.** Los consumidores finales son los propios compradores; éstos adquieren los productos para su uso personal. **Mercados industriales.** Los compradores pueden ser empresas, individuos u otro tipo de organizaciones, que adquieren el producto para incorporarlo en la producción de otros bienes o servicios, que, a su vez, ofrecerán en otros mercados.
Según los productos que se comercializan	**Mercados agropecuarios.** Ofrecen productos procedentes de la agricultura, la ganadería y la pesca. **Mercados de materias primas.** Comercializan productos en su presentación natural, como madera, metales, etc. **Mercados técnicos o industriales.** Transforman las materias primas en productos intermedios; por ejemplo, pasta de papel, maquinaria industrial, etc. **Mercados de manufacturados.** Comercializan productos terminados, es decir, aquellos que van a ser utilizados por el consumidor final, como muebles, libros, coches. **Mercados de servicios.** Los productos ofrecidos en este mercado son el resultado de actividades humanas que satisfacen necesidades determinadas. Son intangibles. Por ejemplo, cuando un taxista realiza un servicio, su actividad no se materializa en un objeto.
Según el número de oferentes y demandantes	**Monopolio.** Hay un solo oferente, por ejemplo, Telefónica. También puede ser un monopolio una panadería, si es la única que hay en un pueblo. **Oligopolio.** El número de oferentes es escaso. El ejemplo más conocido son las empresas eléctricas. **Competencia perfecta.** En el mercado concurren muchos oferentes y demandantes. Ésta es la situación más generalizada. **Monopsonio.** Sólo hay un comprador, por tanto éste dirigirá el mercado. Por ejemplo, la fabricación de uniformes para el ejército.
Según el ámbito geográfico	**Mercados locales.** Su ámbito de actuación está limitado a una localidad. **Mercados regionales.** Atienden la demanda de una región. **Mercados nacionales.** Ejercen su actividad comercial en todo el territorio nacional. **Mercados internacionales.** Comercializan sus productos en varios países.

2.3.3. Estructura del mercado

La estructura del mercado viene determinada, además de por los aspectos del entorno general, por los agentes que actúan en él. Fundamentalmente, son:

- **Los fabricantes de bienes y prestadores de servicios**. Pueden tener influencia en la estructura del mercado si su número es pequeño (monopolios y oligopolios), o si se trata de empresas líderes en cuotas de mercado.
- **Los compradores**. Influirán en la estructura del mercado por sus características y por el modo en que realizan las compras.
- **Los intermediarios**. Como encargados que son de acercar los productos de las empresas a los consumidores, pueden tener una gran influencia en el mercado. Con la aparición de nuevas formas de venta, como la venta por correspondencia o la telecompra o compra por ordenador, el término de intermediario se está quedando obsoleto y empieza a ser más aceptado el de **canales de distribución**.
- **Los prescriptores**. No compran ni venden, pero tienen una influencia importante en la compra. El ejemplo más conocido de prescriptor son los médicos, que condicionan la compra de productos farmacéuticos.

De las características de estos agentes, así como de las actuaciones que realicen, dependerá la forma y facilidad con que la empresa podrá realizar intercambios. En algunas ocasiones, estos agentes facilitarán las relaciones de intercambio y en otras serán un obstáculo que habrá que tener en cuenta.

2.3.4. El mercado meta

Los compradores posibles que componen el mercado son muy numerosos, y existen grandes variaciones en cuanto a sus necesidades, comportamiento y conducta de compra. Por este motivo, las empresas tratan de realizar una oferta comercial que se adapte lo mejor posible a una parte concreta del mercado, centran su atención en grupos de consumidores que poseen características similares y seleccionan aquellos mercados en los que podrán tener más oportunidades, éstos son los **mercados meta**.

Para determinar el mercado meta, es necesario realizar previamente una **segmentación del mercado**, que consiste en dividir el mercado en grupos homogéneos de compradores con la finalidad de aplicar a cada uno de ellos una oferta comercial diferente. A cada uno de estos grupos se les denomina *segmento de mercado.*

Segmentar no consiste sólo en dividir el mercado en otros más pequeños, sino que hay que hacerlo de tal forma que nos dé como resultado grupos de consumidores con comportamientos diferentes respecto al producto.

Para poder realizar una segmentación del mercado necesitaremos conocer muy bien a los consumidores. Analizaremos las características más comunes de ellos con el fin de distribuirlos en grupos lo más homogéneos posible.

La segmentación se puede hacer, fundamentalmente, según los criterios siguientes:

- **Geográfico:** barrio, localidad, provincia, zonas cálidas o frías, etc.
- **Demográficos:** edad, sexo, etc.
- **Personales:** estilo de vida, profesión, ingresos, cultura, etc.
- **Familiares:** tamaño y estructura de las familias, situación, etc.
- **Psicológicos:** motivaciones de compra, actitud frente al producto, etc.
- **Conductuales:** fidelidad ante un producto o marca, regularidad de compra, etc.

Para que una segmentación sea útil y efectiva debe reunir una serie de *características:*

- ☐ **Medible:** tiene que poderse cuantificar el segmento en términos de tamaño y capacidad de compra.
- ☐ **Accesible:** los compradores que integran el segmento deben ser identificables y alcanzables por una oferta comercial.
- ☐ **Suficientemente grande:** de modo que se puedan obtener beneficios.

Una vez que la empresa ha definido los posibles segmentos del mercado, establecerá cuál será su **forma de actuación**. Ésta puede ser *indiferenciada* cuando la empresa decide ignorar la existencia de segmentos y lanza una oferta comercial idéntica para todos ellos; *diferenciada,* si se ofrece un programa comercial distinto para cada segmento del mercado en el que actúa la empresa, y *concentrada,* en este caso la empresa se concentra en un segmento grande de uno o varios mercados, consiguiendo una mayor especialización.

La elección de una u otra actuación dependerá de los recursos con los que cuente la empresa, del producto que se ofrece, del mercado y de la competencia.

Si los recursos con los que cuenta la empresa son limitados, una actuación concentrada sería la más adecuada.

Si no es posible conseguir variaciones dentro del mismo producto, la actuación deberá ser indiferenciada, pero si el producto se presta a variaciones, la diferenciación será más adecuada.

En el caso de que los consumidores reaccionen de una manera similar ante una oferta comercial, la forma de actuación que se debe adoptar es la indiferenciada.

Si la competencia actúa de forma diferenciada, no sería adecuado actuar en una dirección distinta, pero si aquélla actúa de forma indiferenciada, se podría conseguir alguna ventaja actuando de forma diferenciada o concentrada.

A la hora de elegir el segmento, la empresa se decidirá, lógicamente, por aquel que presente mayor volumen de ventas, expectativas de crecimiento, menos competencia, y mayores beneficios. Pero ningún segmento será tan perfecto, por lo que elegirá aquel que sea más atractivo y en el que la empresa pueda tener mayores posibilidades de éxito de acuerdo con sus características. Éste será su mercado meta.

2.4. Nuestros clientes

Para que resulte más fácil vender nuestro producto, conviene que conozcamos bien algunas de las características de nuestros posibles clientes: cómo son, dónde viven, cuánto ganan, qué gustos tienen, etc.

Debemos analizar cómo es la necesidad que sienten por nuestro producto, qué piensan hasta que deciden comprarlo e incluso después de haber tomado la decisión de compra.

Podemos definir al consumidor como aquella persona o grupo de personas que realiza alguna de las siguientes actividades:

- *Compra para el consumo propio,* o el de otras personas con las que está relacionado (familia, compañeros, etc.).
- *Usa o consume lo que otros han comprado.*
- *Paga lo que él u otros han comprado.*

Los deseos y necesidades del consumidor no tienen límite, pero sus recursos, sin embargo, sí lo tienen. Además, en el mercado se pueden encontrar muchos productos que satisfacen sus necesidades, aunque no de forma gratuita. Por tanto, los consumidores demandarán y tratarán de adquirir, con los recursos que poseen, aquellos productos que ellos crean que satisfacen mejor sus necesidades.

El cliente es el elemento central del *marketing*. Conocerlo es uno de los primeros objetivos de la gestión comercial.

2.4.1. Lo que debo saber de mi cliente

Nos interesa conocer de nuestros clientes: su comportamiento, los factores que influyen en ellos y el proceso que siguen para realizar su compra. De esta forma, la empresa sabrá en qué medida responderá el consumidor a los distintos estímulos comerciales.

Para conocer el comportamiento del consumidor debemos empezar por saber:

- **Quién consume el producto:** su localización geográfica, el sector económico al que pertenece, su edad, el sexo, etc.
- **Quién lo compra** y quién lo paga, quién influye en la decisión de compra y quién decide lo que se compra.

> **EJEMPLO 2.3**
>
> Los libros infantiles son consumidos por los niños, pero son los padres los que pagan y los que deciden la compra, aunque esta decisión esté influida por los consumidores (en este caso, los niños).

- **Qué se compra:** se puede decidir por un producto en función de sus características, calidad, imagen de marca, etc.
- **Por qué se compra:** conocer las necesidades que el consumidor pretende satisfacer con la adquisición de un producto determinado.
- **Cuándo se compra y con qué frecuencia:** si se trata de productos que se adquieren durante todo el año, sólo en vacaciones, si se consumen diariamente o una vez al mes o al año, si es con motivo de alguna fiesta, etcétera.
- **Dónde se compra:** en tiendas especializadas, en grandes almacenes o supermercados, en farmacias, etc.
- **Cuánto se compra:** si las preferencias están dirigidas hacia envases pequeños o grandes, si se adquieren de uno en uno o varios a la vez, etc.

2.4.2. Factores que influyen en nuestros clientes

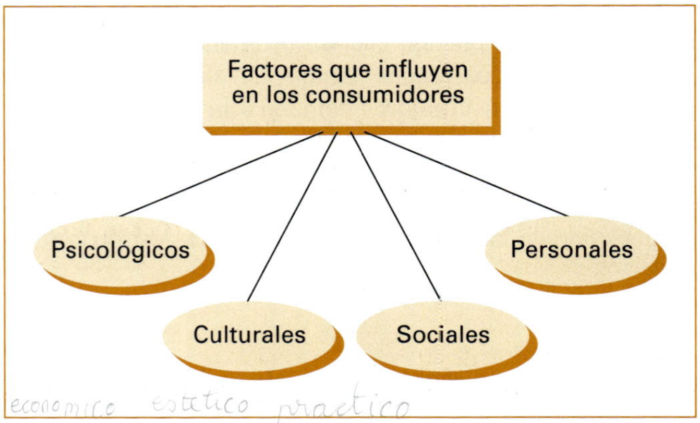

Esquema 2.3.

En el momento de tomar una decisión de compra, los consumidores se verán influidos por una serie de factores de tipo cultural, social, personal o psicológico. Analizando las influencias que éstos ejercen sobre el consumidor, determinaremos cómo y en qué medida afectan a la decisión de compra.

❑ Factores culturales: cultura y clase social

La cultura determina, de manera fundamental, los deseos y conductas de las personas. El comportamiento de las personas es, básicamente, consecuencia de un aprendizaje. Desde que se nace se están aprendiendo una serie de normas de conducta, creencias, preferencias y costumbres, que determinan la conducta que se va a seguir.

En todas las sociedades existen grupos de personas relativamente homogéneos y estables, con una jerarquía establecida, y cuyos miembros comparten valores, intereses y conductas similares. Se denominan clases sociales y suelen repartirse en tres grandes grupos: clase social alta, media y baja. Las clases sociales no sólo se determinan según los ingresos de sus componentes, sino como combinación de diversos factores, tales como educación, ocupación, ingresos, salud, etc.

❑ Factores sociales

Son los grupos de referencia que tiene el consumidor, la familia y los roles, y que condicionan su conducta.

Los grupos de referencia influyen directa o indirectamente en las actitudes o conductas de los consumidores y sirven como modelo en la formación de sus creencias, actitudes y comportamiento. Pueden ser grupos a los que pertenece la persona y con los que tiene relación, como la familia, amigos, comunidades religiosas, etc., o bien ser grupos a los que no pertenece y a los cuales desearía pertenecer o los rechaza.

Los grupos de referencia influyen en los consumidores de varias formas: presionan para que el consumidor adopte determinadas actitudes y adquiera los productos que definen al grupo, le ponen en contacto con nuevos estilos de vida, etcétera. Cuanto mayor sea el grupo, más influencia ejercerá.

❑ Factores personales

En las decisiones de un comprador influyen también una serie de características personales, especialmente la edad, la profesión, las circunstancias económicas, la personalidad, etc. En función de la *edad*, las personas tienen gustos distintos sobre ropa, alimentos, muebles, actividades y necesidades físicas. La *profesión* a la que se dedica una persona influirá en los bienes y servicios que adquiera, como la ropa de trabajo, herramientas, vehículos, etc. Las *circunstancias económicas* son uno de los factores que más influirán en la decisión de compra. La *personalidad* es otro de los factores personales que intervienen en la decisión y que puede ser utilizado por las empresas.

❑ Factores psicológicos

Estos factores son principalmente: la *motivación*, la *percepción*, la *experiencia* y las *actitudes*. Las personas sienten necesidades, y cada una de éstas es un motivo o impulso. Cuando es lo suficientemente grande le provoca una insatisfacción y la persona trata de satisfacer esa necesidad. Cuando alguien se siente motivado está listo para actuar, pero actuará de diferente forma dependiendo de cómo perciba o sienta la situación. Todas las situaciones por las que pasamos nos dejan una experiencia, por tanto, situaciones anteriores pueden influir positiva o negativamente en la decisión de compra. Las actitudes hacen que sintamos atracción o rechazo por las cosas y son difíciles de cambiar, lo que hace que nos comportemos de forma similar con respecto a productos parecidos. El conocimiento de estas actitudes frente a un producto puede ser beneficioso para una empresa, ya que ésta podrá tomar decisiones acertadas sobre el producto.

2.4.3. Fases del proceso de compra

❑ Reconocimiento de la necesidad

El proceso de compra comienza cuando el consumidor siente que necesita un producto que cumpla unas características concretas.

Esta necesidad puede estar provocada por estímulos internos o externos.

EJEMPLO 2.4

Una persona que compra una ropa de abrigo puede hacerlo bien por un estímulo interno, porque sienta frío, o bien porque al pasar ante un escaparate le ha gustado la prenda y le ha creado la necesidad, en este último caso se trata de un impulso externo.

Para poder influir en la necesidad de compra es necesario, por tanto, conocer las circunstancias que llevan normalmente al consumidor a reconocer el problema. Las acciones comerciales que se lleven a cabo serán diferentes en función de que la necesidad se cree por un estímulo interno o por impulsos externos.

❑ Búsqueda de información

El cliente investiga las posibles soluciones que hay en el mercado para satisfacer su necesidad. Cuando el consumidor emprende la búsqueda de información sobre los posibles productos que pueden resolver su situación, puede obtenerla de formas diferentes. De entrada, el consumidor se vuelve más receptivo y presta más atención a la información que recibe sobre los productos que pueden satisfacer su necesidad. Además, puede iniciar una búsqueda activa de la información, como preguntar a conocidos, en establecimientos comerciales, revistas especializadas, etc.

La profundidad de la investigación que emprenda el consumidor dependerá de la intensidad de su necesidad o deseo, de la información que tuviese inicialmente y del valor que supongan para él los datos adicionales que pueda conseguir. Normalmente, la actividad de búsqueda de un consumidor aumenta a medida que las soluciones a su problema son más numerosas.

Cuadro 2.4. Fuentes de información

FUENTES DE INFORMACIÓN	
Personales	La fuente de información son amigos, conocidos, familiares, etc. Éstos, además de informarle del producto utilizado para resolver el mismo problema, le comentarán el resultado y el grado de satisfacción que obtuvieron con el mismo.
Comerciales	La información se puede obtener a través de anuncios, catálogos, vendedores, expositores, etc.
Públicas	Mediante organizaciones y publicaciones de información al consumidor.
Experiencia	El consumidor, al usar los diferentes productos, acumula una experiencia que influirá en su decisión de compra.

La fuente de información más utilizada es la comercial, sin embargo, las fuentes personales son las que poseen mayor influencia. Normalmente, los consumidores utilizan las fuentes comerciales para obtener información y luego la contrastan con la facilitada por sus conocidos.

Las empresas, a través de la gestión comercial, deben conseguir que su producto esté entre las soluciones elegidas por el consumidor, de no ser así, habrá perdido la posibilidad de venta.

❑ Comparación de alternativas

Una vez que el consumidor conoce las soluciones posibles a su necesidad, elegirá el producto que más le satisfaga.

El análisis que realiza el consumidor de las distintas alternativas con las que cuenta no es un proceso único y sencillo, incluso puede suceder que el mismo consumidor actúe de diferente forma en distintas decisiones de compra.

El consumidor destaca en un producto un conjunto de características que son importantes para él y establece un orden de prioridades entre ellas. Una vez que tiene ordenadas las características del producto, valora en qué medida cumplen estas características cada uno de los productos que existen en el mercado.

El consumidor puede estar apreciando un producto tal como es o de forma diferente. La imagen que tienen sobre él los consumidores es lo que llamamos *posicionamiento* de un producto en el mercado.

El procedimiento de análisis de alternativas que, normalmente, sigue un consumidor consiste en valorar en conjunto todas las características, y elegir aquel producto que cumpla en mayor medida aquellas que sean más importantes.

❑ Decisión de compra

El consumidor ha valorado las características de los productos y ha establecido unas preferencias en función de las mismas. Con el análisis de las alternativas hemos llegado a lo que podemos llamar *intención de compra.* Sin embargo, hay dos factores que pueden interponerse entre la intención y la decisión de compra:

- Por una parte, las *actitudes* que *otras personas* muestren ante la intención de compra del consumidor resultarán decisivas. Esta influencia será mayor en función de la intensidad de la actitud negativa de la otra persona hacia la alternativa del consumidor, o por la motivación del consumidor para aceptar los deseos de esa otra persona.
- Otro factor son los imprevistos. Pueden surgir imprevistos de última hora que modifiquen la intención de compra del consumidor cuando ya iba a materializarla.

❑ Evaluación del producto después de la compra

Con el uso del producto, el cliente comprueba si la elección fue acertada o no. El grado de satisfacción o insatisfacción dependerá de la diferencia que se produzca entre lo que esperaba el consumidor del producto y lo que realmente éste le ofrece. Que el cliente quede satisfecho o no con la compra influirá en su conducta posterior.

Cuadro 2.5. Fases del proceso de compra

a) Reconocimiento de la necesidad.
b) Búsqueda de información.
c) Comparación de alternativas.
d) Decisión de compra.
e) Evaluación del producto después de la compra.

2.5. La competencia

Para tener una idea de las posibilidades de éxito de nuestro negocio, debemos saber muy bien quiénes son nuestros competidores más cercanos y cómo desarrollan su actividad, cómo son los productos que ofrecen, a qué precio los comercializan, qué aceptación tienen en el mercado, etc. Con estos datos nos resultará más fácil tomar decisiones sobre nuestros propios productos y su situación en el mercado.

COMPETENCIA:

La concurrencia en el mismo mercado de distintos oferentes de bienes o servicios.

Cuando una empresa se plantea la entrada en un mercado, deberá tener en cuenta que se va a encontrar con una serie de **barreras de entrada** que van a interponer las empresas ya instaladas en él. Estas defensas o barreras pueden estar determinadas por:

- La necesidad de una inversión elevada para el proceso productivo: esto hace que sea difícil desplazar a las empresas ya instaladas.
- La diferenciación: a veces ocurre que después de conseguir un producto diferente, los clientes no están dispuestos a cambiar de proveedor si no reciben ofertas muy ventajosas que compensen con seguridad el riesgo del cambio.
- Las ventajas singulares que tienen algunas empresas ya instaladas, tales como una ubicación en un lugar más favorable para vender, tener una tecnología en exclusiva, etc.
- Los gobiernos pueden crear barreras contra los competidores del exterior o a favor de determinados sectores que pretendan proteger o desarrollar, y a los que puede conceder privilegios de tipo fiscal o financiero.

Además de estas barreras de entrada, habrá que considerar las represalias o reacciones de las empresas que ya están en el mercado. Se deberá, por tanto, analizar la capacidad de respuesta del sector y su actitud ante una posible batalla competitiva, como una posible bajada de los precios que el nuevo competidor no pueda afrontar.

Otro factor que hay que considerar son los **productos sustitutivos**. Ante la gran variedad de productos que se ofrecen en el mercado, pueden aparecer a los ojos del consumidor varias opciones que satisfagan sus necesidades de una forma muy parecida. Cuando varían los precios de unos productos más o menos sustitutivos, algunos consumidores pueden cambiar sus hábitos de consumo.

Por tanto, al hacer un estudio de nuestra competencia, debemos determinar los productos sustitutivos y establecer una continua vigilancia sobre su evolución.

Otro factor que se debe estudiar son los **competidores establecidos** en el mismo entorno, cuántos son, cuál es su tamaño y cuál es la situación del sector en cuanto a prosperidad. Si el sector está en expansión y es próspero, la competencia será más suave, ya que existe una parte de la demanda insatisfecha. Por el contrario, en sectores en recesión, la competencia será muy dura y algunas empresas tendrán que abandonar el mercado.

Otra consideración que hay que tener en cuenta es la **capacidad de penetración** de la empresa en otros mercados, tanto desde el punto de vista geográfico como de sectores de demanda. Hay que analizar la posibilidad competitiva en mercados adyacentes con productos sustitutivos.

Por último, no debemos olvidar que cualquier situación de competencia es inestable, ya que va cambiando con el tiempo y este cambio no se debe sólo a las acciones de la empresa y sus competidores, sino que también intervienen agentes externos, como los cambios en la estructura de la población, el desarrollo económico, la innovación de los procesos productivos, nuevas formas de distribución, cambios en los hábitos de consumo, etc.

2.5.1. Nuestra empresa en el mercado

Para tener éxito en nuestra empresa, debemos adecuarnos siempre al mercado. Lo primero que hemos hecho es diseñar nuestro producto o servicio, pensado para satisfacer las necesidades de nuestros clientes. Después hemos estudiado nuestra competencia, y ahora trataremos de hacer un sitio a su lado para nuestra empresa.

Para encontrar un lugar para nuestro negocio en el mercado buscaremos alguna razón o ventaja, respecto a la competencia, aprovechando los conocimientos que tenemos sobre ella.

Cuadro 2.6. Ventajas competitivas

- Nuestro producto se ofrece a mejor precio.
- Nuestro producto es de mejor calidad.
- Nuestro producto ofrece alguna ventaja al consumidor.
- Nuestro producto satisface una necesidad que hasta ahora nadie había cubierto.

Por alguna o varias de estas razones, la empresa que trata de abrirse paso en el mercado consigue que sus productos se distingan de los demás, adquiriendo ante sus clientes un sitio o una posición en el mercado.

Cuando hayamos establecido las diferencias entre nuestro producto y el de la competencia, nos decidiremos por:

- **Ofrecer un producto muy distinto al de la competencia, consiguiendo clientes cuyas necesidades no han sido satisfechas hasta ahora:** esto será factible:
  - — Si realmente se puede realizar ese producto distinto y nuevo.
  - — Si sale al mercado a un precio razonable.
  - — Si existen clientes potenciales para este producto.
- **Ofrecer un producto o servicio muy parecido al de la competencia, y luchar por conseguir clientes para mi empresa:** esto se podrá conseguir:
  - — Si puedo lograr un producto superior al de la competencia.
  - — Si la oferta del producto es menor que la demanda.
  - — Si mi empresa tiene más recursos que las de la competencia.

2.6. Dar a conocer nuestro producto

Una labor importante que tenemos que hacer, una vez que el producto y el mercado al que vamos a dirigirnos están definidos, es dar a conocer nuestro producto a los futuros clientes, que nos conozcan, que sepan qué les ofrecemos, a qué precio, dónde pueden adquirirlo; en resumen, debemos «comunicarles» nuestro producto.

Comunicar es transmitir a otra persona lo que uno sabe.

En toda comunicación intervienen una serie de elementos. Por una parte, el **emisor**, que es quien envía el mensaje al **receptor**. La información que el emisor desea transmitir la expresará de una forma simbólica mediante la **codificación**. El conjunto de símbolos organizados que el emisor transmite forma el **mensaje**. Este mensaje utilizará unos recursos de expresión mediante los cuales pasará del emisor al receptor, son los **canales de comunicación**.

Cuando el mensaje es recibido por el receptor, éste le da un significado mediante la **decodificación**. Ante esto, el receptor mostrará una reacción, es la **respuesta**. La última fase de la comunicación sería la respuesta que recibe el emisor del receptor, a través de la cual aprecia si consiguió su objetivo y de qué forma fue recibido. Esta fase se conoce como **retroalimentación**.

Pero en todo este proceso puede haber una serie de elementos que distorsionen el mensaje, que lo dificulten y, por tanto, que impidan que llegue al receptor la información que el emisor quiso enviar, o en la forma en que éste la quiso transmitir.

Este mismo esquema es el utilizado en la comunicación comercial (véase el Esquema 2.4).

Conseguir que la comunicación sea eficaz requiere una serie de decisiones en cada uno de los elementos clave de la comunicación:

- ☐ **Identificar la audiencia meta.**
- ☐ **Determinar la respuesta que se desea conseguir.**
- ☐ **Escoger un mensaje.**
- ☐ **Elegir un medio de comunicación.**
- ☐ **Establecer un método de retroalimentación para conocer los efectos de la comunicación.**

Para establecer una comunicación con la audiencia, la empresa debe tener una idea muy clara de a quién quiere dirigir su mensaje: puede ser a un segmento determinado del mercado, al mercado en general, a las personas que tienen influencia en la decisión de compra, etc. La elección de la audiencia meta condicionará todas las decisiones que la empresa tome sobre el resto de los elementos de la comunicación.

Una vez determinada la audiencia meta, la empresa decidirá cuál es la respuesta que desea que se produzca en ella. Básicamente, lo que se pretende es que el producto atraiga al consumidor y que éste lo compre, pero ya hemos visto que la decisión de compra es un proceso largo que pasa por diferentes etapas. Para que la comunicación sea efectiva, la empresa deberá identificar en qué etapa de la decisión de compra se encuentra la mayoría de su audiencia meta y desarrollar una campaña de comunicación que le haga pasar a la siguiente etapa.

El siguiente paso sería la elección del mensaje, de forma que dé a conocer el producto a aquellos que no lo conocen, que mantenga el interés cuando ya es conocido y consiga

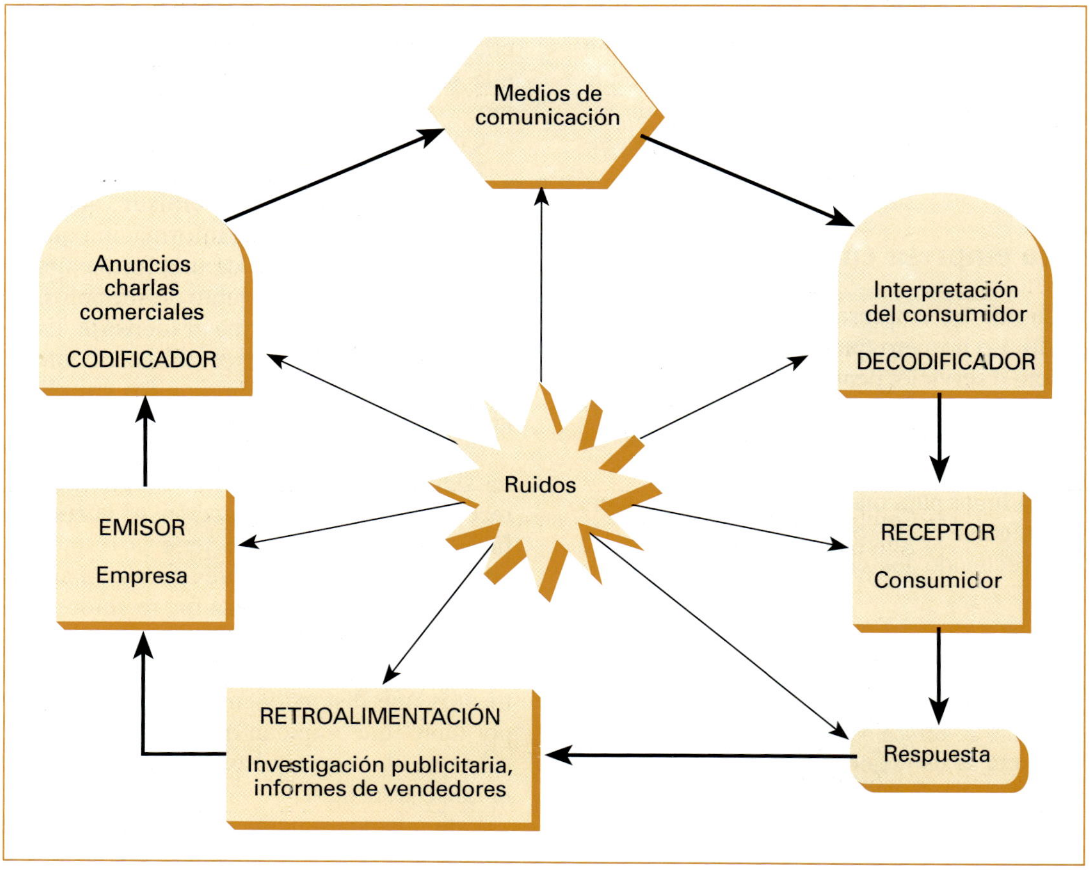

Esquema 2.4. Esquema de comunicación.

una respuesta de compra. Para conseguir este objetivo debemos establecer un estilo de mensaje: se puede intentar provocar una emoción que lleve al consumidor a adquirir el producto (es el caso de la mayoría de los anuncios de perfumes); se puede apelar a la racionalidad del consumidor tratando temas como el ahorro, la calidad del producto, las ventajas, etc. Por otra parte, la presentación del mensaje va a hacer que éste llegue en mayor o menor medida al consumidor mediante el color, las imágenes, las expresiones, el tono de la voz, la música, etc. Por último, es de gran importancia que el mensaje provenga de una fuente de información de gran credibilidad, ya que la repercusión del mensaje sobre la audiencia dependerá de la forma en que sea percibido por el emisor.

2.6.1. Canales de comunicación

Definido el mensaje, la empresa deberá elegir el canal de comunicación más eficiente para realizar la misma. Estos canales pueden ser: la *publicidad*, la *promoción de ventas* y la *venta directa*. Antes vamos a hacer algunas consideraciones sobre cada uno de ellos.

Una empresa hace **publicidad** cuando transmite un mensaje informativo sobre sus productos utilizando los medios de comunicación. El propósito de la publicidad es modificar la conducta de la audiencia y conseguir que se compre el producto. Su objetivo específico puede ser persuadir, informar o recordar, y esto determinará el tipo de campaña.

Cuando el emisor ha decidido el mensaje que desea transmitir, tendrá que elegir el medio de comunicación más adecuado. En el Cuadro 2.7 se resumen las ventajas e inconvenientes de cada uno de los medios de comunicación más utilizados.

Otro canal de comunicación que se puede utilizar es la **promoción de ventas**, que consiste en realizar una serie de actividades que estimulen la compra de un producto, ofreciendo algunas ventajas añadidas, bien para el consumidor final o bien para los intermediarios. Son actividades no canalizadas a través de los medios de comunicación y tratan de estimular las ventas a corto plazo.

La promoción de ventas puede estar dirigida a los consumidores: muestras gratuitas, cupones de descuento, concursos, demostraciones, premios, etc.; o a los prescriptores: obsequios, muestras gratuitas, viajes, documentación técnica, etc. También puede dirigirse a los intermediarios: publicidad gratuita, artículos y muestras gratuitas, concursos, premios, etc.

Por último, dentro de los canales de comunicación, vamos a hacer referencia a la **venta directa**, que es una forma de comunicación interpersonal. La realizan vendedores, representantes de ventas, agentes de ventas, comisionistas, etc., que cubren una amplia gama de funciones: informan a los posibles compradores sobre el producto, persuaden a los compradores para que lo adquieran, buscan nuevos clientes, desarrollan actitudes favorables de los

Cuadro 2.7. Ventajas e inconvenientes de los medios de comunicación

Medios	Ventajas	Inconvenientes
Correo directo	— Selectividad de la audiencia. — Alta permanencia del mensaje.	— Coste elevado. — Imagen de «correo basura».
Periódicos	— Flexibilidad. — Selectividad geográfica de la audiencia.	— Escasa permanencia del mensaje. — Alcance limitado. — Baja calidad de impresión.
Revistas	— Selectividad demográfica y socioeconómica de la audiencia. — Alta calidad de impresión.	— Baja frecuencia de emisión. — Audiencia limitada. — Elevado coste.
Radio	— Selectividad geográfica de la audiencia. — Gran audiencia.	— Falta de apoyo visual. — Poca permanencia del mensaje.
Televisión	— Combina visión, sonido y movimiento. — Alto poder de atracción. — Elevada audiencia.	— Baja permanencia del mensaje, salvo repetición. — Posibilidad de pasar inadvertido entre muchos anuncios. — Elevado coste.
Publicidad exterior	— Flexible. — Bajo coste a nivel local. — Buena publicidad para productos de gran consumo y como recordatorio.	— Alto coste a nivel nacional. — No hay selectividad de la audiencia.

consumidores hacia el producto o la empresa, recaban información para la empresa sobre los clientes, etc.

Cada uno de los instrumentos de comunicación tiene unas características y unos costes que deben ser tenidos en cuenta antes de decidirse por uno de ellos.

De la publicidad podemos decir que llega a un gran número de consumidores al mismo tiempo; el comprador recibe información de otras empresas y puede comparar los mensajes; no es tan eficaz como las ventas personales.

Las ventas personales son el instrumento más eficaz en la decisión de compra, ya que permiten conocer las reacciones del consumidor y ajustar su actuación según las necesidades que muestre; pero es el método más costoso.

En la promoción de ventas, el coste varía en función de la acción promocional elegida; suele captar la atención del consumidor y proporciona alguna información que puede llevar a que el consumidor adquiera el producto; es utilizada cuando se pretende una respuesta rápida del consumidor, pero sus efectos no duran demasiado.

2.6.2. Eficacia de los instrumentos de comunicación

Los instrumentos de comunicación tienen distinta eficacia en función de que el producto sea un bien de consumo o industrial, y según la etapa del ciclo de vida en que se encuentre.

La utilización de uno u otro sistema de comunicación dependerá de la etapa del ciclo de vida del producto. Así, si el producto se encuentra en la **etapa de introducción**, la publicidad permitirá que sea conocido por un gran número de consumidores, la promoción de ventas permitirá que los consumidores prueben el producto y las ventas personales son necesarias para que los intermediarios conozcan bien el producto y lo ofrezcan a los consumidores.

Cuadro 2.8. Orden de importancia de los instrumentos de comunicación según el tipo de producto

Productos de consumo	Productos industriales
1. Publicidad. 2. Promoción de ventas. 3. Ventas personales.	1. Ventas personales. 2. Promoción de ventas. 3. Publicidad.

En la **etapa de crecimiento**, la publicidad sigue siendo el instrumento más utilizado, mientras que la promoción de ventas deja de ser necesaria.

En la **etapa de madurez**, por el contrario, la promoción de ventas cobra mayor importancia que la publicidad. Los productos son conocidos suficientemente por los consumidores y no necesitan más que un pequeño recordatorio de la publicidad; sin embargo, la promoción de ventas ayudará a que el producto se siga vendiendo.

En la **etapa de declive** del producto, la promoción de ventas puede seguir siendo importante para animar a los consumidores, la publicidad tiene función recordatoria y los vendedores apenas dan importancia al producto.

2.7. Distribución del producto

La distribución del producto comprende todas las tareas que consiguen que el producto llegue hasta el consumidor.

Cuando una empresa se plantea el sistema de distribución de sus productos, tiene que tener en cuenta una serie de cuestiones:

- El mercado al que dirige sus productos: si es grande o pequeño, disperso o concentrado, el volumen de pedidos, etc.
- Las características del producto: perecedero, frágil, voluminoso, etc.
- Las características de la empresa: sobre todo si puede afrontar la inversión que exige la distribución, y si tiene personal o está en disposición de contratarlo.

A continuación elegirá el **canal de distribución** más adecuado, entendiendo por canal de distribución el camino que sigue un producto hasta que llega a manos del consumidor.

Cuando una empresa no puede o no quiere hacerse cargo de la distribución de sus propios productos, delega esa tarea en otras personas u organizaciones especializadas en ello, que se conocen como intermediarios.

Los canales de distribución pueden ser más o menos largos en función del camino elegido. Los principales canales de distribución son:

- **Del productor al consumidor.**
- **Del productor a tiendas que comercializan el producto.**
- **Del productor al mayorista, de éste al minorista y después al público.**

ACTIVIDADES DE ENSEÑANZA – APRENDIZAJE

1 Haz una relación de productos/servicios y determina en qué fase se encuentren: introducción, crecimiento, madurez o declive. Reflexiona sobre las siguientes cuestiones:

— ¿Cuántos años hace que se está vendiendo el producto?
— ¿Cuál es la trayectoria de las ventas del producto?
— ¿Existen productos sustitutivos en el mercado?
— Si existen, ¿cuál se vende más, el nuestro o el sustitutivo? ¿Cuál es más antiguo?
— ¿Existen circunstancias que puedan alterar definitivamente el curso del producto, como avances tecnológicos, modas, entorno, etc.?

2 Teniendo en cuenta que el mercado total de un producto es:

Empresas	Unidades
A	5.000
B	3.000
C	4.500
D	9.000
E	6.500

— Determina la cuota de mercado de cada empresa.
— ¿Cuál es la empresa líder?

3 Determina el cliente tipo al que va dirigido nuestro producto, teniendo en cuenta su ubicación geográfica, edad, sexo, cultura, condicionantes sociales, ingresos personales o familiares, conducta de compra, profesión, etcétera.

4 Selecciona un producto o servicio cuyo mercado esté bien abastecido, por ejemplo, una cafetería, y busca alguna ventaja competitiva para el mismo, de modo que tu empresa tenga posibilidades de éxito.

5 Elige un producto y piensa qué canal o canales de comunicación utilizarías para darlo a conocer.

6 Si el canal de comunicación elegido fuera la publicidad, ¿qué medio utilizarías?, ¿por qué?

7 Haz una relación de productos/servicios y razona cuál sería el canal de distribución más adecuado para cada uno de ellos en función del mercado al que se dirigen, las características del producto y las características de la empresa.

8 Utilizando una serie de marcas conocidas en el mercado, identifica o valora los siguientes puntos:

— A qué hacen referencia, qué características del producto nos muestran.
— Cómo es el nombre, si se recuerda o pronuncia fácilmente.

Actividades de Evaluación

1 ¿Qué entiendes por gestión comercial?

2 ¿Qué es el *marketing*?

3 ¿Cuál es la división de los productos en función del fin al que se destinen?

4 ¿Cuáles son los factores que diferencian un producto determinado de los que ofrece el mercado?

5 ¿Qué fases tiene el ciclo de vida de un producto?

6 ¿Como definirías el mercado desde la perspectiva del *marketing*?

7 ¿Qué entiendes por cuota de mercado?

8 Enumera las fases que intervienen en el proceso de compra.

9 ¿Qué elementos intervienen en la comunicación?

10 ¿Qué canales de comunicación conoces?

ANEXO
DÓNDE BUSCAR INFORMACIÓN PARA HACER UN ESTUDIO DE MERCADO

A continuación aparecen algunas fuentes de información donde se pueden encontrar datos para la realización de un estudio de mercado.

- **Fuentes generales:**
  - — Euroventanillas.
  - — INE (Instituto Nacional de Estadística).
  - — ICE (Instituto de Comercio Exterior).
  - — CEOE (Confederación Española de Organizaciones Empresariales).
  - — CEPYME (Confederación Española de la Pequeña y Mediana Empresa).
  - — Cámaras Oficiales de Comercio, Industria y Navegación.
  - — UCE (Unión de Consumidores de España).
  - — OCU (Organización de Consumidores y Usuarios).
  - — Registros mercantiles.
  - — Comunidades Autónomas.
  - — Ayuntamientos.
  - — Asociaciones empresariales y profesionales.
  - — Publicaciones y revistas especializadas del sector que se va a estudiar.

- **Relativas a los consumidores:**
  - — Anuario estadístico de España (INE).
  - — Características de la población española (INE).
  - — Encuesta de presupuestos familiares (INE).
  - — Censo de la población de España (INE).
  - — Censo de la población, la vivienda y los edificios (INE).
  - — Encuesta de equipamiento y nivel cultural de la familia (INE).
  - — Centro de Investigaciones Sociológicas. Diversos estudios sobre temas políticos y sociales.
  - — Comportamiento y actitudes de las economías domésticas hacia el ahorro y el consumo (CECA).

- **Relativas a la competencia:**
  - — Registros mercantiles.
  - — Informe sobre coyuntura industrial (Ministerio de Industria).
  - — Cámaras de comercio.
  - — Revistas especializadas de cada sector.

- **Relativas a precios:**
  - — Índice de precios al consumo (INE).
  - — Índice de precios industriales (INE).
  - — Boletín de precios de las Comunidades Autónomas.

- **Relativas a la comunicación y promoción:**
  - — Datos de audiencia de los medios de comunicación.
  - — Estudio general de medios.
  - — Asociación española de anunciantes.
  - — Anuncios.

- **Relativos al producto:**
  - — Registro de la propiedad industrial.

- **Relativos al entorno:**
  - — Publicaciones del INE.
  - — Publicaciones del CISS.
  - — Informe económico OCDE.
  - — Publicaciones del Banco de España.
  - — Diversos estudios de entidades bancarias.

UNIDAD DE TRABAJO 3

¡ASÍ HACEMOS NUESTRO PRODUCTO!

Siempre que queremos obtener un producto o prestar un servicio, debemos contar con ciertos elementos, como edificios, maquinaria, herramientas, trabajadores, materias primas, materias auxiliares, etc. Después organizaremos todos estos elementos siguiendo un orden lógico, esto es, debemos determinar el proceso que se debe seguir para obtener el producto deseado o para prestar el servicio previsto. Pues bien, a todo ello lo denominamos **proceso productivo** y de ello es, precisamente, de lo que vamos a tratar en esta Unidad de Trabajo.

CONTENIDO

3.1. El plan de producción.
3.2. Gestión del almacén.
3.3. ¿Cuánto tiempo se tarda en realizar el proceso productivo?
3.4. Cálculo de los costes a través de un ejemplo.
3.5. El punto muerto o umbral de rentabilidad.
3.6. El período medio de maduración o ciclo de explotación.

OBJETIVOS

1. Comprender la necesidad de elaborar el plan de producción.
2. Lograr que el alumno/a entienda todos y cada uno de los elementos que conforman el plan de producción.
3. Ser consciente del problema que supone una mala gestión de los almacenes.
4. Conocer los costes de un producto.
5. Ser capaz de interpretar la información que proporcionan el período medio de maduración y el umbral de rentabilidad.

3.1. El plan de producción

El plan de producción recoge todos los aspectos técnicos y organizativos que conciernen a la fabricación de productos o a la prestación de servicios. Tiene una estrecha dependencia del plan de ventas, de tal manera que éste se cuantifica en función de aquél. (Véase Ejemplo 3.1.)

EJEMPLO 3.1

Si en el plan de ventas se ha previsto vender 100 unidades, en el plan de producción se deberá prever la producción de 100 unidades, más un cierto número para hacer frente a posibles imprevistos.

3.1.1. ¿Cómo se confecciona un plan de producción?

Los pasos que se deben seguir son los siguientes:

1.er paso. Describir el producto, citando las características más relevantes. Si es necesario, realizar un diseño.

2.º paso. ¿Cuántas unidades está previsto vender y con qué nivel de certeza? Esta información la proporciona el plan de ventas.

3.er paso. Plan de inversiones. ¿Qué instalaciones necesitamos? *(Local, maquinaria, herramientas, vehículos, etc.).*

4.º paso. Plan de gastos. ¿Qué gastos es necesario realizar para obtener el producto? *(Materias primas, materias auxiliares, energía, salarios, seguros, mantenimiento, etc.).*

5.º paso. El almacén de materias primas. ¿Qué cantidades debo almacenar?, ¿cuántos pedidos debo realizar al año?, ¿qué stock de seguridad debo mantener?, etc.

6.º paso. Número de trabajadores que necesitarán y descripción de sus funciones.

7.º paso. Describir brevemente las fases de producción.

8.º paso. ¿Qué tiempo se invierte en la fabricación del producto o prestación de servicios?

9.º paso. Hallar los costes: ¿cuánto costará producir las cantidades previstas?

10.º paso. Hallar el umbral de rentabilidad. ¿Qué cantidad tengo que producir, como mínimo, para cubrir los costes y comenzar a obtener beneficios?

11.º paso. Hallar el período medio de maduración. ¿Qué tiempo transcurre desde que invertimos una peseta en materias primas, hasta que recuperamos esta peseta a través de la venta y cobro del producto?

3.1.2. ¿Qué utilidad tiene el plan de producción?

- Una vez confeccionado, nos sirve para saber la cantidad que debemos producir y a qué coste.
- También permite calcular qué recursos necesitaremos y en qué cantidades.
- Igualmente nos exige calcular el tiempo que tardaremos en producir una partida de nuestro producto o servicio, lo que nos permitirá comprometer un plazo con nuestros clientes.
- En él se calculan los costes del producto, que nos permiten fijar el precio con una cierta base científica.

3.1.3. Ejemplo de un plan de producción

NOTA: Este plan de producción es indicativo, si crees necesario introducir nuevos apartados, ¡hazlo! Si decides suprimir alguno de ellos, porque lo consideras innecesario o imposible de resolver, no lo dudes. Lo importante es que intentes describir tu proceso de producción lo más detalladamente que puedas.

❑ Enunciado del ejemplo

Una churrería necesita para ejercer su negocio:

- **Locales:**
  - — Un puesto de venta prefabricado y desmontable de 3 × 4 m, con una separación entre el almacén y la zona de despacho.
  - — Alquiler: 75.000 ptas./mes o 900.000 ptas./año.

- **Maquinaria:**
  - — Una amasadora: 300.000 ptas.
  - — Una máquina para dar forma a los churros («churrera»): 400.000 ptas.
  - — Una freidora: 250.000 ptas.

  Se prevé una duración de 10 años para toda la maquinaria.

- **Herramientas:**
  - — Una espumadera para sacar los churros de la freidora: 2.500 ptas.
  - — Una bandeja para servir los churros, después de sacarlos de la freidora: 10.000 ptas.
  - — Una tijera para cortar en porciones las ruedas de churros: 1.500 ptas.
  - — Un azucarero para espolvorear el azúcar sobre los churros: 900 ptas.
  - — Una pala dosificadora para llevar la harina y la sal de los sacos a la amasadora: 2.000 ptas.
  - — Dos recipientes de 50 litros de capacidad, para depositar la masa y dejarla en reposo: 6.000 ptas.
  - — Una paleta para transportar y cargar la masa de churros de los recipientes a la «churrera»: 1.100 pesetas.

  Se prevé una duración de cinco años para las herramientas.

- **Mobiliario:**

  — Tres estanterías: 21.000 ptas.
  — Un mostrador: 50.000 ptas.
  — Una mesa: 22.000 ptas.

  Se prevé una duración de 10 años para el mobiliario.

- **Otros elementos:**

  — Uniforme de color blanco: 7.000 ptas./año.
  — Cofia o gorro para el pelo: 1.500 ptas./año.
  — Guantes sanitarios: 3.650 ptas./año.
  — Materiales y utensilios de limpieza: 13.000 pesetas/año.

- Energía eléctrica, hemos desglosado el recibo bimestral en consumo mensual: el mínimo es de 3.500 pesetas/mes, más el consumo que se realice en cada período, que como media son unas 25.000 ptas./mes.
- Consumo de agua, hemos calculado el recibo del agua mes a mes: consumo mínimo de 500 ptas., más el consumo mensual, que estimamos en 3.000 ptas.
- El dueño, único trabajador, recibe un salario de 170.000 ptas./mes y paga como cuota de autónomo a la Seguridad Social 32.000 ptas./mes.
- Para fabricar los churros necesita: harina, agua, sal, aceite.

  Cada vez que llena la máquina de pasta para fabricar churros gasta las siguientes cantidades: 12 kilos de harina, 3 litros de agua, 1 kilo de sal; consume 1,5 litros de aceite y obtiene 700 churros. Como media, llena la máquina unas 150 veces al mes.

  Hemos supuesto que los churros se venden, por término medio, en pedidos de 24 churros por cliente.
- Para servir los churros se espolvorean con azúcar y se envuelven en papel. Por cada 700 churros vendidos se produce un consumo de azúcar de 0,125 kg y un consumo de 30 pliegos de papel. Los precios son los siguientes: harina = 90 ptas./kg; agua = 7 ptas./litro; sal = 40 ptas./kg; aceite = 115 ptas./litro; Azúcar = 120 ptas./kg; papel = 1 pta./pliego.

Descripción de un plan de producción para la fabricación y venta de churros

1.er paso. Describir el producto o servicio elegido. Si es necesario, diseño de dicho producto. En nuestro caso churros.

2.º paso. Las unidades que se espera vender. En nuestro caso, 105.000 churros/mes o 1.260.000 churros/año.

3.er paso. Plan de inversiones:

Locales:

En nuestro caso:

— Un puesto de venta prefabricado y desmontable de 3 × 4 m, con una separación entre el almacén y la zona de despacho.
Alquiler: 75.000 ptas./mes o 900.000 ptas./año.

Mobiliario:

En nuestro caso:

— Tres estanterías: 21.000 ptas.
— Un mostrador: 50.000 ptas.
— Una mesa: 22.000 ptas.

Maquinaria:

En nuestro caso:

— Una amasadora: 300.000 ptas.
— Una máquina para dar forma a los churros («churrera»): 400.000 ptas.
— Una freidora: 250.000 ptas.

Herramientas necesarias:

En nuestro caso:

— Una espumadera para sacar los churros de la freidora: 2.500 ptas.
— Una bandeja donde servir los churros después de sacarlos de la freidora: 10.000 ptas.
— Una tijera para cortar en porciones las ruedas de churros: 1.500 ptas.
— Un azucarero para espolvorear el azúcar sobre los churros: 900 ptas.
— Una pala dosificadora para llevar la harina y la sal de los sacos a la amasadora: 2.000 ptas.
— Dos recipientes de 50 litros de capacidad, para depositar la masa y dejarla en reposo: 6.000 ptas.
— Paleta para transportar y cargar la masa de churros de los recipientes a la «churrera»: 1.100 ptas.

4.º paso. Plan de gastos:

Enumerar las materias primas que se necesitan:

En nuestro caso:

— Harina.
— Sal.
— Agua.
— Aceite.

Enumerar las materias auxiliares que se necesitan:

En nuestro caso:

— Azúcar (con la que se espolvorean los churros en el momento de servirlos).
— Papel con el que se hace un «cucurucho» en el momento de servirlos.

Suministros:

En nuestro caso:

— Agua.
— Luz.
— Teléfono.

Otros elementos:

En nuestro caso:

— Uniforme de color blanco.
— Cofia o gorro para el pelo.
— Guantes sanitarios.
— Materiales y utensilios de limpieza.

5.º paso. La gestión del almacén de materias primas y auxiliares.

En nuestro caso:

La gestión del almacén se explica en el Apartado 3.2 de esta Unidad de Trabajo.

6.º paso. Los trabajadores y las funciones que desempeñarán cada uno de ellos.

En nuestro caso:

— Un trabajador, que realizará las siguientes funciones:
  - Compra de materias primas y auxiliares a proveedores.
  - Preparar la masa.
  - Cargar la churrera.
  - Preparar la freidora.
  - Freír los churros.
  - Vender el producto.
  - Cobrar su importe.
  - Limpiar y dejar preparada la maquinaria para la siguiente jornada.

7.º paso. Las fases de producción:

En nuestro caso:

De forma periódica:

— Transportar las materias primas y auxiliares desde el proveedor al puesto.

— Proceder al almacenamiento de dichas materias.

A diario:

— Preparar la masa (se prepara con un día de antelación).

— Cargar la churrera.

— Manejar la churrera.

— Freír los churros.

— Servirlos.

— Cobrar su importe.

— Limpiar y dejar preparada la maquinaria para la siguiente jornada.

8.º paso. Tiempo que se tarda en fabricar el producto o prestar el servicio.

En nuestro caso:

Se explica en el *Apartado 3.3* de esta Unidad de Trabajo.

9.º paso. El cálculo de los costes.

En nuestro caso:

Se explica en el Apartado 3.4 de esta unidad de trabajo.

10.º paso. El punto muerto o umbral de rentabilidad. Se explica en el Apartado 3.5 de esta unidad de trabajo.

11.º paso. El período medio de maduración. Se explica en el Apartado 3.6 de esta unidad de trabajo.

3.2. La gestión del almacén

Si el almacén no tiene suficiente materia prima puede que se quede sin ella y la fábrica se vea obligada a parar con el consiguiente coste. Pero, si se almacena mucha cantidad, habrá mucho dinero inmovilizado en materias primas, cuando lo más seguro es que se necesite para pagar a los proveedores; además, en este caso, será necesario un almacén más grande, probablemente alguien que lo cuide y un seguro contra robo e incendio; en definitiva, una serie de gastos importantes. ¿Qué se debe hacer?

Hay que estudiar a los proveedores y elegir aquel que, teniendo una relación calidad-precio aceptables, tenga las mayores posibilidades de servirnos en el plazo más corto posible y sea lo suficientemente serio como para cumplir los plazos de entrega. Una vez que se conozca el número de días que tarda el proveedor en servir, se debe calcular la cantidad de materia prima que consume diariamente. Cuando se compara los días que tarda en servir el proveedor con lo que la empresa consume diariamente, se obtiene el momento en que se tiene que realizar el pedido. Véase Caso Práctico 1.)

CASO PRÁCTICO 1

Imaginemos que el proveedor tarda en servir seis días y que la empresa consume diariamente 350 unidades. Habrá que hacer el pedido cuando aún queden en el almacén (6 × 350 = 2.100) 2.100 unidades. Siempre es conveniente tener en el almacén una cantidad extra para unos días; esto servirá para hacer frente a posibles retrasos por parte del proveedor.

❑ ¿Qué cantidad debes pedir cada vez?

Como en el **Caso Práctico 1**, cada vez que traigan un pedido, automáticamente hacemos uno nuevo, por otras 2.100 unidades y así sucesivamente. De esta forma, en el almacén sólo habrá la cantidad mínima necesaria más la cantidad de reserva (denominada ***stock* de seguridad**). El inconveniente que tiene este método son los gastos en transporte; si éstos corren por cuenta del proveedor, no hay problema, pero si son por cuenta propia, entonces hay que calcular lo que se va a gastar en portes a lo largo del año y lo que costaría almacenar mayores cantidades (al hacer menos pedidos pero más grandes). (Véase Ejemplo 3.2.)

EJEMPLO 3.2

Si tienes que alquilar un almacén y contratar un seguro de incendios y robo, debes calcular el importe que suponen estos gastos, compararlos con el coste de los pedidos y decidirte por lo más barato. Si en la empresa hay sitio y el material no corre el riesgo de estropearse, entonces puedes reducir el número de pedidos.

Si debes pedir prestado para realizar pedidos mayores, compara los intereses que debes pagar, y el importe de los portes para decidirte por lo que sea más conveniente.

Algunos autores cifran el coste de almacenaje al año en una cantidad igual al 20-25 por 100 del valor de la mercancía almacenada. Aunque no es una fórmula infalible, puede ayudar a calcular los costes. (Véase Ejemplo 3.3.)

EJEMPLO 3.3

Almacenar productos por valor de 200.000 pesetas supone un coste anual del 20 por 100 de 200.000 pesetas, esto es, $0,2 \times 200.000 = 40.000$ pesetas.

Con esta información pretendemos que se tome conciencia de que el problema del almacén es serio y que se le debe prestar la atención que merece, de lo contrario puede provocar más de un disgusto.

TEXTO DE APOYO: TEST SOBRE GESTIÓN DE ALMACÉN

Las siguientes preguntas sirven de ayuda para saber si el almacén representa un problema para la empresa o si, por el contrario, no debe preocuparnos lo más mínimo:

- ¿Supone un gasto extra de energía eléctrica mantener el almacén?
- ¿Los gastos de transporte de materiales son por nuestra cuenta?
- ¿Corremos el riesgo de que nuestras materias primas se estropeen con el paso del tiempo o se queden obsoletas?
- ¿No hay necesidad de contratar un seguro de robo o incendio?
- ¿A medida que aumenta la cantidad almacenada, sube la prima del seguro?
- ¿Deberemos comprar o alquilar el almacén?

Si la mayoría de las respuestas son negativas, las materias primas se pueden comprar por grandes partidas. Si, por el contrario, la mayoría son positivas, el almacén representa un serio problema para la empresa. Estudia este tema con detenimiento.

3.3. ¿Cuánto tiempo se emplea en realizar el proceso productivo

Es importante que sepamos cuánto tiempo se invierte en realizar el proceso productivo o cuánto tiempo se emplea en prestar el servicio que ofrecemos. De esta forma, podremos calcular el número de unidades o servicios que podemos hacer al día, a la semana, al mes o al año. También nos permite fijar los plazos de entrega con nuestros clientes, y cumplirlos.

❑ ¿Cómo se calcula el tiempo que se emplea en fabricar el producto o en prestar el servicio?

Se suma el tiempo que un trabajador, con experiencia suficiente y a un ritmo normal, tarda en realizar cada una de las fases de que se compone la fabricación del producto. No olvidemos que el trabajador se verá obligado a realizar una serie de paradas por diversas razones, las más usuales son: por necesidades personales, para descansar, o porque la máquina así lo exige; estas paradas se denominan *tiempos muertos.* (Véase Caso Práctico 2.)

CASO PRÁCTICO 2

Partimos de la base de que la máquina churrera se carga cinco veces al día, y de cada carga se obtienen 700 churros. La unidad de nuestro producto, en lugar de ser cada churro, es cada una de las veces que se carga la máquina al día.

Ahora supongamos que hemos medido los tiempos que nuestro churrero invierte en la fabricación y venta de su producto, y el resultado es el siguiente:

Tiempos del proceso de fabricación:

• Preparar la masa para el día	75 min
• Cargar una vez la churrera	12 min
• Manejar la churrera y freír los 700 churros	30 min
• Servir los 700 churros y cobrar su importe	18 min
• Limpiar y dejar preparada la maquinaria para la siguiente jornada	45 min
• Tiempos muertos a lo largo del día	60 min

Conocemos, porque lo hemos medido, el tiempo que tarda en cargar la maquinaria, el tiempo que se invierte en manejar la churrera y freír los churros y el tiempo que se tarda en servir y cobrar los 700 churros. Ahora nos falta calcular qué tiempo imputamos a cada una de las cinco cargas en concepto de preparación de la masa, de limpieza y preparación de la maquinaria para la siguiente jornada y de tiempos muertos.

- Puesto que conocemos el tiempo que tardamos en preparar la masa, 1 h 15 min., dividimos esta cantidad por 5 (que son las veces que se carga la máquina al día) y obtenemos el tiempo que hay que imputar en concepto de preparación de la masa:

  1 h 15 mi = 75 min.   75 min. / 5 = 15 min.

Hay que asignar 15 min. a cada carga en concepto de preparación de la masa.

- También conocemos el tiempo que invertimos en limpieza y preparación de la maquinaria para la siguiente jornada: 45 min., si dividimos esta cifra entre las cinco veces que se carga la máquina diariamente, obtendremos el tiempo que se debe imputar a cada carga:

  45 min / 5 cargas = 9 min

Hay que imputar a cada carga 9 min. en concepto de limpieza y preparación de la maquinaria para la siguiente jornada.

- Sabemos que a lo largo del día hay 60 min. de tiempos muertos, que, divididos entre las cinco cargas, nos dará un tiempo muerto por carga de 12 min.

Hay que atribuir 12 min. a cada carga en concepto de tiempos muertos.

En resumen:

- Parte proporcional del tiempo invertido en preparar la masa: 15 min.
- Cargar la churrera: 12 min.
- Manejar la churrera y freír los churros: 30 min.
- Servirlos y cobrar su importe: 18 min.
- Parte proporcional del tiempo invertido en limpiar y dejar preparada la maquinaria para la siguiente jornada: 9 min.
- Parte proporcional de los tiempos muertos: 12 min.
- **Total: 96 min.**

Por cada carga se emplean 96 min. y se obtienen y venden 700 churros. Ahora debemos estudiar si los tiempos empleados en cada fase son los habituales en la industria. En caso de que se detecte algún tiempo «excesivo» deberemos tomar las medidas correctoras oportunas.

3.4. Cálculo de los costes a través de un ejemplo

Coste total = Coste Fijo + coste variable

Costes fijos: son los que no varían en función de la cantidad producida, esto es, el gasto se produce independientemente de que se fabrique poco, mucho o nada.

Costes variables: dependen directamente de la cantidad producida, es decir, si no se produce nada, los costes variables son cero.

Continuemos con el ejemplo del puesto de churros.

Costes fijos

- **Amortizaciones:**

Amortización de la maquinaria:

— Amasadora:	300.000/10 =	30.000 ptas./año
— Churrera:	400.000/10 =	40.000 ptas./año
— Freidora:	250.000/10 =	25.000 ptas./año

Amortización de las herramientas:

— Espumadera:	2.500/5 =	500 ptas./año
— Bandeja:	10.000/5 =	2.000 ptas./año
— Tijera:	1.500/5 =	300 ptas./año
— Azucarero:	900/5 =	180 ptas./año
— Pala:	2.000/5 =	400 ptas./año
— Recipientes:	6.000/5 =	1.200 ptas./año
— Paleta:	1.100/5 =	220 ptas./año

Amortización del mobiliario:

— Tres estanterías:	21.000/10 =	2.100 ptas./año
— Mostrador:	50.000/10 =	5.000 ptas./año
— Mesa	22.000/10 =	2.200 ptas./año

TOTAL AMORTIZACIONES: 109.100 pesetas.

- **El alquiler del puesto prefabricado** supone un gasto al mes de 75.000 ptas. Y al igual que la maquinaria, es un gasto fijo que hay que pagar, independientemente de lo que se produzca.

ALQUILER = 75.000 pesetas/mes.

- **Energía eléctrica.** Debemos distinguir entre el mínimo obligatorio que hay que pagar siempre y el consumo que se realice. El primero de ellos es un gasto fijo, ya que, se produzca o no, hay que pagarlo; mientras que el segundo es un gasto variable, puesto que si no producimos nada no se gastará energía eléctrica. Así pues, contabilizamos 3.500 ptas./mes.

CONSUMO MÍNIMO DE ENERGÍA = 3.500 pesetas/mes.

- Con el consumo fijo de **agua** ocurre exactamente igual que con la energía eléctrica, hay un gasto fijo, que es el mínimo y otro variable, que es el consumo de agua que se realiza. Por este concepto contabilizamos 500 ptas./mes.

CONSUMO MÍNIMO DE AGUA = 500 pesetas/mes.

- **Salario.** El dueño dispuso que la empresa debería pagarle por su trabajo 170.000 ptas./mes, independientemente de los churros que fabrique. Por tanto, lo consideramos como un gasto fijo. Así que contabilizamos el salario por 170.000 ptas.

SALARIO = 170.000 pesetas/mes.

- **Seguridad Social.** El pago de la cuota de autónomo a la Seguridad Social también es un gasto fijo que deberemos pagar puntualmente cada mes, independientemente de la cantidad de churros que se hagan. Así que contabilizamos 32.000 ptas./mes.

SEGURIDAD SOCIAL = 32.000 pesetas/mes.

- **Otros gastos fijos:**

Uniforme, cofia, guantes y materiales de limpieza: 7.000 + 1.500 + 3.650 + 13.000 = 25.150 ptas.

OTROS GASTOS FIJOS: 25.150 pesetas/año.

Costes variables

- **Energía eléctrica.** Contabilizamos aquí el consumo realizado: 25.000 ptas./mes.

CONSUMO DE ENERGÍA = 25.000 pesetas/mes.

- **Consumo de agua.** Por este concepto contabilizamos 3.000 ptas./mes.

CONSUMO DE AGUA = 3.000 pesetas/mes.

- **Materias primas.** Es un coste variable, ya que su gasto se incrementa si aumenta la fabricación y disminuye al reducirse ésta. Para llenar la máquina de pasta se necesitan las siguientes cantidades: 7 kg de harina;

7 litros de agua; 0,5 kg de sal; 1,5 litros de aceite de girasol y se obtienen 700 churros. Como media, la máquina se llena 150 veces al mes. Los precios son: harina = 90 ptas./kg; agua = 2 ptas./litro; sal = 40 ptas./kg; aceite = 115 ptas./litro.

— **Harina:** cada vez que se llena la máquina se produce un consumo de 7 kg, y ésta se llena 150 veces al mes, por lo que el consumo mensual de harina será 7 × 150 = 1.050 kg/mes × 90 ptas./kg = = 94.500 ptas./mes.

— **Agua:** cuando se llena la máquina se necesitan 7 litros. Puesto que la máquina se llena 150 veces al mes, el consumo mensual de agua será 7 × 150 = = 1.050 litros/mes × 2 ptas./litro = 2.100 ptas./mes.

— **Sal:** la máquina necesita 0,5 kg de sal cuando se llena. Por tanto, el consumo mensual de sal será 0,5 × 150 = 75 kg/mes × 40 ptas./kg = 300 ptas./mes.

— **Aceite:** la máquina consume 1,5 litros de aceite de girasol, cada vez que se llena. Así pues, el consumo mensual de aceite será 1,5 × 150 = 225 litros/mes × 115 ptas./litro = 25.872 ptas./mes.

CONSUMO DE MATERIAS PRIMAS = 122.775 pesetas/mes.

• **Materias auxiliares:**

— **Azúcar:** la máquina produce 700 churros cuando se llena. Por la venta de estos 700 churros se consumen 0,125 kg de azúcar. El consumo de azúcar será 0,125 kg × 150 = 18,75 kg de azúcar/mes × 120 ptas./kg = 2.250 ptas./mes.

— **Papel:** por cada 700 churros que se venden se consumen 30 pliegos de papel (*se ha supuesto que cada cliente comprará, como media, 24 churros, 700/24 = 30 pliegos*). Como la máquina se llena 150 veces al mes, el consumo de papel será 30 pliegos × 150 = 4.500 pliegos/mes × 1 peseta/pliego = 4.500 ptas./mes.

CONSUMO DE MATERIAS AUXILIARES: 6.750 pesetas/mes.

❑ Costes totales

COSTES FIJOS TOTALES: 292.188 ptas./mes

AMORTIZACIÓN = 109.100 ptas./año:
12 = 9.092 ptas./mes
ALQUILER = 75.000 ptas./mes
CONSUMO MÍNIMO DE ENERGÍA = 3.500 ptas./mes
CONSUMO MÍNIMO DE AGUA = 500 ptas./mes
SALARIO = 170.000 ptas.
SEGURIDAD SOCIAL = 32.000 ptas./mes
OTROS GASTOS FIJOS = 25.150 ptas./año:
12 = 2.096 ptas./mes

Total: 292.188 ptas./mes × 12 meses = 3.506.256 pesetas/año.

COSTES VARIABLES TOTALES: 157.522 ptas./mes

CONSUMO DE ENERGÍA = 25.000 ptas./mes
CONSUMO DE AGUA = 3.000 ptas./mes
CONSUMO DE MATERIAS PRIMAS = 122.775 ptas./mes
— Harina: 94.500 ptas./mes
— Agua: 2.100 ptas./mes
— Sal: 300 ptas./mes
— Aceite: 25.872 pts./mes
CONSUMO DE MATERIAS AUXILARES = 6.750 ptas./mes
— Azúcar: 2.250 ptas./mes
— Papel: 4.500 pts./mes

Total: 157.522 ptas./mes × 12 meses = 1.890.264 pesetas/año

COSTE TOTAL = coste fijo + coste variable = = 3.506.256 + 1.890.264 = **5.396.520 ptas./año**

COSTE TOTAL UNITARIO (por churro) = coste total/número de churros.

COSTE VARIABLE UNITARO (por churro) = coste variable total/número de churros.

COSTE FIJO UNITARIO (por churro) = coste fijo total/número de churros.

Número de churros: 700 churros cada vez que se llena la máquina, por 150 veces que se llena al mes: 105.000 churros al mes, por 12 meses: 1.260.000 churros al año.

COSTE TOTAL UNITARIO (por churro):
5.396.520/1.260.000 = 4,28 ptas.
COSTE VARIABLE UNITARIO (por churro):
1.890.264/1.260.000 = 1,50 ptas.
COSTE FIJO UNITARIO (por churro):
3.506.256/1.260.000 = 2,78 ptas.

3.5. El punto muerto o umbral de rentabilidad

El punto muerto de la empresa se define como la cifra de ventas a partir de la cual la empresa comienza a obtener beneficio. Por tanto, en esa cifra de ventas los beneficios serán cero.

❑ ¿Qué datos hay que conocer para obtener el punto muerto de una empresa?

Necesitamos conocer los costes fijos totales, el precio de venta y los costes variables unitarios:

$$\textbf{Punto muerto} = \frac{\textbf{Coste Fijo Total}}{\textbf{Precio} - \textbf{Coste Variable Unitario}}$$

Ver Caso Práctico 3.

CASO PRÁCTICO 3

En el caso de la churrería, se desearía saber cuál es su punto muerto. Los datos que tenemos son: coste fijo total = 6.873.264 ptas.; precio de venta = 10 ptas.; coste variable unitario = 1,50 ptas. Por tanto, punto muerto = = 6.873.264/(10 − 1,50) = **808.620 churros**. A partir de esta cantidad, la empresa comenzará a obtener beneficios.

3.6. El período medio de maduración o ciclo de explotación

La empresa compra materias primas para transformarlas en productos que posteriormente venderá, recuperando de esta forma el dinero que invirtió.

En este apartado vamos a estudiar cuánto tiempo tarda la empresa en recuperar ese dinero. Esto es, el tiempo que transcurre desde que se compran las materias primas hasta que se vende y se cobra el producto final. A este período de tiempo se le conoce como período de maduración.

Estos períodos de maduración son distintos en función del tipo de empresa, por ejemplo, en el caso de una constructora, desde que invierte su dinero en la compra de terrenos, cemento, ladrillos, etc., hasta que vende los pisos y cobra su importe, pueden pasar uno o dos años. Ahora bien, si la empresa fabrica caramelos, el tiempo que transcurre desde que compra el azúcar, los colorantes, etc., hasta que vende y cobra esos caramelos es, evidentemente, más corto que el período de maduración de la constructora.

En el esquema 3.1 puede verse el período de maduración.

Como podemos comprobar, la empresa compra materias primas, pero no las paga en ese momento, sino más tarde (por ejemplo, a los 60 días), lo cual quiere decir que en nuestro almacén de materias primas entran 60 días antes de pagarlas y allí permanecen un tiempo, hasta que pasan a los talleres, donde se transformarán en productos acabados. De los talleres pasan al almacén de productos acabados, en espera de ser vendidos. Una vez que se venden, salen de este último almacén para su entrega al comprador, que en ese momento tampoco paga, sino que lo hará más tarde, en función del crédito que nosotros le concedamos, por ejemplo, 45 días. ¿Cuánto tiempo ha transcurrido?

El tiempo que, por término medio, permanecen las materias primas en el almacén + el tiempo que tardan normalmente en transformarse en productos acabados + el tiempo que suelen permanecer en el almacén los productos acabados en espera de ser vendidos + el tiempo que tardan nuestros clientes en pagarnos la factura − el tiempo que tardamos nosotros en pagar a nuestros proveedores = **período de maduración**.

Cada vez que concluye un ciclo comienza otro nuevo, y así sucesivamente. Hay que tener en cuenta que cada vez que acaba un ciclo se obtienen beneficios; por tanto, cuanto más cortos sean los ciclos, mayor número de ellos se podrán realizar al cabo del año y más beneficios se obtendrán. Por otra parte, mientras dura el ciclo, la empresa mantiene inmovilizados la totalidad de los recursos que emplea en su financiación y, lógicamente, cuanto menos tiempo se tengan inmovilizados los capitales más rentabilidad se deriva de su empleo. Por eso es muy interesante analizar el tiempo que dura el período de maduración y procurar reducirlo al máximo. Ver Caso Práctico 4.

❑ ¿Cómo hallo los días que, por término medio, están las materias primas en el almacén?

Es muy sencillo, cuentas todas las materias primas que compras a lo largo del año o que tienes previsto comprar

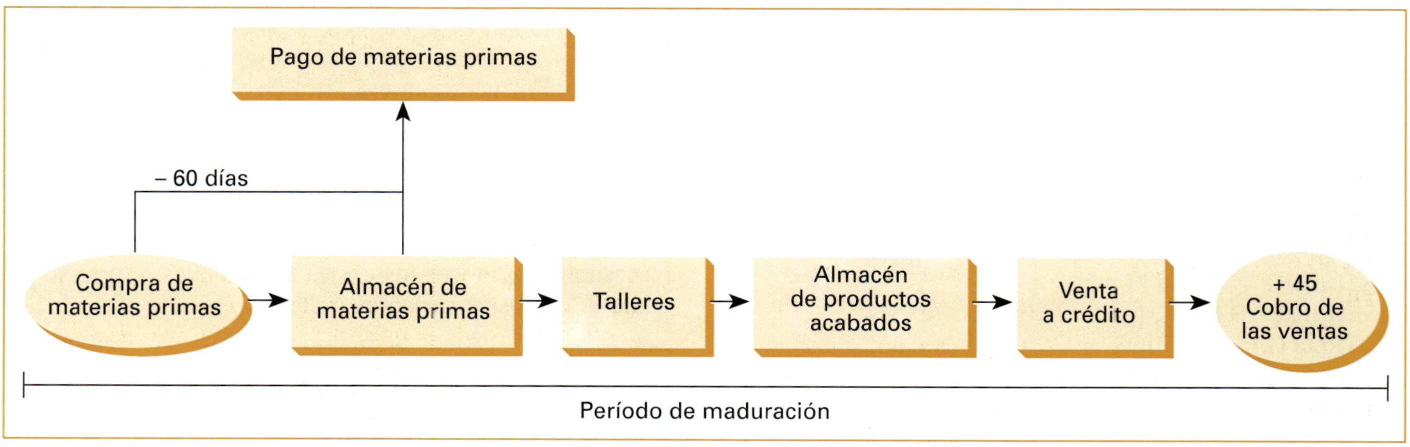

Esquema 3.1. Período de maduración.

CASO PRÁCTICO 4

Una empresa compra materias primas a su proveedor, el cual concede un crédito de 30 días para su pago. Una vez que entran en el almacén de materias primas permanecen allí, por término medio, 12 días. Posteriormente pasan a los talleres de fabricación, donde tardan seis días en transformarse en productos acabados. De ahí se trasladan al almacén de productos acabados donde permanecen normalmente 23 días antes de ser vendidos. La empresa concede a sus clientes un plazo de 60 días para pagar sus facturas.

Se debe calcular el período medio de maduración, y establecer políticas tendentes a disminuir su duración.

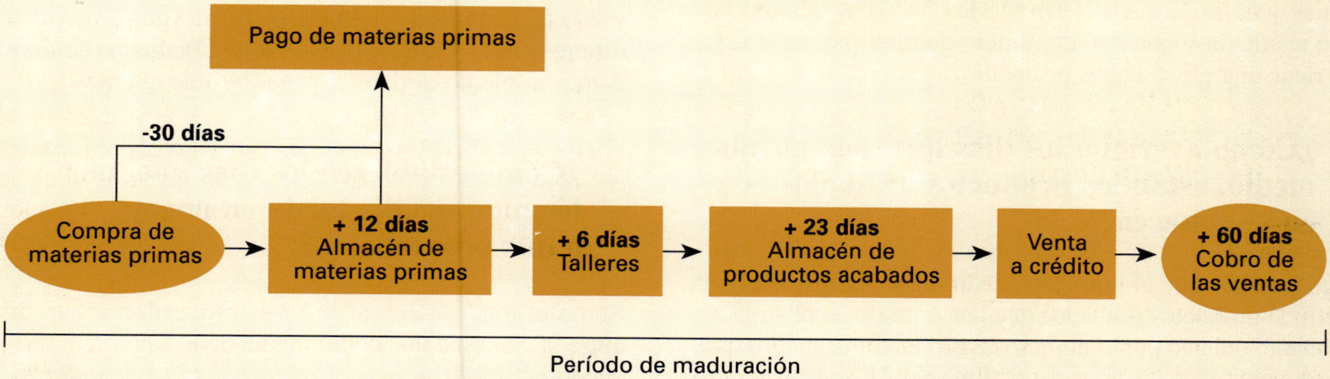

Período de maduración = –30 + 12 + 6 + 23 + 60 = –30 + 101 = 71 días. Así pues, su período de maduración es de 71 días, lo que supone que al año el ciclo de producción se repetirá: **365/71 = 5 veces**

Como políticas que reduzcan la duración del ciclo, se puede:

— Disminuir la duración del crédito que damos a nuestros clientes, y para ello podemos ofrecerles un aplazamiento en el pago de 60 días o la posibilidad de un descuento del 2 por 100 si se realiza el desembolso dentro de los 10 primeros días posteriores a la recepción del pedido.

— Incentivar la producción mediante primas, de tal forma que se emplee menos tiempo en el proceso productivo, o bien mejorar el método de trabajo, modernizar la maquinaria, etc.

— Con respecto al almacén de materias primas, podría estudiarse la posibilidad de hacer más pedidos de menos unidades.

— En cuanto al almacén de productos terminados, deberemos aumentar las ventas mediante campañas publicitarias, ofertas de 3 × 2, etc.

y divides esa cantidad por **el número de unidades que tienes siempre como media en el almacén**. Con esa operación acabas de hallar el número de veces que renuevas el almacén de materias primas al año. A continuación divides los 365 días del año entre el resultado anterior y ya tienes el número de días que, como media, están las materias primas en el almacén. Ver Caso Práctico 5.

CASO PRÁCTICO 5

A lo largo del año tengo previsto comprar unos 2.400 kg de materias primas. Y he calculado que suelo tener en el almacén unos 200 kg como media. ¿Cómo puedo hallar los días que, por término medio, están las materias primas en el almacén?

De la siguiente forma:

2.400 kg/200 kg = 12 veces se renueva el almacén al año.

365 días/12 = 30 días permanecen, como media, las materias primas en el almacén.

❑ ¿Cómo puedo saber el número de unidades que tengo siempre en el almacén como media?

También es muy fácil, anotas la cantidad de materias primas que entran en el almacén cada vez que traigan un pedido; después, cuando realices el siguiente pedido, anotas la cantidad de materias que te quedan, sumas ambas cantidades, las divides entre dos y ¡ya está! el número de unidades que, como media, tienes siempre en el almacén. Ver Caso Práctico 6.

CASO PRÁCTICO 6

En primer lugar, anoto cada vez que se recibe un pedido la cantidad que entra en el almacén, por ejemplo 500 unidades; después, cuando realizo el siguiente pedido, cuento las unidades que me quedan y las anoto, por ejemplo, 40 unidades. Sumo ambas cantidades y las divido entre 2: 500 + 40 = 540, 540/2 = 270 unidades tengo, como media, siempre en el almacén.

❑ ¿Cómo calculo los días que, por término medio, están las materias primas en el taller?

Con los talleres haremos exactamente igual: se divide el número de piezas fabricadas al año por el número de piezas que tengo en curso de fabricación en los talleres como media. (*Para hallar este último dato, cuento las piezas que están en curso de fabricación, en tres o cuatro días diferentes y hallo la media.*) Divido los 365 días del año por este resultado y obtengo el número de días que se tarda en fabricar una pieza como promedio.

❑ ¿Cómo averiguo los días que, por término medio, están los productos acabados en el almacén?

Sigo exactamente el mismo procedimiento: se divide el número de productos acabados que han entrado en el almacén a lo largo del año por el número de productos acabados que, como media, hay siempre en el almacén. (*Este último dato lo calculo contando los productos acabados que están en el almacén a principios de mes, a mediados de mes y a finales de mes, sumo estas cantidades y las divido entre tres*). Divido los 365 días del año por este resultado y obtengo el número de días que permanecen los productos acabados en el almacén en espera de ser vendidos como promedio.

❑ ¿Cómo determino los días que, por término medio, tardan nuestros clientes en pagarnos la factura?

Se divide el total de créditos concedidos a lo largo del año entre la cantidad que, como media, siempre adeudan mis clientes. (*Para hallar este último dato, debo contar los créditos concedidos a mis clientes a principo de mes, a mediados de mes y a finales de mes, sumo estas cantidades y las divido entre tres*). Los 365 días del año se dividen por este resultado y con ello se obtiene el número de días que como promedio tardan en pagarme mis clientes.

❑ ¿Cómo establezco los días que, por término medio, tardo en pagar a mis proveedores?

Sumo el total de compras a mis proveedores y lo divido entre la cantidad que como media debo siempre a mis proveedores. (*Esta última cifra la calculo contando lo que debo a mis proveedores a principios de mes, a mediados de mes y a finales de mes, sumo las cantidades y las divido entre tres*). Divido los 365 días del año por este resultado y obtengo el número de días que como promedio tardo en pagar a mis proveedores. Esta cantidad de días la resto del total, puesto que son días a mi favor.

ACTIVIDADES DE ENSEÑANZA - APRENDIZAJE

1 Visita una empresa de carácter industrial. Después deberás:
- Señalar las características técnicas de los productos indicando las cualidades más significativas.
- Detallar el proceso productivo de los bienes indicando los aspectos más relevantes, haciendo hincapié en las tecnologías y medios utilizados.
- Describir la política de compras y almacenamiento.

2 Describid en grupo un plan de producción sencillo, como por ejemplo un chiringuito de playa, un taller de reparación de motocicletas o un taller de reparación de electrodomésticos.

3 Partiendo de una empresa que se adapte al perfil profesional del alumnado, realizad un trabajo de investigación en grupo con los siguientes objetivos:
- Listado de los principales proveedores de materias primas, materias auxiliares, etc.
- Listado de proveedores de maquinaria, herramientas y demás recursos de capital fijo.

4 Con los listados obtenidos en la actividad anterior, presenta tres presupuestos de la inversión en capital fijo que se debería realizar para la creación de la empresa que se trató en la Actividad 2.

5 Realiza una visita a una empresa de servicios con el fin de describir el plan de producción. Primero deberás preparar en grupo las preguntas necesarias para poder describir luego el plan.

ACTIVIDADES DE EVALUACIÓN

1 ¿Qué entiendes por *stock* de seguridad?

2 Agrupa los siguientes conceptos en costes fijos y costes variables:
- — Materias primas.
- — Mano de obra.
- — Seguro contra robo.
- — Aceites y lubricantes.
- — Energía eléctrica.
- — Seguridad Social.
- — Reparaciones.
- — Gasto en transporte de materias primas.
- — Gasto en teléfono.
- — Mantenimiento de maquinaria.
- — Materias auxiliares.

3 Distingue lo que es gasto e inversión en el siguiente listado:
- — Edificios.
- — Maquinaria.
- — Instalaciones de energía eléctrica.
- — Instalación de seguridad e higiene.
- — Alquiler del local.
- — Compra de materias primas.
- — Seguro contra incendios.
- — Patente.
- — Instalación de agua.
- — Vehículo de transporte.
- — Mobiliario de oficina.
- — Almacenes.
- — Salarios.
- — Publicidad.
- — Vigilante.

4 ¿Cómo puedo saber el número de unidades que, como media, tengo siempre en el almacén?

5 A lo largo del año tengo previsto comprar 60.000 frigoríficos. Y he calculado que por término medio suelo tener en el almacén unos 3.000. ¿Cómo puedo hallar los días que por término medio están los frigoríficos en el almacén?

6 Con los datos siguientes: coste fijo total = 7.000.000; precio de venta = 100 ptas.; coste variable unitario = = 25 ptas. Hallar el punto muerto o umbral de rentabilidad.

7 Calcula el período medio de maduración. ¿Cuántas veces se llevarás a cabo dicho período durante el año? ¿Qué medidas se pueden tomar para acortarlo?

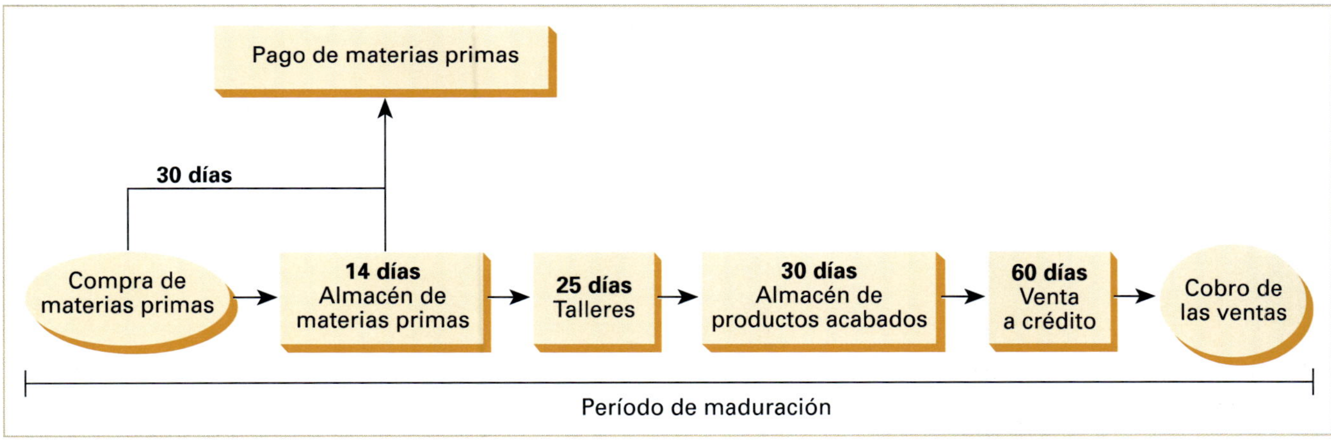

UNIDAD DE TRABAJO 4

MIS COLABORADORES

Cuando nos planteamos poner en marcha un proyecto empresarial, debemos tener presente la elección de nuestros **colaboradores**, las personas que van a trabajar con nosotros.

Aunque a veces no se le conceda la importancia necesaria, la elección y organización de nuestros colaboradores es uno de los factores principales para el éxito de nuestro proyecto.

Además, la *imagen* que nuestra empresa vaya a dar, no va a ser sino el *reflejo* de las personas que trabajen en ella.

El emprendedor debe analizar una serie de factores relacionados con los trabajadores a su servicio, entre los que destacan:

- Calcular las necesidades de personal para atender todas las funciones de la empresa.
- Conocer los derechos y deberes de los trabajadores, así como el convenio colectivo del sector (si existe).
- Elegir el tipo de contrato que se va a realizar a los trabajadores.
- Analizar los costes laborales.
- Elaborar las nóminas.

En esta Unidad de Trabajo vamos a estudiar algunos de estos aspectos con el objeto de que el emprendedor tenga más elementos de juicio a la hora de decidirse.

CONTENIDO

4.1. Introducción.
4.2. Convenios colectivos.
4.3. Jornada de trabajo.
4.4. Salario.
4.5. Deducciones salariales.
4.6. ¿Cuánto nos cuesta un trabajador?
4.7. Si somos autónomos, ¿pagamos a la Seguridad Social?
4.8. ¿Qué contratos hago?

OBJETIVOS

1. Conocer los derechos y deberes fundamentales de los trabajadores.
2. Cumplimentar, a partir de unos datos supuestos, una nómina y una liquidación a la Seguridad Social.
3. Tomar conciencia del coste económico que los trabajadores suponen para el empresario.
4. Saber el coste de la Seguridad Social para los trabajadores autónomos.
5. Comparar las características básicas de los distintos tipos de contratos laborales, estableciendo sus diferencias respecto a la duración del contrato, tipo de jornada, subvenciones y exenciones, en su caso.
6. Determinar los contratos laborales más adecuados a las características y situación de una empresa supuesta.

4.1. Introducción

A la hora de planificar las necesidades de colaboradores en un proyecto empresarial, debemos tener en cuenta dos aspectos fundamentales:

- **Plan de producción.** Hemos de conocer qué pasos hay que realizar para elaborar el producto o prestar el servicio, así como el tiempo de cada paso, las personas necesarias para realizar la actividad y su nivel de preparación.

  Con todo ello determinaremos la plantilla necesaria para nuestro proyecto.
- **Análisis de los puestos.** Una vez elaborado el plan de producción, tendremos datos suficientes para determinar el *perfil* de los trabajadores, es decir, las características que deben tener las personas que vamos a contratar.

  Es importante que el candidato reúna el perfil idóneo, y que no se trate de adecuar el puesto de trabajo al candidato (amigos, recomendaciones, etc.).

4.2. Convenios colectivos

En relación con los recursos humanos en el proyecto empresarial, el empresario-emprendedor tiene que saber los derechos y deberes de los trabajadores a su cargo, que se recogen en el Estatuto de los Trabajadores, y en el convenio colectivo del sector concreto de que se trate. El empresario, por tanto, *debe* conocer el contenido del convenio colectivo de su sector, si es que existe.

Un convenio colectivo es **el contrato negociado y celebrado por representantes de los trabajadores y empresarios para la regulación de las condiciones de trabajo.**

Pero no todos los convenios son iguales, ya que existen varias **clases**, que podemos clasificar atendiendo a diversos criterios, como se ve en el Cuadro 4.1.

El empresario deberá conocer cuáles son las características del convenio que le resulte aplicable (Ejemplo 4.1).

Cualquier empresario se puede preguntar por qué le ha de afectar a él y a sus trabajadores un convenio colectivo que no ha firmado personalmente. Nuestra legislación establece una serie de *unidades de negociación* con legitimación para negociar un convenio en nombre de aquellos a los que representan. En este sentido, pueden negociar un convenio los agentes incluidos en el Cuadro 4.2.

EJEMPLO 4.1

Manuel quiere montar un restaurante en Salamanca y no sabe si hay convenio colectivo o no.

Acude a la Dirección Provincial de Trabajo, y allí le remiten a un convenio colectivo PROVINCIAL de HOSTELERÍA, que es de aplicación en todos los CENTROS DE TRABAJO que se encuentren situados en Salamanca y su provincia, y que fue publicado en el BOP de Salamanca.

Cuadro 4.1. Clases de convenios

Por su ámbito territorial
• Locales. • Provinciales. • Interprovinciales. • Autonómicos. • Nacionales.

Por su ámbito de aplicación
• De empresa. • De ámbito inferior a la empresa (centro de trabajo, departamento, sección). • De ámbito superior a la empresa.

Atendiendo a su actividad
• De rama o sector de la producción (minería, banca...). • De empresa o centro de trabajo (obliga a todos los trabajadores de la empresa o centro de trabajo). • De categorías profesionales (obliga sólo a determinados profesionales).

Cuadro 4.2. Negociación de los convenios

Para los convenios de *empresa o ámbito inferior*
• El comité de empresa y los delegados de personal. • Las representaciones sindicales (si las hubiere) que tuviesen la mayoría en el comité de empresa. • El empresario.

Para los convenios de *ámbito superior a la empresa*
• Los sindicatos más representativos a nivel estatal o de comunidad autónoma. • Los sindicatos con un mínimo del 10 por 100 de los miembros de los comités de empresa o delegados de personal en el ámbito geográfico o funcional del convenio. • Las asociaciones empresariales que cuenten con el 10 por 100 de los empresarios incluidos en el ámbito del convenio, y que ocupen, además, al menos al 10 por 100 de los trabajadores de ese ámbito.

4.2.1. ¿Qué es lo que contiene un convenio colectivo?

El contenido del convenio es el conjunto de pactos o cláusulas sobre el que las partes acuerdan, y que son objeto de negociación. Nunca se podrá acordar nada que vaya en contra de lo establecido en las leyes (Cuadro 4.3).

Dentro del contenido de un convenio se distingue entre:

- Contenido obligacional.
- Contenido normativo.

4.2.2. Tramitación

La elaboración y la aprobación de un convenio colectivo y, por tanto, su vigencia, pasan por una serie de fases que van desde la propuesta de una de las partes a la otra, hasta su publicación en el *Boletín Oficial de Estado* o de la Provincia.

El proceso lo inicia la parte que promueva el convenio, que debe comunicarlo **por escrito** a la otra. En esta comunicación debe señalarse:

- La representación que se ostenta.
- El ámbito del convenio.
- Las materias objeto de negociación.

La parte que recibe la comunicación no puede negarse a iniciar las negociaciones, salvo que se trate de revisar un convenio en vigor o que exista una causa legal o convencionalmente establecida (defecto de forma, falta de legitimación, mala fe, etc.).

En el plazo de un mes, desde la recepción de la comunicación, se ha de proceder a la constitución de una *comisión negociadora*, que está compuesta por una representación **igualitaria** de ambas partes (comisión paritaria), con un número máximo de 12 componentes en los convenios de ámbito empresarial y de 15 en los de ámbito superior al empresarial.

La negociación ha de iniciarse y desarrollarse bajo el **principio de la buena fe**, y el Estatuto de los Trabajadores castiga la utilización de la violencia sobre las personas o los bienes con la suspensión de las negociaciones.

Los acuerdos de la comisión requieren en cualquier caso el **voto favorable del 60 por 100** de cada una de las dos representaciones, y si tienen dificultades para alcanzar acuerdos, pueden designar de mutuo acuerdo un **mediador** para que facilite las negociaciones.

Los acuerdos adoptados deben constar por escrito y estar firmados por ambas partes, siendo nulos los que no cumplan este requisito.

Iniciación: Comunicación
↓
Comisión negociadora
↓
Deliberaciones/Acuerdos
↓
Registro
↓
Publicación

Esquema 4.1. Tramitación.

Cuadro 4.3. Contenido del convenio

<table>
<tr><td>Contenido obligacional</td><td colspan="2">Está formado por las obligaciones que asumen las partes entre sí y por las que se obligan a no realizar aquéllo que pueda impedir la vigencia del contenido normativo. Son los llamados PACTOS DE PAZ, por los cuales las partes acatan el convenio, renuncian al derecho de huelga y cierre patronal, y establecen procedimientos para la solución de conflictos en la interpretación del convenio.</td></tr>
<tr><td rowspan="2">Contenido normativo. Está formado por los pactos generales que lo configuran como norma (contenido mínimo) y por los pactos que regulan las condiciones de trabajo (contenido convencional).</td><td>El contenido mínimo se refiere a las cláusulas que necesariamente deben aparecer en él. Éstas son:</td><td>• Determinación de las partes que lo conciertan.
• Ámbito territorial, personal, funcional y temporal del convenio.
• Forma y condiciones de denuncia del convenio, así como plazo de preaviso para dicha denuncia.
• Designación de una comisión paritaria (distinta de la negociadora) para resolver las cuestiones referidas a la aplicación e interpretación del convenio.</td></tr>
<tr><td>El contenido convencional se refiere a los pactos dirigidos a la regulación de las condiciones de trabajo, y puede hacer referencia:</td><td>• A cuestiones económicas. Establece los salarios según la categoría profesional, así como cualquier otra cuestión sobre temas económicos (cantidades a pagar por transporte, vestuario, antigüedad en la empresa, etc.).
• A cuestiones laborales. Número de horas de la jornada de trabajo, duración de los contratos, categorías profesionales que se establecen en una empresa.
• A cuestiones asistenciales. Mejoras voluntarias de Seguridad Social, medidas de promoción profesional, etc.
• A cuestiones sindicales. Las relaciones entre trabajadores y empresarios (horas sindicales).</td></tr>
</table>

Una vez elaborado un convenio deberá presentarse ante la autoridad laboral correspondiente para su **registro**, en el plazo de 15 días, para que ésta determine si el convenio va contra la legalidad vigente o lesiona intereses de terceros, en cuyo caso se subsanarán las anomalías detectadas.

La autoridad laboral ordenará su **publicación** en el Boletín Oficial correspondiente en el plazo de 10 días.

4.3. La jornada laboral

Cuando un empresario piensa contratar a un trabajador, se ha de plantear cuánto tiempo va a trabajar cada día, esto es, cuál va a ser su jornada de trabajo, que es el tiempo que cada día o semana dedica el trabajador a la ejecución del contrato.

Nuestra legislación (art. 34 del ET), establece que la duración de la jornada de trabajo será la pactada en los **convenios colectivos** o **contratos de trabajo**, sin que en ningún caso la jornada *ordinaria* de trabajo **supere las 40 horas semanales de trabajo efectivo** de promedio en cómputo anual. No obstante, en el convenio colectivo se podrá establecer la distribución irregular de la jornada a lo largo del año siempre que se respeten los períodos mínimos de descanso diario y semanal.

Al analizar la jornada de trabajo se deben tener en cuenta las siguientes normas:

4.3.1. Descanso diario

- Entre el final de una jornada y el comienzo de la siguiente habrá, como mínimo, **12 horas**.
- El número de horas ordinarias de trabajo efectivo no podrá ser superior a **nueve diarias**, salvo acuerdo en convenio, y respetando el descanso diario.
- Los menores de 18 años no podrán hacer más de ocho horas diarias de trabajo efectivo, incluyendo, en su caso, el tiempo dedicado a la formación.

En cuanto al **descanso dentro de la jornada**, el ET establece que:

- Si la duración de la jornada diaria **continuada** excede de seis horas (4,30 para los menores de edad), deberá haber un descanso de al menos **15 minutos** (30 minutos para menores de edad). Este período de descanso se considerará tiempo de **trabajo efectivo**, cuando así lo establezca el convenio o el contrato de trabajo.

Hay que tener presente, al establecer la duración de la jornada diaria, que el trabajador, al comienzo y al final de la misma, se ha de encontrar en su puesto de trabajo (no se considera dentro de la jornada de trabajo el tiempo de desplazamiento, el de cambiarse de ropa, etc.).

4.3.2. Horas extraordinarias

Es evidente que hay trabajadores que hacen más de 40 horas de trabajo a la semana. Esto es posible por las horas extraordinarias, que son las que se prestan en exceso sobre la duración máxima de la jornada ordinaria. Su realización es voluntaria, salvo acuerdo en el convenio o contrato de trabajo.

Se abonarán en la cuantía que se fije, pero su valor no podrá ser inferior al **de una hora ordinaria**. Es frecuente que en lugar de pagarse se **compensen** con períodos de descanso equivalentes retribuidos.

Las horas extras no pueden exceder de **80 al año**, salvo que se compensen por descanso dentro de los cuatro meses siguientes a su realización.

Hay otro tipo de horas extras, que son las que se denominan **estructurales**, es decir, las que se prestan para prevenir o reparar siniestros y otros daños extraordinarios y urgentes. Se abonan igual que las horas extras normales, pero no están sometidas a ningún límite en cuanto a su realización.

Para aumentar el empleo de los trabajadores en paro, el Gobierno puede suprimir o reducir el número máximo de horas extraordinarias por tiempo determinado, con carácter general o para ciertas ramas de actividad o ámbitos territoriales.

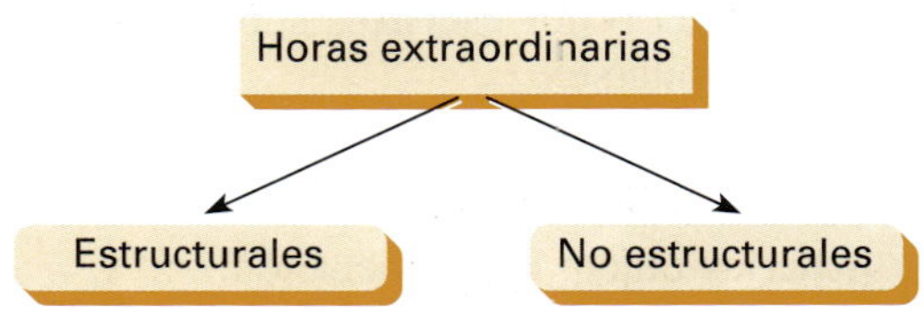

Esquema 4.2. Tipos de horas extras.

4.3.3. Descanso semanal

Los trabajadores tienen derecho a un **descanso semanal** de día y medio ininterrumpido y retribuido (dos días para los menores de edad), que normalmente será el día completo del domingo y la tarde del sábado o la mañana del lunes, sin perjuicio de que el Gobierno, a propuesta del Ministerio de Trabajo, establezca otro régimen de descanso para actividades concretas. Además, los convenios colectivos pueden establecer fórmulas concretas y particulares para cada sector en relación con el disfrute de este derecho.

También está permitido que los trabajadores realicen un turno ininterrumpido de trabajo de 14 días, acumulando el descanso mínimo semanal correspondiente a ese período.

TEXTO DE APOYO

Convenio Colectivo Provincial de Hostelería. Salamanca

Art. 11. *Descanso semanal.* Todo trabajador tendrá derecho a día y medio de descanso semanal ininterrumpido, no pudiendo la empresa variar unilateralmente los días de libranza. Los trabajadores afectados por el presente convenio disfrutarán de un descanso laboral de un día natural la primera semana y de dos días naturales la siguiente, siendo computables las horas de trabajo por los períodos de dos semanas, siempre que haya acuerdo entre las partes.

4.3.4. Fiestas laborales

Los trabajadores tienen derecho a 14 días de fiestas laborales al año (retribuidos y no recuperables). De éstos, dos son locales.

Estas fiestas pueden variar de fecha cada año, pero su número no.

Son fiestas de ámbito nacional:

- Año nuevo: 1 de enero.
- Fiesta del trabajo: 1 de mayo.
- Fiesta nacional de España: 12 de octubre.
- Navidad: 25 de diciembre.

El Gobierno podrá trasladar al lunes, con excepción de las fiestas de ámbito nacional (1 de enero, 1 de mayo, 12 de octubre y 25 de diciembre):

- Las que tengan lugar entre semana.
- Las que coincidan en domingo.

Las Comunidades Autónomas podrán señalar como fiestas laborales, dentro del límite de 14 días festivos, aquellas que les sean propias por tradición, sustituyendo las de ámbito nacional que se determinen reglamentariamente.

4.3.5. Vacaciones anuales

El período de vacaciones anuales retribuidas, no sustituibles por compensación económica, será el pactado en convenio colectivo o contrato individual, sin que en ningún caso pueda ser inferior a **30 días naturales**.

El período o períodos de su disfrute se fijará de común acuerdo entre empresario y trabajador, de acuerdo con la **planificación anual** de las vacaciones establecida en convenio colectivo, que podrá:

- Excluir como vacacional el período de máxima actividad en la empresa.
- Fijar turnos.
- Suspender totalmente la actividad en un período determinado.

El trabajador deberá conocer su período vacacional con, al menos, dos meses de antelación a su disfrute.

Si trabajador y empresario no se ponen de acuerdo, será la jurisdicción laboral la que fijará el período de disfrute.

4.4. El salario

Uno de los derechos fundamentales de los trabajadores, y por tanto deber para los empresarios, es el cobro del salario por la prestación de servicios o realización de la obra objeto del contrato.

Además, es un aspecto que debemos tener en cuenta a la hora de calcular los costes de nuestro negocio, como veremos posteriormente.

4.4.1. Concepto de salario

Según el artículo 26 del Estatuto de los Trabajadores, se considera salario *la totalidad de las percepciones económicas de los trabajadores, en dinero o en especie, por la prestación profesional de los servicios laborales por cuenta ajena, ya retribuyan el trabajo efectivo, cualquiera que sea la forma de remuneración, o los períodos de descanso computables como de trabajo.*

En principio, todas las percepciones económicas recibidas por el trabajador en su trabajo son consideradas como salario, pero el ET establece algunas **excepciones.** No se consideran salario:

- Las indemnizaciones o suplidos por los gastos realizados como consecuencia de la actividad laboral (dietas, gastos de locomoción, desgaste de útiles de trabajo, quebranto de moneda).
- Las prestaciones e indemnizaciones de la Seguridad Social.
- Las indemnizaciones correspondientes a traslados, suspensiones o despidos.

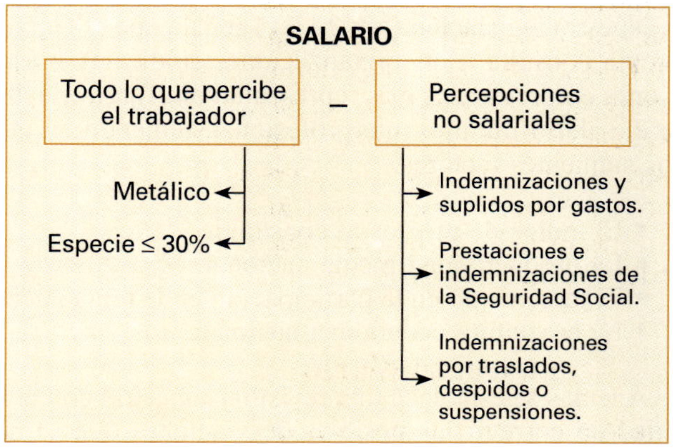

Esquema 4.3. Salario.

4.4.2. Estructura salarial

El salario de un trabajador se compone de dos grandes bloques: *salario base* y *complementos salariales,* que se determinan en el convenio colectivo o, en su defecto, en el contrato individual.

- El *salario base* es la parte de retribución del trabajador fijada para cada categoría profesional, por unidad de tiempo o de obra. Se cobra por el simple hecho de trabajar, sin tener en cuenta condiciones personales o los resultados de la empresa.
- *Los complementos salariales* son incrementos del salario base, fijados en función de las circunstancias relativas a las condiciones personales del trabajador o del trabajo realizado, o a la situación y resultado de la empresa (antigüedad, incentivos, horas extras, trabajo a turnos).

  En el convenio colectivo o en el contrato individual se establece qué complementos corresponden al trabajador, así como la cuantía de éstos.

El empresario está obligado a pagar el mismo salario por la prestación de un trabajo de igual valor, tanto por *salario base* como por los *complementos salariales*, sin discriminación por razón de sexo.

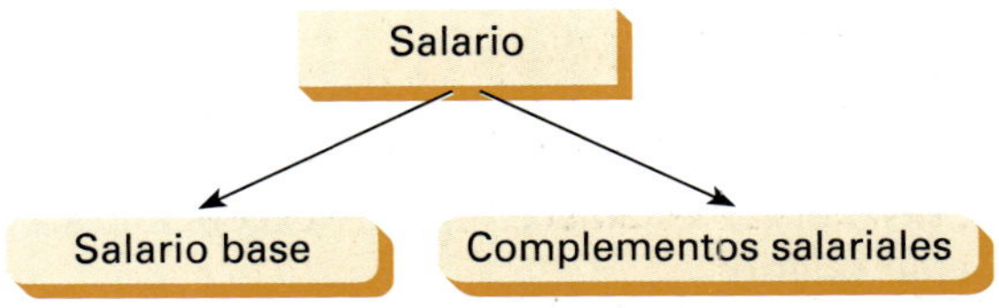

Esquema 4.4. Estructura salarial.

4.4.3. El salario mínimo interprofesional

El Estatuto de los Trabajadores establece la obligatoriedad de que exista un *salario mínimo interprofesional*, por debajo del cual no es posible ninguna contratación para una jornada completa.

Nuestra legislación (art. 27 ET) señala que el Gobierno, previa consulta a las organizaciones sindicales y asociaciones empresariales más representativas, fijará anualmente el salario mínimo interprofesional, teniendo en cuenta los siguientes factores:

- El índice de precios al consumo.
- La productividad media nacional.
- El incremento en la participación en la renta nacional.
- La coyuntura económica nacional.

Además se establece una revisión semestral con la finalidad de corregir las posibles desviaciones que se hayan producido.

Actualmente se fija un solo tramo para este salario.

CASO PRÁCTICO 1

JSS es un trabajador que desempeña sus funciones como jefe de taller, y su retribución en el mes de abril del 1999 es la siguiente:

- Salario base: 150.000 ptas.
- Complementos salariales:
  - — Antigüedad: 30.000 ptas.
  - — Plus de convenio: 25.000 ptas.
  - — Dietas de viaje no sujetas a retención: 20.000 ptas.
  - — Horas extras estructurales: 15.000 ptas.

Tiene derecho a percibir dos pagas extras al año, cada una de ellas calculada sobre el salario base más la antigüedad, en los meses de julio y diciembre.

Su **SALARIO BRUTO** sería el resultado de sumar todas las percepciones del trabajador durante el mes de referencia:

150.000 + 30.000 + 25.000 +
+20.000 + 15.000 = **240.000 ptas.**

A este salario bruto habrá que practicarle una serie de **deducciones** para llegar a su salario líquido (se verá en casos prácticos posteriores).

La evolución del salario mínimo interprofesional mensual ha sido la siguiente en los últimos años:

Años/Edad	Menores de 18 años	Mayores de 18 años
1993	38.670	58.530
1994	40.020	60.570
1995	41.430	62.700
1996	50.220	64.920
1997	59.130	66.630
1998	68.040	68.040
1999	69.270	69.270

Es importante señalar que el salario mínimo interprofesional se refiere a una jornada laboral ordinaria, de tal manera que si ésta fuera inferior, se cobraría la parte proporcional correspondiente.

Si el trabajador se rige por un convenio colectivo, en él figurará la cantidad mínima que se debe cobrar, que será siempre superior al salario mínimo interprofesional.

4.4.4. Liquidación y pago del salario

El empresario deberá hacer la liquidación y el pago del salario de manera puntual y documental, en la fecha y en el lugar convenidos, o conforme a los usos y costumbres, y el trabajador podrá recibir anticipos a cuenta del trabajo ya realizado.

Cuando se trate de retribuciones periódicas y regulares, el período de tiempo para el abono del salario no podrá exceder de un mes.

En cuanto a la **forma**, el empresario entregará al trabajador un **recibo individual** y justificativo del pago del salario. El modelo es el que figura en la página siguiente como Esquema 4.5, si bien por convenio colectivo o por acuerdo de la empresa y de los representantes de los trabajadores se podrá establecer otro modelo que contenga las diferentes percepciones del trabajador, así como las deducciones que legalmente procedan.

4.4.5. Pagas extraordinarias

El trabajador tiene derecho a **dos gratificaciones** extraordinarias al año, una de ellas con ocasión de las fiestas de Navidad, y la otra en el mes que se fije por convenio colectivo o por acuerdo entre el empresario y los representantes legales de los trabajadores.

La cuantía de las mismas se determinará por convenio o en el contrato, y su distribución se podrá acordar a lo largo de las 12 mensualidades (**prorrateo**).

También es frecuente una **paga de beneficios**, que estará en relación con los beneficios obtenidos por el empresario en el año, aunque la ley no dice nada al respecto y es en los convenios donde se suele establecer.

Recibo individual justificativo del pago de salario

Empresa:	Trabajador:
Domicilio:	N.I.F.: Número Libro de Matrícula:
C.I.F.:	Número de afiliación a la Seguridad Social:
Código de cuenta de cotización a la Seguridad Social:	Categoría o grupo profesional:
	Grupo de cotización:

Período de liquidación: del....... de .... al .... de .... de 199.... Total días

I. DEVENGOS — TOTALES

1. Percepciones salariales
   - Salario base ....
   - Complementos salariales
     - ____ ....
     - ____ ....
     - ____ ....
   - Horas extraordinarias ....
   - Gratificaciones extraordinarias ....
   - Salario en especie ....
2. Percepciones no salariales
   - Indemnizaciones o suplidos
     - ____ ....
   - Prestaciones e indemnizaciones de la Seguridad Social
     - ____ ....
   - Indemnizaciones por traslados, suspensiones o despidos
     - ____ ....
   - Otras percepciones no salariales
     - ____ ....

A. TOTAL DEVENGADO ....

II. DEDUCCIONES

1. Aportación del trabajador a las cotizaciones a la Seguridad Social y conceptos de recaudación conjunta — %
   - Contingencias comunes ....____.......
   - Desempleo ....____.......
   - Formación Profesional ....____.......
   - Horas extraordinarias
     - Fuerza mayor o estructurales ....____.......
     - No estructurales ....____.......
   - TOTAL APORTACIONES ....
2. Impuesto sobre la renta de las personas físicas ....____.......
3. Anticipos ....
4. Valor de los productos recibidos en especie ....
5. Otras deducciones ....

B. TOTAL A DEDUCIR ....

LIQUIDO TOTAL A PERCIBIR (A-B) ....

.... de .... de 199__

RECIBI

Firma y sello de la Empresa

DETERMINACION DE LAS BASES DE COTIZACION A LA SEGURIDAD SOCIAL Y CONCEPTOS DE RECAUDACION CONJUNTA Y DE LA BASE SUJETA A RETENCION DEL I.R.P.F.

1. Base de cotización por contingencias comunes
   - Remuneración mensual ....
   - Prorrata pagas extraordinarias ....
   - TOTAL ....
2. Base de cotización por contingencias profesionales (A.T. y E.P.) y conceptos de recaudación conjunta (Desempleo Formación Profesional, Fondo de Garantía Salarial) ....
3. Base de cotización adicional por horas extraordinarias ....
4. Base sujeta a retención del I.R.P.F. ....

Esquema 4.5. Recibo salarial.

CASO PRÁCTICO 2

Siguiendo con el caso práctico 1, si el convenio o contrato individual estableciera el prorrateo de las pagas extras, lo que le correspondería mensualmente al trabajador sería:

150.000 + 30.000 = 180.000 ptas.
180.000 × 2 pagas = 360.000 ptas.
360.000 : 12 meses = 30.000 ptas./mes

4.5. Deducciones salariales

El trabajador no recibe íntegramente su retribución. Sufre dos tipos de deducciones sobre su salario bruto:

- La cotización a la Seguridad Social.
- El Impuesto sobre la Renta de las Personas Físicas.

4.5.1. Cotización a la Seguridad Social

Todos los trabajadores y empresarios tienen la obligación de aportar una cantidad mensual para la financiación de la Seguridad Social, pero hay que determinar su cuantía.

La aportación de los trabajadores y empresarios es el resultado de aplicar unos *tipos* (porcentajes) a la *base de cotización* del trabajador. Aparecen así dos conceptos que hay que explicar: **tipo de cotización y base de cotización**.

$$\text{Cuota a ingresar} = \frac{\text{Base de cotización} \times \text{Tipo de cotización}}{100}$$

❑ Tipo de cotización

Son porcentajes que se aplican a las bases de cotización para obtener la cuota a ingresar. Éstos son fijados por el Gobierno, y para el año 1999 son los que figuran en el Cuadro 4.4.

❑ Base de cotización

Son las cantidades a las que habrá que aplicar el tipo de cotización para obtener la cuota correspondiente. Existen cuatro tipos de bases de cotización:

a) Por contingencias comunes.
b) Por Desempleo, Formación Profesional y Fondo de Garantía Salarial.
c) Por horas extraordinarias.
d) Por contingencias profesionales. Esta cotización corre a cargo exclusivo de la empresa. El trabajador no cotiza por ellas.

Vamos a analizar cómo se determinan:

A) **Por contingencias comunes**

1. Se suman todas las percepciones salariales percibidas en el mes de referencia.

No se computarán en la base de cotización los siguientes conceptos:

a) Dietas de viaje, gastos de locomoción, plus de distancia y plus de transportes urbanos.
b) Las indemnizaciones por fallecimiento y las correspondientes a traslados, suspensiones, ceses y despidos.
c) Las cantidades que se abonen en concepto de quebranto moneda y las indemnizaciones por desgaste de útiles o herramientas y adquisición de prendas de trabajo.
d) Los productos en especie concedidos voluntariamente por las empresas.
e) Las percepciones por matrimonio.
f) Las prestaciones de la Seguridad Social y sus mejoras.
g) Las horas extraordinarias.

Cuadro 4.4. Tipos de cotización

Conceptos	Empresa (%)	Trabajador (%)	Total (%)
Contingencias comunes	23,6	4,7	28,3
Desempleo	6,2	1,6	7,8
Fondo de Garantía Salarial	0,4	—	0,4
Formación Profesional	0,6	0,1	0,7
Horas extraordinarias:			
Fuerza mayor	12	2	14
Estructurales y no estructurales	23,6	4,7	28,3
Accidentes de trabajo y enfermedades profesionales: se aplicará reducida en un 10 por 100 la tarifa de primas aprobadas por Real Decreto 2930/79, de 29 de diciembre, siendo a cargo exclusivo de la empresa.			

2. A la cantidad obtenida así se le suma la parte proporcional de las pagas extras (prorrateo).

$$\text{Prorrata pagas extras} = \frac{\text{Importe anual de las pagas extras}}{12}$$

3. La base que resulte debe estar comprendida entre las bases máxima y mínima del grupo de cotización al que pertenezca el trabajador. Si la base resultante fuera superior a la máxima o inferior a la mínima se tomarán la máxima o la mínima, según corresponda.

Para el año 1999, las bases máximas y mínimas de cotización, se muestran en el Cuadro 4.5.

4. El importe de la base de cotización se normalizará ajustándolo al múltiplo más próximo, por exceso o por defecto de:

— 3.000, para las retribuciones mensuales.
— 100, para las retribuciones diarias.

5. Finalmente se aplicará el tipo de cotización correspondiente.

B) **Por Desempleo, Formación Profesional y Fondo de Garantía Salarial.**

1. A la base de cotización por contingencias comunes, sin normalizar, se le suma el importe de las horas extraordinarias si las hubiere.

CASO PRÁCTICO 3

Con los datos del caso práctico 1, la base de cotización por contingencias comunes se calcularía como sigue:

1. Determinamos las percepciones salariales que integran la base, y que son: 150.000 (salario base) + + 30.000 (antigüedad) + 25.000 (plus convenio) = = **205.000 ptas.**
2. A la cantidad obtenida le sumamos la parte proporcional de las pagas extras:
   (150.000 + 30.000) × 2 = 360.000
   360.000 : 12 = **30.000 ptas.**
   205.000 + 30.000 = **235.000 ptas.**
3. Comprobamos que las 235.000 ptas. están comprendidas entre las bases máxima y mínima del grupo de cotización al que pertenezca el trabajador:
   Grupo 3. B. Máxima: 399.780; B. Mínima: 86.940
4. Normalizamos la base de cotización al múltiplo más próximo de 3.000 por exceso o por defecto.
   235.000 : 3.000 = 78,33
   78 × 3.000 = **234.000 ptas.**
5. El tipo de cotización es de 4,7 por 100.
   234.000 × 4,7 % = **10.998 ptas.**, que es la deducción por contingencias comunes.

2. Se normaliza al múltiplo de 3.000 o de 100, según los casos.

3. Se aplica el tipo de cotización correspondiente.

Cuadro 4.5. Bases máximas y mínimas de cotización para 1999

No

Categorías profesionales	Bases mínimas Ptas./mes	Bases máximas Ptas./mes
1. Ingenieros y licenciados	120.570	399.780
2. Ingenieros técnicos, peritos y ayudantes titulados	99.990	399.370
3. Jefes administrativos y de taller	86.940	399.370
4. Ayudantes no titulados	80.820	399.370
5. Oficiales administrativos	80.820	345.180
6. Subalternos	80.820	345.180
7. Auxiliares administrativos	80.820	345.180
	Ptas./día	**Ptas./día**
8. Oficiales de primera y segunda	2.694	11.506
9. Oficiales de tercera y especialistas	2.694	11.506
10. Peones	2.694	11.506
11. Trabajadores menores de 18 años, cualquiera que sea su categoría	2.694	11.506

CASO PRÁCTICO 4

Con los datos de los casos prácticos 1 y 3 calculamos la base de cotización por desempleo, Formación Profesional y Fondo de Garantía Salarial.

1. 235.000 + 15.000 = **250.000 ptas.**
2. 250.000 : 3.000 = 83,33
   83 × 3.000 = **249.000 ptas.**
3. Desempleo: 249.000 × 1,6 % = **3.984 ptas.** es la deducción por desempleo.
   Formación Profesional: 249.000 × 0,1 % =
   = **249 ptas.** es la deducción por FP.

C) **Por horas extraordinarias.**

1. Está formada por el importe de las horas extraordinarias realizadas en el período de que se trate por el trabajador.
2. Se aplica el tipo correspondiente.

D) **Por contingencias profesionales**

CASO PRÁCTICO 5

Con los datos de los casos prácticos 1, 3 y 4, calculamos la deducción por horas extras.

15.000 × 4,7 % = **705 ptas.**

Es la misma que para el Desempleo, Formación Profesional y Fondo de Garantía Salarial, pero en este caso sólo paga el empresario y no el trabajador.

4.5.2. El Impuesto sobre la Renta de las Personas Físicas

El IRPF es un tributo directo y personal que grava la renta de las personas físicas.

Los empresarios deben retener a sus trabajadores por este concepto unas cantidades, que dependerán de la retribución estimada anual del trabajador y del número de hijos que éste tenga.

El porcentaje que se debe retener está determinado por unas tablas que fija anualmente el Gobierno (véase pág. 62, cuadro 3).

En el caso práctico de la página siguiente se ha elaborado el recibo salarial de los casos prácticos resueltos con anterioridad.

CASO PRÁCTICO 6

Con los datos del caso práctico 1, y considerando una retribución anual de 2.820.000 ptas., y que tiene dos hijos, el tipo aplicable sería del 9,91 por 100.

220.000 × 9,91 por 100 = 21.802

4.6. ¿Cuánto nos cuesta un trabajador?

Además del salario, una de las cargas más importantes para el empresario es la cotización a la Seguridad Social.

Como ya hemos visto en el tipo de cotización, el empresario ha de abonar un **30,8 por 100** correspondiente a las cuotas patronales de contingencias comunes, Desempleo, Fondo de Garantía Salarial y Formación Profesional, calculado sobre la base de cotización del trabajador cada mes.

CASO PRÁCTICO 7

En el supuesto del caso práctico 1, el empresario debería pagar, además del salario del trabajador, las siguientes cantidades:

- Por contingencias comunes:
  234.000 × 23,6 % = 55.224 ptas.
- Por Desempleo: 249.000 × 6,2 % = 15.438 ptas.
- Por Fondo de Garantía Salarial:
  249.000 × 0,4 % = 996 ptas.
- Por Formación Profesional:
  249.000 × 0,6 % = 1.494 ptas.
- Por horas extras estructurales:
  15.000 × 23,6 % = 3.540 ptas.

TOTAL = 76.692 ptas.

En el Caso Práctico 8 de la página siguiente se ha elaborado el recibo salarial de los casos prácticos resueltos con anterioridad.

4.7. Si somos autónomos, ¿pagamos a la Seguridad Social?

Es evidente que la respuesta es sí.

Para la cotización a la Seguridad Social de los trabajadores autónomos, puesto que resulta difícil determinar su retribución mensual, se han fijado unas bases de cotización máximas y mínimas (como sueldos teóricos) sobre las que se aplica un porcentaje de cotización, que para 1999 es del **28,3 por 100**.

Las bases de cotización mensuales en 1999 son:

Base de cotización	Tipo de cotización: 28,3 %
Máxima: 399.780	113.138
Mínima: 113.340	32.075

El trabajador autónomo *menor de 50 años* cotizará por la base de cotización elegida por él, dentro de los límites comprendidos entre las bases máxima y mínima, redondeada al múltiplo de 3.000.

Si el autónomo no se ha acogido a la protección por incapacidad temporal, el tipo de cotización será del 26,5 por 100.

CASO PRÁCTICO 8

Elaborar el recibo salarial con los datos de los casos prácticos anteriores.

Empresa:

Domicilio:

C.I.F.:

Código de cuenta de cotización a la Seguridad Social:

Trabajador:

N.I.F.: Número Libro de Matrícula:

Número de afiliación a la Seguridad Social:

Categoría o grupo profesional:

Grupo de cotización: 3

Periodo de liquidación: del 1 de ABRIL al 30 de ABRIL de 1999 Total días 30

I. DEVENGOS		TOTALES
1. Percepciones salariales		
Salario base	150.000	
Complementos salariales		
ANTIGÜEDAD	30.000	
PLUS CONVENIO	25.000	
Horas extraordinarias	15.000	
Gratificaciones extraordinarias		
Salario en especie		
2. Percepciones no salariales		
Indemnizaciones o suplidos		
DIETAS	20.000	
Prestaciones e indemnizaciones de la Seguridad Social		
Indemnizaciones por traslados, suspensiones o despidos		
Otras percepciones no salariales		
A. TOTAL DEVENGADO		240.000

II. DEDUCCIONES	%		
1. Aportación del trabajador a las cotizaciones a la Seguridad Social y conceptos de recaudación conjunta			
Contingencias comunes	4,7	10.998	
Desempleo	1,6	3.984	
Formación Profesional	0,1	249	
Horas extraordinarias			
Fuerza mayor o estructurales	4,7	705	
No estructurales			
TOTAL APORTACIONES			
2. Impuesto sobre la renta de las personas físicas	9,91	21.802	
3. Anticipos			
4. Valor de los productos recibidos en especie			
5. Otras deducciones			
B. TOTAL A DEDUCIR			37.738
LIQUIDO TOTAL A PERCIBIR (A-B)			202.262

.... de .... de 199__

Firma y sello de la Empresa

RECIBI

DETERMINACION DE LAS BASES DE COTIZACION A LA SEGURIDAD SOCIAL Y CONCEPTOS DE RECAUDACION CONJUNTA Y DE LA BASE SUJETA A RETENCION DEL I.R.P.F.

1. Base de cotización por contingencias comunes		
Remuneración mensual	205.000	
Prorrata pagas extraordinarias	30.000	
TOTAL	234.000	NORMALIZADA
2. Base de cotización por contingencias profesionales (A.T. y E.P.) y conceptos de recaudación conjunta (Desempleo Formación Profesional, Fondo de Garantía Salarial)	249.000	NORMALIZADA
3. Base de cotización adicional por horas extraordinarias	15.000	
4. Base sujeta a retención del I.R.P.F.	220.000	

CÓMO CALCULAR LA RETENCIÓN EN TU NÓMINA DE 1999

Sueldo bruto anual	.... ptas.
Menos pago anual a la Seg. Social	–......... ptas.
Rendimiento neto del trabajo	=........... ptas.
Menos reducción por rendimiento neto del trabajo(1)	=........... ptas.
Menos mínimo personal	550.000 ptas.
50 % del descuento por hijos(2)	–........... ptas.
Base para calcular la retención(3)	=........... ptas.

Lo primero es hallar el *Rendimiento Neto del Trabajo,* que se calcula restando del sueldo bruto anual, los pagos a la Seguridad Social.

Al *Rendimiento Neto del Trabajo* se le ha de descontar la reducción que corresponda por rendimiento neto del trabajo según el siguiente cuadro:

(1)Reducción por Rendimiento Neto del Trabajo	
Igual o inferior 1.3500.000 ptas.	5000.000 ptas.
Entre 1.350.001 y 2.000.000 ptas.	Se resta al rendimiento neto 1.350.000 y el resultado se multiplica por 0,1923 y se resta a 500.000 ptas.
Más de 2.000.000 ptas.	375.000 ptas.

Una vez descontada la reducción por Rendimiento Neto de Trabajo, se resta el *mínimo personal,* que en general será de 550.000 ptas. y además el *50 % del descuento por hijos,* conforme a la siguiente tabla:

(2)Descuento por hijos	
Hasta 3 años	250.000 ptas.
De 3 a 16 años	225.000 ptas.
Más de 16 años	200.000 ptas.
A partir del 3.er hijo se descontarán 100.000 pesetas más.	

El resultado es la Base para calcular el tipo de retención, conforme a la tabla siguiente:

(3)Tabla para calcular la retención			
Base para calcular el tipo de retención	Cuota de retención	Resto base para calcular porcentaje	Porcentaje
Hasta pesetas	Pesetas	Hasta pesetas	
0	0	600.000	18,0
600.000	108.000	1.500.000	24,0
2.100.000	468.000	2.000.000	28,30
4.100.000	1.34.000	2.500.000	37,20
6.600.000	1.964.000	4.400.000	45,00
11.000.000	3.944.000	En adelante	48,00

El resultado será la RETENCIÓN ANUAL A CUENTA DEL IRPF. Para saber la retención mensual, se dividirá la retención anual entre 14.

La elección de la base de cotización por los trabajadores *mayores de 50 años* estará limitada a la cuantía de 213.000 pesetas mensuales, salvo que con anterioridad hubieran estado cotizando por una base superior, en cuyo caso podrán mantener dicha base de cotización o incrementarla, como máximo, en el mismo porcentaje en que se haya aumentado la base máxima de cotización en este régimen.

4.8. ¿Qué contratos hago?

Otro aspecto importante que tiene que tener en cuenta un emprendedor es obtener los recursos humanos necesarios para su proyecto. En este sentido, nuestra legislación permite realizar diferentes modalidades de contratación, que debemos conocer para poder utilizar aquella fórmula que se adapte mejor a nuestras necesidades.

No debemos olvidar que existen una serie de beneficios (subvenciones, de Seguridad Social, etc.), relacionados con aquellas modalidades de contratación que supongan fomento del empleo o contratación de colectivos que tienen especial dificultad para encontrar empleo.

Además, el empresario puede utilizar el **período de prueba** para analizar la capacidad técnica y personal del trabajador y para que éste compruebe si el puesto de trabajo que ocupa resulta satisfactorio.

El período de prueba es un acuerdo por el que el empresario y el trabajador establecen, durante un espacio de tiempo, que se realizará la actividad laboral a cambio del salario, con la posibilidad de concretar posteriormente un contrato de trabajo.

El establecimiento de este período es optativo y, si se establece, deberá hacerse **por escrito**, y tendrá la siguiente duración:

- La que establezcan los convenios colectivos.
- Si no hay convenio, o no lo determina, no podrá exceder de seis meses para técnicos titulados y de dos meses para el resto de los trabajadores.

En este período de prueba, el trabajador tendrá los derechos y obligaciones propios del puesto de trabajo que desempeñe, como si fuera de plantilla, salvo los derivados de la extinción de la relación laboral, que puede producirse en cualquier momento a solicitud de cualquiera de las partes.

Durante la prueba, empresario y trabajador están obligados a realizar las experiencias objeto de la misma.

En cuanto a su **terminación**, si una vez concluido el período de prueba ninguna de las partes desiste del mismo, el contrato producirá plenos efectos, y los servicios prestados durante este tiempo se considerarán para el trabajador a efectos de antigüedad en la empresa.

4.8.1. Modalidades de contratación

Vamos a analizar los diferentes tipos de contratos en función de cuatro criterios:

❑ Contratos indefinidos

Son aquellos en los que las partes acuerdan que sus prestaciones se prolonguen en el tiempo, sin límite en su duración.

Como medida de *fomento de empleo*, dentro de ellos se regulan los que se pueden formalizar con colectivos de difícil acceso al mercado laboral, como desempleados, jóvenes entre 18 y 29 años, parados que lleven inscritos más de un año como demandantes de empleo, mayores de 45 años, minusválidos y trabajadores con contrato de duración determinada.

En estos supuestos se establece una reducción en la indemnización por extinción del contrato por causas objetivas cuando sea declarado improcedente.

Además hay otro tipo de subvenciones para estos contratos, de las que el emprendedor deberá informarse para valorar la conveniencia de celebrar un contrato de este tipo o uno temporal, antes de tomar una decisión.

❑ Contratos formativos

Son los que tienen por objeto facilitar la inserción laboral de los jóvenes, tanto de los que presentan carencias formativas y de titulación, para garantizarles la adquisición de la formación teórico-práctica como de aquellos que, habiéndola adquirido, precisan de una adaptación práctica a través de la experiencia profesional.

Se establecen dos modalidades.

• Contrato para la formación

Tiene como objetivo la adquisición de la formación teórica y práctica necesaria para el desempeño adecuado de un oficio o puesto de trabajo que requiera un determinado nivel de cualificación.

Las **reglas** por las que se regirá esta clase de contratos son:

- — El trabajador deberá tener entre 16 y 21 años y no tendrá la titulación requerida para celebrar un contrato en prácticas (formación profesional, diplomatura, licenciatura, técnicos medios y superiores). El límite de edad no existirá si se contrata a un minusválido.
- — Mediante convenio colectivo se podrá establecer, en función del tamaño de la plantilla, el número máximo de contratos que se podrán realizar, así como los puestos de trabajo objeto de este contrato.
- — La duración del contrato no podrá ser inferior a seis meses ni superior a dos años. Por convenio colectivo se podrán establecer otras duraciones sin que la mínima sea inferior a seis meses y la máxima superior a tres años.
- — El período de formación será de duración variable dependiendo de las características del puesto de trabajo y del número de horas establecidas para el módulo formativo adecuado a dicho puesto. Por convenio colectivo se podrá determinar su duración total y distribución. La duración de la formación, en ningún caso podrá ser inferior al 15 por 100 de la jornada máxima prevista en convenio colectivo.
- — La retribución será la fijada a través del convenio colectivo y nunca podrá ser inferior al salario mínimo interprofesional en proporción al tiempo trabajado. No obstante, la retribución de los menores de 18 años contratados bajo esta modalidad no podrá ser inferior al 85 por 100 del SMI correspondiente a su edad.
- — Al finalizar el contrato, el empresario deberá entregar al trabajador un certificado en que conste:
  - ◊ La duración de la formación.
  - ◊ El nivel de formación práctica adquirida.

• Contrato en prácticas

Se realiza entre una persona con titulación universitaria, con Formación Profesional de grado medio o superior, o con títulos oficialmente reconocidos que habiliten legalmente para el ejercicio profesional, y un empresario. Tiene como fin la obtención de la **práctica profesional** adecuada al nivel de estudios cursados por el trabajador.

A través del convenio colectivo se podrán determinar los puestos de trabajo, grupo, nivel y/o categoría profesional objeto de este tipo de contrato.

Las **reglas** por las que se regirán estos contratos son:

- — Para poder celebrarlo no puede haber transcurrido más de cuatro años desde la finalización de los estudios del trabajador, que se interrumpirán cuando, durante ese período, el trabajador cumpla el servicio militar obligatorio o la prestación social sustitutoria del mismo.
- — La duración del contrato no podrá ser inferior a seis meses ni exceder de dos años, y si se concierta por tiempo inferior a dos años, las partes pueden acordar hasta dos prórrogas, no pudiendo ser la duración de cada una de ellas inferior a seis meses ni superar la duración total del contrato los dos años.
- — Ningún trabajador podrá estar contratado en prácticas en la misma o diferente empresa por tiempo superior a dos años en virtud de la misma titulación.
- — El período de prueba no podrá ser superior a un mes para los titulados de grado medio, ni de dos meses para los titulados de grado superior (salvo acuerdo en convenio colectivo).
- — La retribución del trabajador será la fijada en convenio colectivo, pero en ningún caso podrá ser inferior al 60 o 75 por 100 (durante el primero o el segundo año de vigencia del contrato, respectivamente) del salario fijado en convenio para un trabajador que desempeñe el mismo o equivalente puesto de trabajo.
- — Si al término del contrato el trabajador se reincorpora a la empresa, no podrá concertarse un nuevo período de prueba, y la duración de las prácticas se considerarán a efectos de antigüedad en la empresa.
- — El contrato deberá formalizarse por escrito, expresando:
  - ◊ La titulación del trabajador.
  - ◊ La duración del contrato.
  - ◊ El puesto o puestos de trabajo que se deberán desempeñar durante las prácticas.
- — Al finalizar el contrato, el empresario deberá proporcionar al trabajador un certificado en el que conste:
  - ◊ La duración de las prácticas.

◊ El puesto o puestos de trabajo ocupados.
◊ Las principales tareas realizadas.

Contratos temporales causales

• Contratos para la realización de una obra o servicio determinado

Son aquellos en los que se contrata al trabajador para la realización de una obra o servicio determinados, con autonomía y sustantividad propia dentro de la actividad de la empresa y cuya ejecución, aunque limitada en el tiempo, es en principio de duración incierta. Los convenios colectivos podrán identificar aquellos trabajos y tareas con sustantividad propia dentro de la actividad normal de la empresa que puedan cubrirse con contratos de esta naturaleza.

Deberán formalizarse por escrito si su duración es superior a cuatro semanas, y se extinguen por la finalización de la obra o servicio, debiendo mediar un preaviso de 15 días si su duración es superior a un año.

Si llegado al término no se denuncia por alguna de las partes y se sigue trabajando, se considera prorrogado por tiempo indefinido.

• Contrato eventual por cincunstancias de la producción

Esta clase de contratos se celebra cuando las circunstancias del mercado, acumulación de tareas o exceso de pedidos así lo exigieran, aun tratándose de la actividad normal de la empresa.

Podrán tener una duración máxima de seis meses, dentro de un período de 12 meses, contados a partir del momento en que se produzcan dichas causas.

Por convenio colectivo podrá modificarse la duración máxima de estos contratos o el período dentro del cual pueden realizarse en atención al carácter estacional de la actividad. En este caso, el tiempo máximo del contrato será de 18 meses y no se podrá superar la duración del contrato en tres cuartas partes del período de referencia que se establezca.

Por convenio colectivo se podrá determinar las actividades en las que pueden contratarse trabajadores eventuales, así como la fijación de criterios generales respecto a la adecuada relación entre el volumen de esta modalidad contractual y la plantilla total de la empresa.

Trabajo a tiempo parcial

• Contrato a tiempo parcial

En este contrato, el trabajador presta sus servicios durante un número de horas al día, a la semana, al mes o al año, inferior al 77 por 100 de la jornada a tiempo completo establecida en el convenio colectivo de aplicación o, en su defecto, de la jornada ordinaria máxima legal.

Se deberá formalizar necesariamente por escrito, y en ellos constará:

— Duración (determinada o indefinida).
— Número de horas ordinarias de trabajo contratadas al día, a la semana, al mes o al año, la distribución horaria y su concreción mensual, semanal y diaria, incluida la determinación de los días en los que el trabajador deberá prestar servicios.

La retribución será proporcional al tiempo efectivamente trabajado.

• Contrato de trabajadores fijos de carácter discontinuo.

Son contratos celebrados para la realización de trabajos de ejecución intermitente o cíclica, tanto si las actividades son de temporada como si son de carácter normal y permanente, que no exijan la prestación de servicios todos los días laborables del año.

La duración del contrato es indefinida cuando se concierta para:

— Realizar trabajos fijos y periódicos dentro del volumen normal de actividad de la empresa.
— Llevar a cabo trabajos que tengan carácter de fijos, discontinuos y no se repitan en ciertas fechas, dentro del volumen normal de actividad de la empresa. En este caso, los trabajadores serán llamados en el orden y la forma que se determine en los respectivos convenios colectivos.

Estos contratos deben formalizarse por escrito especificando la naturaleza del contrato y la actividad cíclica o intermitente que se va a desarrollar.

• Contrato de relevo

Es el celebrado con un trabajador en situación de desempleo para sustituir a otro trabajador que accede a la **jubilación parcial**.

Tiene como finalidad que un desempleado complete la parte de jornada que deje vacante un trabajador que se jubila parcialmente y con el que se celebra un contrato a tiempo parcial (con reducción de la jornada y del salario de entre un mínimo del 30 por 100 y un máximo del 77 por 100).

Para que exista el contrato de relevo hace falta un contrato a tiempo parcial en el que el trabajador jubilado parcialmente debe reunir las condiciones generales para tener derecho a la pensión de jubilación, con excepción de la edad, que ha de ser inferior a **cinco** años como máximo de la exigida.

El contrato debe formalizarse por escrito y en él deberá constar necesariamente el nombre, edad y circunstancias profesionales del trabajador sustituido.

En cuanto a la jornada y a la retribución será, como mínimo, equivalente a la reducción que se produce en el trabajador sustituido.

La ejecución del contrato de «jubilación parcial» y su retribución serán compatibles con la pensión que la Seguridad Social reconozca al trabajador hasta que cumpla la edad establecida para tener derecho a la pensión de jubilación, extinguiéndose la relación laboral al alcanzar dicha edad.

ACTIVIDADES DE ENSEÑANZA - APRENDIZAJE

1. Con ayuda del profesor, analiza el convenio colectivo del sector al que pertenezca vuestro ciclo formativo, comentando el contenido del mismo.
2. Analiza diferentes convenios colectivos y compara el tratamiento que reciben en ellos las horas extras.
3. Compara la jornada laboral que se realiza en varias empresas de tu localidad.
4. Recopila información sobre los salarios que reciben los trabajadores del sector de tu ciclo formativo en tu localidad, analizando la estructura de los mismos.
5. Estableced un debate sobre lo que le cuesta un trabajador a su empresario.
6. Elabora en clase una estadística de los contratos celebrados por los menores de 18 años en tu localidad (tipo de contrato, duración, sexo...).
7. Cumplimenta diferentes contratos de trabajo, en sus modelos oficiales, con supuestos ficticios.
8. Analiza y valora las medidas de fomento de empleo así como propón otras que consideres apropiadas.

ACTIVIDADES DE EVALUACIÓN

1. ¿Qué es un convenio colectivo y cómo se puede clasificar?
2. ¿Cuál es el contenido de un convenio colectivo?
3. ¿Cuántas horas extras puede hacer un trabajador al año?
4. Explica brevemente de qué se compone el salario de un trabajador.
5. ¿Es cierto que el salario mínimo interprofesional lo establecen los sindicatos? Razona tu respuesta.
6. Enumera las deducciones salariales.
7. ¿Pagan a la Seguridad Social los trabajadores autónomos? ¿Cuánto?
8. Describe brevemente las diferentes modalidades de contratación.
9. Señala las diferencias fundamentales entre el contrato para la formación y el contrato en prácticas.

UNIDAD DE TRABAJO 5

LAS FINANZAS A LO FÁCIL

El objetivo de esa unidad es realizar un plan financiero. Para esta tarea no es necesario **tener conocimientos de contabilidad**, ni que los cuadros del plan de tesorería, cuenta de resultados y balance, coincidan con los expuestos aquí. En el tema se indican unos modelos orientativos que recogen unos conceptos de pagos y cobros también orientativos. Si prefieres otros modelos y denominar a los conceptos de otra forma, ¡adelante!; lo importante es calcular los pagos, cobros y resultados previsionales. Una vez que estén calculados y conozcas el terreno, entonces es el momento de acudir a un profesional, donde te orientarán convenientemente. Además, hay que ser capaz de defenderlos y razonarlos, por lo que es imprescindible que tú mismo realices y calcules el plan financiero. ¿Quiere decir todo esto que es aconsejable contratar los servicios de una asesoría para la empresa? Rotundamente sí.

CONTENIDO

5.1. El plan financiero.
5.2. Previsión de tesorería.
5.3. Cuenta de resultados previsional.
5.4. Balance previsional.

OBJETIVOS

1. Comprender la necesidad de elaborar un plan financiero.
2. Entender todos los elementos que conforman el plan financiero.
3. Ser capaz de interpretar un plan financiero y de tomar una decisión en cuanto a la viabilidad económico-financiera de la empresa.

5.1. El plan financiero

Cuando nos referimos al plan financiero, estamos hablando de ¿**cuánto** dinero vamos a **gastar**?, ¿**cuánto** dinero vamos a **ingresar**?, ¿**qué beneficios** vamos a **obtener**?, y, finalmente, **¿merece la pena realizar todo este esfuerzo?**

El plan financiero se compone de tres estudios que llamaremos: previsión de tesorería, cuenta de resultados previsional y balance previsional.

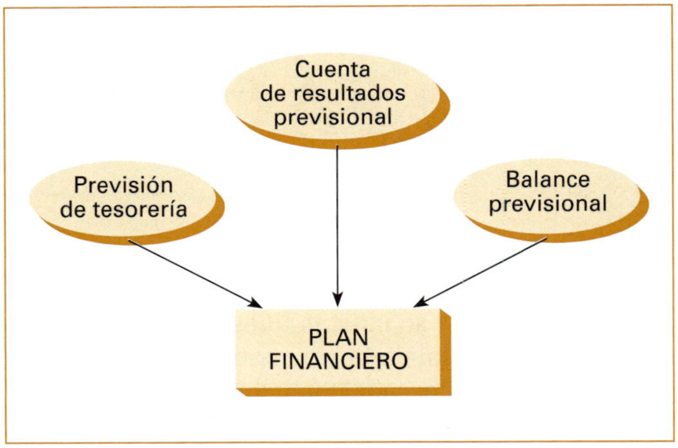

Esquema 5.1. El plan financiero.

5.2. Previsión de tesorería

La previsión de tesorería es la anotación de los pagos y de los ingresos previstos en un determinado plazo de tiempo (mes a mes). Al final de cada mes se podrá saber si sobra dinero (cobros mayores que los pagos) o si, por el contrario, faltará dinero para hacer frente a los pagos de ese mes (pagos mayores que los cobros).

EJEMPLO 5.1

Si quiero hacer una previsión de tesorería para el próximo mes deberé anotar todos los pagos y todos los cobros que tengo que realizar ese mes. De la diferencia entre ambos sabré si necesito dinero (gastos previstos mayores que ingresos previstos), o si, por el contrario, me sobra dinero (ingresos previstos mayores que gastos previstos).

❑ ¿Qué interés puede tener conocer estos datos?

Si se conocen con antelación las necesidades de dinero, se podrá pensar con tranquilidad cuál es la forma más barata de conseguir ese dinero; por ejemplo, abriendo una cuenta de crédito en el banco. Y, por el contrario, si se sabe con antelación que sobrará dinero, se podrá decidir con tranquilidad cuál es la forma más rentable de colocar ese dinero hasta que se necesite; por ejemplo, ingresándolo en una cuenta bancaria de alta remuneración.

❑ ¿Qué debo tener en cuenta a la hora de calcular los cobros?

Debemos recordar que hay una previsión de ventas en nuestro estudio de mercado al que debemos ajustarnos. Hay que tener en cuenta que los ingresos se anotan cuando se realizan, y no cuando se vende el producto. Esto es, si se vende por importe de 1.000.000 de pesetas el día 1 de marzo y se concede un crédito a los clientes de 60 días, el cobro se debe anotar en mayo, que será cuando se ingrese. Por tanto, hay que tener en cuenta el plazo de pago concedido a los clientes.

❑ ¿Qué debo tener en cuenta a la hora de calcular los pagos?

Hay que tener en cuenta la previsión que en su momento se hizo sobre gastos: *materias primas, nóminas, alquileres, Seguridad Social, publicidad, impuestos, energía eléctrica, teléfono, agua, etc.* Procurar que los gastos se ajusten a la realidad lo más posible, teniendo en cuenta el período de pago que conceden los proveedores, para calcular con exactitud el momento del pago.

❑ ¿Cuál será el siguiente paso una vez calculados los cobros y los pagos?

El siguiente paso consiste en restar de los cobros los pagos, para obtener la liquidez prevista.

EJEMPLO 5.2

Al calcular los pagos del segundo mes comprobamos que ascienden a 300.000 ptas. y los cobros a 250.000 ptas. Del primer mes han sobrado 60.000 ptas. Las cuentas son las siguientes: los gastos son 300.000 ptas. y para hacerlos frente dispongo de 250.000 ptas. procedentes de los ingresos más 60.000 ptas. que sobraron del mes anterior, por tanto, se puede hacer frente a los pagos y sobran 10.000 pesetas para el mes siguiente.

❑ Modelo para calcular el plan de tesorería

				PLAN DE TESORERÍA								
	Enero	Febrero	Marzo	Abril	Mayo	Junio	Julio	Agosto	Sept.	Oct.	Novie.	Dici.
COBROS:												
Aportación del empresario												
Créditos solicitados												
Ventas												
Subvenciones públicas												
Intereses de la cuenta bancaria												
Otros ingresos												
TOTAL COBROS												
PAGOS:												
Activo fijo												
Proveedores de materias primas o mercaderías												
Alquileres												
Primas de seguros												
Devolución de préstamo e intereses												
Salarios												
Seguridad Social												
Suministros:												
— Agua												
— Luz												
— Teléfono												
Publicidad												
Impuestos												
Obras de acondicionamiento												
TOTAL PAGOS												
COBROS-PAGOS												

Esquema 5.2. Modelo para el cálculo del plan de tesorería.

Los conceptos de cobros y pagos que figuran en el cuadro son indicativos; en cada caso habrá que incluir los conceptos que surjan en el momento de cuantificar los cobros y los pagos. No hay que preocuparse por el nombre que se dé a los conceptos de cobros y pagos, lo importante es que el concepto por el que se paga o por el que se cobra quede claro.

CASO PRÁCTICO 1

Cálculo del plan de tesorería.

La señora JG posee un capital de 140 ptas. y lo aporta para montar una pequeña tienda de ropa. Desea inaugurar su establecimiento el día 1 de febrero.

Calcula que necesitará un capital total de 284 ptas., por lo que decide pedir un préstamo al banco en el mes de enero de 144 ptas., con unos intereses trimestrales de una peseta y cinco pesetas en concepto de amortización (devolución) del préstamo (marzo, junio, septiembre, diciembre).

Alquila un local cuya renta mensual asciende a 60 ptas. Tardará un mes en acondicionarlo, lo que supone alquilar el local desde enero para realizar las obras de acondicionamiento, que le costarán 100 ptas. y lo pagará de la siguiente forma: 50 ptas. en febrero y 50 ptas. en agosto.

Capital fijo: adquiere una máquina registradora, estanterías, percheros y mostrador por un total de 100 ptas., que se amortizarán en 10 años.

El seguro de responsabilidad civil más el de incendio y robo le costarán 16 ptas. y lo pagará en su totalidad el mes de febrero.

Encarga a una empresa especializada que estime las ventas que puede realizar en el presente año y obtiene los siguientes datos:

Enero: 0 ptas., febrero: 110 ptas., marzo: 130 ptas., abril: 140 ptas., mayo: 200 ptas., junio: 400 ptas., julio: 400 ptas., agosto: 500 ptas., septiembre: 260 ptas., octubre: 210 ptas., noviembre: 200 ptas., diciembre: 160 ptas.

Se gastará en publicidad 120 ptas., repartidas de la siguiente forma: enero: 40 ptas., julio: 40 ptas., agosto: 40 ptas.

Las materias primas suponen un gasto mensual de: enero: 0 ptas., febrero: 44 ptas., marzo: 52 ptas., abril: 56 ptas., mayo: 80 ptas., junio: 160 ptas., julio: 200 ptas., agosto: 200 ptas., septiembre: 104 ptas., octubre: 84 ptas., noviembre: 80 ptas., y diciembre: 64 ptas.

Durante los meses de junio a agosto necesitará tres empleados, y el resto uno. El salario de cada empleado es de 20 ptas. (están incluidos el prorrateo de las pagas extraordinarias y demás conceptos) y la Seguridad Social ocho ptas.

Negocia con Hacienda y el Ayuntamiento el aplazamiento del pago de los impuestos locales y estatales, *sin incluir el impuesto sobre beneficios,* y como resultado de las negociaciones deberá pagar dichos impuestos, tasas y contribuciones en cuatro plazos: marzo: 12 ptas., junio: 12 ptas., septiembre: 12 ptas. y diciembre: 12 ptas.

El banco abonará cada mes, como media, una peseta en concepto de intereses.

En concepto de suministros de agua, luz y teléfono se ha presupuestado un gasto medio por mes de 1 pta., excepto en el mes de enero, que es el mes en el que se realiza la instalación.

Decide abrir una cuenta de alta remuneración en el Banco XX para ingresar los saldos positivos de cada mes y una cuenta de crédito para cubrir los saldos negativos (déficit) que pudieran aparecer en los distintos meses del año. Cuando en un determinado mes se produzca déficit, se recurrirá, en primer lugar, a la cuenta de alta remuneración para intentar cubrirlo; en caso de que no hubiese bastante saldo para cubrirlo, se recurre a la cuenta de crédito.

SOLUCIÓN:

				PLAN DE TESORERÍA								
	Ene.	**Feb.**	**Marzo**	**Abril**	**Mayo**	**Junio**	**Julio**	**Agosto**	**Sept.**	**Oct.**	**Novie.**	**Dici.**
COBROS:												
Aportación del empresario	140	0	0	0	0	0	0	0	0	0	0	0
Créditos solicitados	144	0	0	0	0	0	0	0	0	0	0	0
Ventas	0	110	130	140	200	400	400	500	260	210	200	160
Subvenciones públicas												
Intereses de la cuenta bancaria	1	1	1	1	1	1	1	1	1	1	1	1
Otros ingresos												
TOTAL COBROS	**285**	**111**	**131**	**141**	**201**	**401**	**401**	**501**	**261**	**211**	**201**	**161**

SOLUCIÓN (continuación)

PAGOS:												
Activo fijo	100											
Proveedores mercaderías o materias primas	0	44	52	56	80	160	200	200	104	84	80	64
Alquileres	60	60	60	60	60	60	60	60	60	60	60	60
Primas de seguros		16										
Devolución de préstamo e intreses			6			6			6			6
Salarios	0	20	20	20	20	60	60	60	20	20	20	20
Seguridad Social	0	8	8	8	8	24	24	24	8	8	8	8
Suministros:	0	1	1	1	1	1	1	1	1	1	1	1
— Agua												
— Luz												
— Telefóno												
Publicidad	40						40	40				
Impuestos			12			12			12			12
Obras de acondicionamiento		50						50				
TOTAL PAGOS	**200**	**199**	**159**	**145**	**169**	**323**	**385**	**435**	**211**	**173**	**169**	**171**
INGRESOS-GASTOS	**85**	**–88**	**–28**	**–4**	**32**	**78**	**16**	**66**	**50**	**38**	**32**	**–10**
Saldos en las cuentas bancarias:												
Saldos en cta. de alta remuneración	**85**	**0**	**0**	**0**	**0**	**75**	**91**	**157**	**207**	**245**	**277**	**267**
Saldos en la cuenta de crédito	**0**	**–3**	**–31**	**–35**	**–3**	**0**	**0**	**0**	**0**	**0**	**0**	

Interpretación del ejemplo:

El primer mes disponemos de 285 ptas., que son el resultado de sumar la aportación de la empresaria más el préstamo que solicita, más los intereses del banco, que suponen una peseta. Con ese dinero nos enfrentamos a los gastos del primer mes (200). Comprobamos que después de pagar todos los gastos del primer mes sobran 85 ptas. que se ingresan en una cuenta de alta remuneración en el Banco XX.

El segundo mes, contamos con los ingresos procedentes de las ventas y, al igual que en el primer mes, con los intereses del banco. Sumando los ingresos por ventas (110 pesetas) más los intereses del banco (una peseta), hacen un total de 111 ptas., que no alcanzan para hacer frente a los gastos del segundo mes (199 ptas.); por tanto, aparece un déficit de 88 ptas. ¿Cómo podemos hacerle frente? Recurrimos a nuestra cuenta del Banco XX donde tenemos 85 ptas. y aún nos faltan tres ptas. que, o bien negociamos el aplazamiento de la deuda con nuestros acreedores, o bien se lo pedimos prestado a un familiar (poco recomendable); o pedimos un nuevo crédito al banco, etc.; en este caso hemos decidido solicitar una cuenta de crédito en el banco.

Déficit acumulado en la cuenta crédito: tres ptas.

El tercer mes tenemos unos ingresos de 131 ptas. y los gastos son 159 ptas. Se trata de otro mes con déficit, en este caso de 28 ptas. ¿Qué podemos hacer? Igual que en el mes anterior, recurrir a la cuenta de crédito.

Déficit acumulado en la cuenta de crédito: 3 + 28 = = 31 ptas.

El cuarto mes los ingresos son 141 ptas. y los gastos 145 ptas. El déficit en este caso es de cuatro ptas. También recurriremos este mes a la cuenta de crédito.

Déficit acumulado en la cuenta crédito: 3 + 28 + 4 = = 35 ptas.

El quinto mes los ingresos ascienden a 201 ptas. y los gastos a 169 ptas., por lo que obtenemos superávit: 32 ptas. Ingresaremos este superávit en la cuenta de crédito para disminuir la deuda, en este caso 35 − 32 = = tres ptas. que es el déficit que todavía acumulamos.

Déficit acumulado en al cuenta crédito: 35 − 32 = = tres ptas.

El sexto mes los ingresos son 401 ptas. y los gastos 323 pesetas, volvemos a obtener superávit, en este caso de 78 ptas. Ingresaremos este superávit en la cuenta de crédito para disminuir la deuda, que en este caso es de tres ptas., con ello dejamos la cuenta crédito a cero y el resto del superávit lo ingresamos en la cuenta de alta remuneración en el Banco XX y tendremos saldo positivo en ella de 75 ptas.

El déficit acumulado en la cuenta crédito de 3 − 3 = 0. Superávit en la cuenta de alta remuneración en el Banco XX: 75 ptas.

El séptimo mes los ingresos suponen 401 ptas. y los gastos 385 ptas. De nuevo obtenemos superávit, en este caso de 16 ptas. Ingresaremos este superávit en la cuenta de alta remuneración, con lo que ya tenemos un saldo acumulado de 75 + 16 = 91.

Déficit acumulado en la cuenta crédito: 0. Superávit en la cuenta de alta remuneración en el Banco XX: 75 + + 16 = 91 ptas.

En el octavo mes se ingresan 501 ptas. y se gastan 435 ptas., lo que supone un superávit de 66 ptas. Ingresaremos este superávit en la cuenta de alta remuneración, con lo que ya tenemos un saldo acumulado de 75 + 16 + + 66 = 157 ptas.

Déficit acumulado en la cuenta crédito: 0. Superávit en la cuenta de alta remuneración en el Banco XX: 75 + + 16 + 66 = 157 ptas.

El noveno mes los ingresos son 261 ptas. y los gastos 211 pts. Obtenemos superávit, en este caso de 50 ptas. Ingresaremos este superávit en la cuenta de alta remuneración, con lo que ya tenemos un saldo acumulado de 75 + 16 + 66 + 50 = 207 ptas.

Déficit acumulado en la cuenta crédito: 0. Superávit en la cuenta de alta remuneración en el Banco XX: 75 + + 16 + 66 + 50 = 207 ptas.

El décimo mes hay unos ingresos de 211 ptas. y unos gastos de 173 ptas. Continuamos con superávit, en este caso de 38 ptas. Ingresaremos este superávit en la cuenta de alta remuneración, con lo que ya tenemos un saldo acumulado de 75 + 16 + 66 + 50 + 38 = 245 pesetas.

Déficit acumulado en la cuenta crédito: 0. Superávit en la cuenta de alta remuneración en el Baco XX: 75 + + 16 + 66 + 50 + 38 = 245 ptas.

El undécimo mes los ingresos son 201 ptas. y los gastos 169 ptas. Continuamos con superávit, 32 ptas. Ingresamos este superávit en la cuenta de alta remuneración, con lo que ya tenemos un saldo acumulado de 75 + 16 + + 66 + 50 + 38 +32 = 277 ptas.

Déficit acumulado en la cuenta crédito: 0. Superávit en la cuenta de alta remuneración en el Banco XX: 75 + + 16 + 66 + 50 + 38 + 32 = 277 ptas.

El duodécimo mes los ingresos son 161 ptas. y los gastos 171 ptas. Este mes obtenemos un déficit de (−10 pesetas). ¿Cómo podemos hacerle frente? Recurrimos a nuestra cuenta del Banco XX, en donde tenemos un saldo de 277 pesetas.

Déficit acumulado en la cuenta crédito: 0. Superávit en la cuenta de alta remuneración del Banco XX: 75 + 16 + + 66 + 50 + 38 + 32 − 10 = 267 ptas.

5.3. Cuenta de resultados previsional

A continuación vamos a intentar calcular los beneficios (o pérdidas) durante el primer año. Es recomendable hacerlo para los tres primeros años, puesto que puede suceder que el primer año obtengamos pérdidas, ya que los gastos son muchos y las ventas escasas; pero el segundo año podemos comenzar a obtener beneficios, ya que los gastos serán menores que el primer año y el producto ya estará más introducido en el mercado. Lo mismo sucede con el tercer año. De ahí la necesidad de confeccionar una cuenta de resultados a tres años. En esta unidad, a modo de ejemplo, lo haremos para un año, pero en la Unidad de Trabajo 6, «La Decisión», se hace a tres años. Así pues, la cuenta de resultados previsional es un informe que nos indica el beneficio (o la pérdida) generado por la empresa y se calcula como la diferencia entre las ventas facturadas y los gastos necesarios para su realización, independientemente de las fechas de cobro o pago.

❑ ¿Para qué sirve la cuenta de resultados previsional?

En primer lugar, nos informa de la obtención de beneficios o pérdidas y en qué cuantía. En segundo lugar, nos muestra cuáles son las principales partidas en las que se concentran la mayoría de los costes de nuestro producto. De esta forma prestaremos especial atención a esas partidas, procurando reducirlas. Ver Ejemplo 5.3.

EJEMPLO 5.3

Comprobamos que el 55 por 100 del coste de nuestro producto se centra en la materia prima. Resultaría interesante centrarnos en esta partida e intentar buscar proveedores que, con la misma calidad, nos facturen a un precio menor; también sería conveniente que intentáramos obtener mayores descuentos en función de la cantidad comprada, o bien intentar dilatar lo más posible el plazo de pago; en resumen, intentar disminuir el coste de esta partida.

❑ ¿Cuál es la estructura de la cuenta de resultados previsional?

Se comienza anotando los ingresos previstos y a continuación los gastos previstos.

Nos ha parecido interesante agrupar los gastos en grupos homogéneos, ya que de esta forma podemos ver el peso que tiene cada grupo en la formación de los costes, para prestar una atención especial al grupo que destaque. Por eso hemos añadido, a modo de «chivato», la columna «Porcentaje que los gastos suponen sobre los costes», ya que nos delatará, en tanto por ciento, el peso de cada grupo de gastos sobre los costes totales del producto.

Para acabar, restamos los gastos de los ingresos y hallamos el resultado. A éste le restamos el impuesto sobre beneficios que hay que pagar y así obtendremos el resultado neto.

También hemos calculado el margen bruto y el *cash flow*; éstos son datos que necesitaremos en la Unidad de Trabajo 6 «La decisión», para ver si merece la pena seguir adelante con el negocio.

❑ ¿Es lo mismo, para la empresa, realizar una inversión que realizar un gasto?

Debemos distinguir entre **inversión** y **gasto**.

Inversión es la adquisición de bienes necesarios para desarrollar la actividad empresarial y su permanencia en la empresa será superior al año, esto es, no aparecen y desaparecen con cada ciclo productivo, sino que permanecen en la empresa durante varios ciclos productivos. Ejemplos de inversión son las máquinas, el local, las herramientas, las instalaciones, la patente, etc. Los gastos se realizan para adquirir las materias primas o auxiliares y para «alquilar» ciertos servicios, como la energía eléctrica, el local, los seguros, los trabajadores, el teléfono, etc.; no adquirimos su propiedad.

Mientras que los gastos se imputan al ejercicio en el que se producen, no sucede lo mismo con las inversiones, ya que al permanecer en la empresa varios ejercicios económicos, no sería justo cargar todo su importe al primer ejercicio, y por eso su coste se divide entre el número de años de vida previstos. Cada año se imputará como gasto esta cantidad; a esto se le conoce como **amortización.** Ver Ejemplo 5.4

EJEMPLO 5.4

Compramos un ordenador cuya vida prevista será seis años, y pagamos por él 300.000 ptas. Cada año se desgastará por un importe de 300.000/6 = 50.000 pesetas y éste será el importe que se imputará durante cada uno de los seis años de su vida.

MODELO DE CUENTA DE RESULTADOS PREVISIONAL

CUENTA DE RESULTADOS PREVISIONAL	Primer año	Porcentaje que los gastos suponen sobre los costes
INGRESOS		
(A) Ventas		
• Ventas previstas		
Ingresos financieros		
• Intereses de la cuenta bancaria		
Otros ingresos previstos		
(C) TOTAL INGRESOS		

MODELO DE CUENTA DE RESULTADOS PREVISIONAL (continuación)

Cuenta de resultados previsional	Primer año	Porcentaje que los gastos suponen sobre los costes
GASTOS		
(B) Compras		
• Mercaderías		
• Materias primas		
Servicios		
• Arrendamientos		
• Reparaciones		
• Servicios de profesionales independientes		
• Seguros		
• Transportes		
• Publicidad		
• Suministros		
Tributos (sin incluir impuestos sobre beneficios)		
• Impuestos		
• Contribuciones		
• Tasas		
Gastos de personal		
• Salarios		
• Seguridad Social		
Gastos financieros		
• Intereses de préstamos		
• Intereses, comisiones y gastos por el descubierto de letras		
(H) Amortizaciones		
• De inmovilizado		
• Gastos de establecimiento		
(D) TOTAL GASTOS		
MARGEN BRUTO = A – B		
(E) RESULTADO ANTES DEL IMPUESTO SOBRE B.° = C – D		
(F) IMPUESTO SOBRE BENEFICIOS		
(G) RESULTADO FINAL = E – F		
***CASH FLOW* = G + H**		

Esquema 5.3. Cuenta de resultados previsional.

5.3.1. Explicación de la cuenta de resultados previsional

No

❑ Ingresos

- **Ventas:**
  - **Ventas previstas:** aquí incluiremos las ventas previstas, sin IVA, y, en su caso, descontadas las posibles devoluciones, así como los *rappel* o descuentos sobre ventas (hay que recordar que lo que estamos haciendo es una previsión y no una contabilidad formal).
- **Ingresos financieros:**
  - **Intereses de la cuenta bancaria:** intereses que nos ha abonado el banco por tener nuestro dinero depositado en una de sus cuentas.

  Otros conceptos que podrían haberse incluido en este apartado son:
  - **Dividendos:** rendimientos que obtiene la empresa por las acciones que posee de otra empresa.
  - **Intereses por préstamos concedidos:** intereses que ha recibido la empresa por préstamos que ha realizado a otras empresas o a sus empleados.
  - **Descuentos sobre compras por pronto pago:** descuentos, bonificaciones o rebajas que los proveedores conceden a la empresa por el pago adelantado de facturas.
  - **Beneficios en inversiones financieras temporales:** beneficios obtenidos por la venta de inversiones financieras temporales. El beneficio se obtiene cuando el valor de venta del título es superior al valor por el cual fue adquirido por la empresa.
- **Otros ingresos previstos:** en este apartado incluiríamos los ingresos procedentes de la gestión de los recursos de la empresa. Se denominan otros ingresos porque no son estrictamente los propios de la actividad empresarial. Ejemplo de estos ingresos son:
  - **Arrendamientos:** cantidades percibidas de terceros en concepto de alquiler de bienes muebles o inmuebles propiedad de la empresa.
  - **Comisiones:** cantidades que recibe la empresa como retribución de servicios de mediación realizados de manera ocasional.
  - **Subvenciones a la explotación:** cantidades recibidas directamente y a fondo perdido por parte del Estado o de otras entidades públicas o privadas que, por lo general, tienen como fin compensar déficit de explotación o asegurar a ésta una rentabilidad mínima.
- **Total ingresos:** es la suma de los conceptos anteriores.

❑ Gastos

- **Compras:**
  - **Mercaderías:** valor de las mercancías y demás productos adquiridos a los proveedores para su posterior venta.
  - **Materias primas:** valor de las mercancías y el resto de productos adquiridos a los proveedores para incorporarlos al proceso de fabricación.

  Otros conceptos que pueden incluirse en este apartado son:
  - **+/– variación de existencias:** la diferencia entre el *stock* o existencia al inicio del período y la que figura en almacén al final. La valoración de existencias se hace a precio de coste.
- **Servicios:**
  - **Arrendamientos:** cantidades satisfechas en concepto de alquiler de bienes muebles e inmuebles.
  - **Reparaciones:** gastos para mantener en óptimas condiciones de trabajo el inmovilizado material de la empresa.
  - **Servicios de profesionales independientes:** comprende los honorarios de abogados, economistas, auditores, notarios, etc.
  - **Seguros:** cantidades satisfechas a las compañías aseguradoras en concepto de primas. No se incluyen las satisfechas por Seguridad Social y mutuas de accidentes.
  - **Transportes:** gastos ocasionados por el transporte de los artículos comprados o de los vendidos.
  - **Publicidad:** gastos en promoción de nuestros productos.
  - **Suministros:** cantidades satisfechas en concepto de agua, luz, teléfono, etc.

  Otros conceptos que pueden incluirse en este apartado son:
  - **Gastos en I+D:** gastos dedicados a investigar y desarrollar nuevos productos o perfeccionar los existentes.
  - **Otros servicios:** como relaciones públicas, gestoría, etc.
- **Tributos:**
  - **Impuestos:** importe de los impuestos pagados a organismos locales o estatales. No se incluye el impuesto sobre beneficios.
  - **Contribuciones:** total de las contribuciones pagadas a organismos locales o estatales.
  - **Tasas:** cantidades pagadas a organismos locales o estatales por este concepto.
- **Gastos de personal:**
  - **Salarios:** remuneraciones fijas o eventuales percibidas por el personal de la empresa.
  - **Seguridad Social:** cuotas pagadas por la empresa a los organismos de la Seguridad Social.

  Otros conceptos que pueden incluirse en este apartado son:
  - **Otros gastos sociales:** gastos realizados por la empresa por disposición legal o voluntariamente, como subvenciones a economatos, comedores, becas para estudios, primas de seguros de vida, etc.

- **Gastos financieros:**
  - — **Intereses de préstamos:** la cantidad que ha de satisfacer la empresa como consecuencia del uso de recursos financieros externos recibidos en forma de préstamo, ya sean a largo o corto plazo.
  - — **Intereses, comisiones y gastos por descuentos de letras:** gastos satisfechos por la empresa para descontar letras de cambio.

  Otros conceptos que pueden incluirse en este apartado son:
  - — **Descuento sobre ventas por pronto pago:** bonificaciones y rebajas concedidas a los clientes por el pago adelantado de las facturas. Puede considerarse como el coste financiero que ocasiona disponer de unos recursos monetarios antes de su vencimiento.
  - — **Otros gastos financieros:** son gastos producidos por formalización de avales, por transferencias o por cambio de moneda.

- **Amortizaciones:**
  - — **De inmovilizado:** se divide en inmovilizado material (edificios, maquinaria, etc.) e inmovilizado inmaterial (patentes, fondos de comercio, derechos de traspaso, etc.). La amortización es la parte del valor del inmovilizado que se amortiza en este ejercicio.
  - — **De gastos de establecimiento:** son los *gastos de constitución* (honorarios de letrados y notarios, publicidad inicial y memoria de constitución, gasto de confección de boletines y títulos, tributos), *gastos de primer establecimiento* (honorarios de estudios previos, publicidad de lanzamiento, selección y adiestramiento del personal hasta el momento de iniciar la actividad productiva) *y gastos de ampliación de capital.*

    Estas cantidades se pueden considerar como un gasto y restarlo de los ingresos del primer ejercicio, o bien tratarlo como un activo amortizable, por un período máximo de cinco años.

❑ Margen bruto:

Diferencia entre las ventas y los gastos en materias primas.

❑ Resultado antes de impuestos = Total ingresos – total gastos.

❑ Impuesto sobre beneficios:

Para las empresas con forma de sociedad este impuesto es el IMPUESTO SOBRE SOCIEDADES (en general, el 35 por 100 de los beneficios). Las empresas individuales declaran sus beneficios a través del IRPF.

❑ Resultados:

Resultados antes de impuestos − Impuesto sobre beneficios.

❑ *Cash Flow:*

Resultado + Amortizaciones.

CASO PRÁCTICO 2

Cálculo de la cuenta de resultados previsional:
Continuando con el ejemplo del Caso Práctico 1, su cuenta de resultados previsional sería la siguiente:

CUENTA DE RESULTADOS PREVISIONAL	**Primer año**		**Porcentaje que los gastos suponen sobre los costes**
INGRESOS			
(A) Ventas		**2.710**	
• Ventas previstas	2.710		
Ingresos financieros		**12**	
• Intereses de la cuenta bancaria	12		
Otro tipo de ingresos previstos		**0**	
(C) TOTAL INGRESOS		**2.722**	

Cuenta de resultados previsional	Primer año		Porcentaje que los gastos suponen sobre los costes
GASTOS			
(B) Compras		**1.124**	**42,30**
• Mercaderías	1.124		
• Materias primas	0		
Servicios		**967**	**36,39**
• Arrendamientos	720		
• Reparaciones	100		
• Servicios de profesionales independientes	0		
• Seguros	16		
• Transportes	0		
• Publicidad	120		
• Suministros	11		
Tributos (sin incluir impuestos sobre beneficios)		**48**	1,80
• Impuestos	48		
• Contribuciones			
• Tasas			
Gastos de personal		**504**	18,90
• Salarios	360		
• Seguridad Social	144		
Gastos financieros		**4**	0,15
• Intereses de préstamos	4		
• Intereses, comisiones y gastos por el descuento de letras	0		
(H) Amortizaciones		**10**	0,37
• De inmovilizado	10		
• Gastos de establecimiento	0		
(D) TOTAL GASTOS		**2.657**	
MARGEN BRUTO = A – B		**1.586**	
(E) RESULTADO ANTES DEL IMPUESTO SOBRE B.º = C – D		**65**	
(F) IMPUESTO SOBRE BENEFICIOS		**22**	
(G) RESULTADO FINAL = E – F		**45**	

5.4. Balance previsional

La elaboración del balance previsional exige tener ciertos conocimientos de contabilidad. Pero no hay que preocuparse, pues el balance lo elaborará el asesor. Lo que sí hay que saber es cómo interpretar el balance. Esto es, cómo extraer del balance la información que encierra.

La interpretación del balance es el objeto de este apartado.

5.4.1. Concepto de patrimonio

El patrimonio de una empresa está formado por el conjunto de bienes, derechos y obligaciones que ésta posee.

- **Conjunto de bienes** de la empresa: máquinas, edificios, vehículos, herramientas, mobiliario, patentes, etcétera.
- **Conjunto de obligaciones** (deudas) que la empresa debe cumplir: devolver el préstamo que pidió al banco, hacer efectiva una letra de cambio que debe a uno de sus proveedores, etcétera.
- **Conjunto de derechos** (créditos) que la empresa posee sobre terceros: las facturas que le deben los clientes, la letra de cambio que todavía no le han pagado, etcétera. Ver Ejemplo 5.5.

EJEMPLO 5.5

Supongamos que el patrimonio de una empresa es el siguiente:

Maquinaria, un crédito bancario, facturas por cobrar, un edificio, herramientas, letras de cambio por cobrar, un préstamo bancario, facturas por pagar, una cuenta corriente en un banco, letras de cambio por pagar, un vehículo, productos para la venta, materias primas en el almacén, capital (dinero entregado por los socios) y reservas (beneficios no repartidos).

Se trata de agrupar estos elementos, que forman el patrimonio de la empresa, en los tres conjuntos antes citados:

Conjunto de bienes: maquinaria, edificio, herramientas, un vehículo, productos para la venta y materias primas.

Conjunto de derechos: facturas por cobrar, letras pendientes de cobrar y una cuenta corriente.

Conjunto de obligaciones: un crédito, un préstamo, facturas por pagar, letras por pagar, capital y reservas.

Lo que realmente interesa no es el patrimonio, sino el **patrimonio neto**, y éste se calcula restando el conjunto de obligaciones del conjunto de bienes y derechos.

Patrimonio neto = Bienes + Derechos − Obligaciones

Esquema 5.4.

EJEMPLO 5.6

Tenemos 10.000 ptas. en efectivo. Un amigo nos debe 7.000 ptas. y nosotros debemos a un familiar 15.000 ptas. ¿Cuál será nuestro patrimonio neto?

Nuestro patrimonio neto es $10.000 + 7.000 - 15.000 = 2.000$ ptas.

TEXTO DE APOYO: DICCIONARIO DE TÉRMINOS CONTABLES

A continuación, y a modo de *pequeño diccionario de andar por casa,* vamos a referirnos a los elementos patrimoniales que emplearemos con más frecuencia, denominándoles con la misma terminología que el Plan General de Contabilidad (Real Decreto 1643/1990, de 20 de diciembre, por el que se aprueba el Plan General de Contabilidad).

Capital social: es el capital (dinero) que han aportado los socios a la empresa.

Reservas: son beneficios que la empresa no ha repartido entre los socios y han pasado a su poder.

Deudas a largo plazo con entidades de crédito: préstamos bancarios con vencimiento superior a un año.

Deudas a largo plazo: deudas con terceros cuyo plazo de devolución supera un año.

Efectos a pagar a largo plazo: letras de cambio con vencimiento superior a un año.

Propiedad industrial: todas las cantidades satisfechas en relación al Registro de la Propiedad Industrial, como, por ejemplo, el importe satisfecho por el uso de una pantente.

Fondo de comercio: un conjunto de bienes inmateriales, como la cartera de clientes, el nombre o razón social, las marcas, el logotipo, etc., que implique un valor para la empresa.

Terrenos y bienes naturales: solares, fincas, etc.

Construcciones: todo tipo de edificios.

Maquinaria: cualquier clase de maquinaria.

Mobiliario: mobiliario, materiales y equipos de oficina.

Elementos de transporte: vehículos.

Mercaderías: objetos adquiridos por la empresa para ser vendidos sin sufrir ninguna transformación.

Materias primas.

Productos en curso: los que se encuentran sin elaborar del todo al cierre del ejercicio.

Productos terminados: aquellos que están listos para la venta.

Proveedores: facturas pendientes de pagar a nuestros suministradores o proveedores.

Proveedores, efectos comerciales a pagar: letras de cambio que debemos pagar a nuestros proveedores.

Acreedores por prestaciones de servicios: deudas con terceras personas por prestaciones de servicios que no se consideran proveedores.

Acreedores efectos a pagar: letras de cambio que se deben a terceras personas, no consideradas proveedores, por prestaciones de servicios.

Clientes: facturas que deben a la empresa sus clientes.

Clientes, efectos comerciales a cobrar: letras de cambio que deben a la empresa sus clientes.

Deudores: cantidades que adeudan a la empresa compradores de sus productos, pero que no tienen la condición de clientes.

Deudores, efectos comerciales a cobrar: letras de cambio que deben a la empresa compradores de sus productos, pero que no tienen la condición de clientes.

Deudas a corto plazo con entidades de crédito: préstamos con los bancos que hay que devolver en un plazo inferior a un año.

Deudas a corto plazo: deudas con terceros que hay que pagar antes de un año.

Efectos a pagar a corto plazo: letras de cambio que se deben hacer efectivas en un plazo inferior a un año.

Caja, pesetas: dinero en efectivo que posee la empresa en caja.

Banco e instituciones de crédito c/c vista, pesetas: el saldo que la empresa tiene en su cuenta corriente.

5.4.2. Representación contable del patrimonio

La representación contable del patrimonio de una empresa recibe el nombre de **balance**. El balance se divide en dos partes: ACTIVO y PASIVO.

En el activo se registra el conjunto de bienes y el conjunto de derechos que posee la empresa. En el pasivo se registra el conjunto de obligaciones que tiene la empresa.

Desde un punto de vista contable, el balance se estructura como sigue:

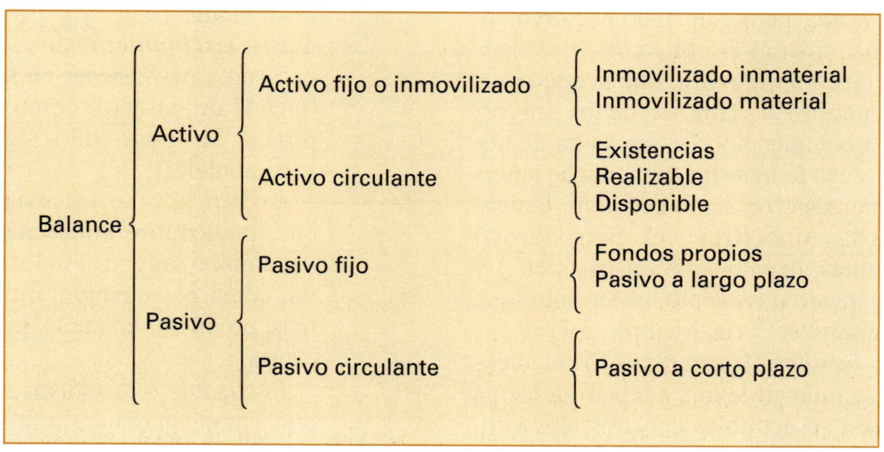

Esquema 5.4. Estructura del balance.

El cuadro anterior también se puede representar como sigue:

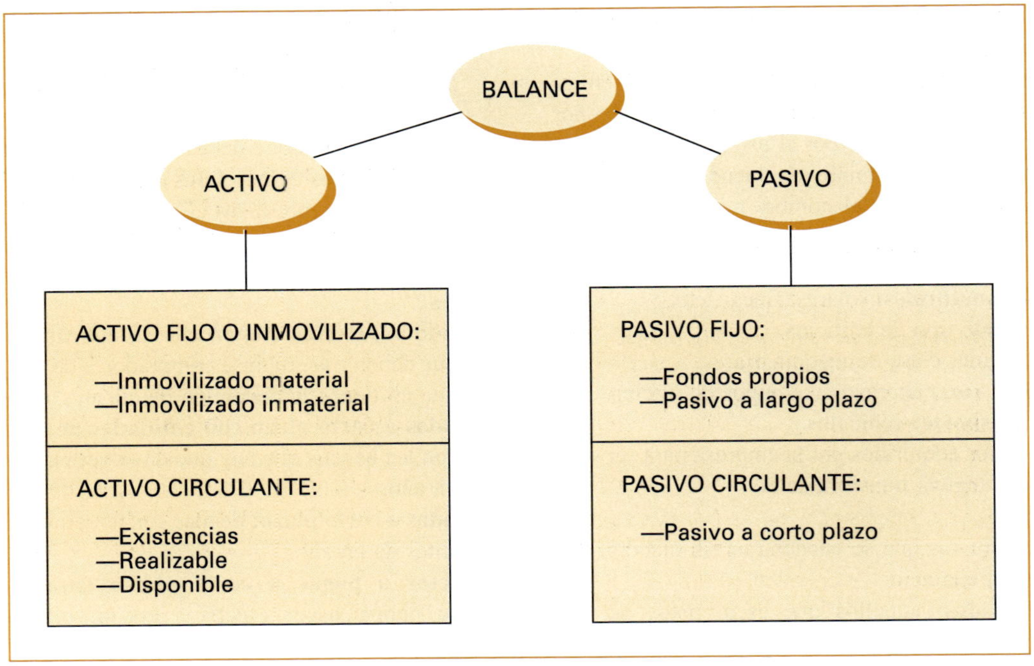

Esquema 5.4. El balance.

❑ Explicación de los elementos del balance

- **Activo:** incluye todos los bienes y derechos que conforman el patrimonio.

— ***Activo fijo o inmovilizado***: se incluyen aquí aquellos elementos patrimoniales que van a permanecer en la empresa durante mucho tiempo (más de un año), como, por ejemplo, maquinaria. Se divide en los siguientes grupos o masas patrimoniales:

Inmovilizado material: consta de aquellos elementos patrimoniales de carácter tangible o material, como maquinaria, terrenos, construcciones, mobiliario, etc., y, lógicamente, las cantidades amortizadas de estos elementos, es decir, *amortizaciones acumuladas,* pero con signo negativo, ya que el activo (maquinaria) es obligatorio que figure por su valor de compra, por lo que si queremos que el balance muestre el valor real de los activos, deberá figurar a continuación lo que se ha depreciado el activo, y eso lo muestra la cuenta de amortizaciones acumuladas con signo negativo. **Únicamente se puede amortizar:** el inmovilizado inmaterial (patentes, derechos de traspaso, etc.) y el inmovilizado material (excepto los terrenos, que no se pueden amortizar). Ver Ejemplo 5.7.

Inmovilizado inmaterial: son todos los elementos de naturaleza intangible que adoptan la forma de derechos y son susceptibles de valoración económica, como, por ejemplo, fondo de comercio, propiedad industrial, patente, etc., y, lógicamente, la suma de todas las cantidades amortizadas de estos elementos con signo negativo, *amortizaciones acumuladas (−).*

EJEMPLO 5.7

Se compra un ordenador por 125.000 ptas. y se amortiza en cinco años, a razón de 25.000 ptas. cada año. En el balance del tercer año figurará el ordenador por su valor de compra, 125.000 pesetas, dicha cantidad no representa su valor real, ya que después de tres años de uso éste será inferior. Para mostrar esa pérdida de valor aparece la cuenta de amortizaciones acumuladas con signo negativo, que nos indica el valor que ha perdido el ordenador durante los años de uso, en nuestro caso, 75.000 ptas.

— ***Activo circulante*:** incluiremos aquí los elementos que van a permanecer en la empresa poco tiempo (menos de un año), como, por ejemplo, materias primas. Se divide en los siguientes grupos o masas patrimoniales:

Existencias: se incluyen todos los elementos que, pudiéndose almacenar, tienen como fin ser vendidos o ser consumidos en el proceso productivo, como por ejemplo, mercaderías, materias primas, productos en curso, productos terminados, etcétera.

Realizable o deudores: son todos los elementos que supongan deudas a favor de la empresa y que se cobren a corto plazo, como por ejemplo, clientes, deudores, etcétera.

Disponible o tesorería: son todos los elementos que supongan dinero en efectivo, o que se puedan convertir en efectivo rápidamente, como: caja, banco c/c, etc.

Pérdidas y ganancias: se anotarán en el caso de sufrir pérdidas al finalizar el ejercicio.

- **Pasivo:** son las obligaciones o deudas que conforman el patrimonio.

— ***Pasivo fijo o permanente:*** incluiremos:

a) Aquellas deudas que la empresa nunca devolverá, como son las aportaciones de los socios (capital) y los beneficios no repartidos que han pasado a formar parte de la empresa (reservas).

b) Las deudas que la empresa tardará mucho tiempo en devolver (**más de un año**).

c) En caso de obtener beneficios, aparecerá la cuenta de pérdidas y ganancias por el importe de los beneficios. El pasivo fijo se divide en las siguientes masas patrimoniales:

Fondos propios: comprende dos conceptos: 1) Aquellas cantidades que la empresa debe a sus socios, pero que éstos no pueden exigir su pago, como capital y reserva. 2) Los beneficios obtenidos al final del ejercicio, a través de la cuenta de pérdidas y ganancias.

Pasivo a largo plazo: son las deudas que han de devolverse en un plazo superior al año, como, por ejemplo, deudas a largo plazo con entidades de crédito, efectos a pagar a largo plazo, etc.

— ***Pasivo circulante:*** incluiremos aquellas deudas que la empresa tiene que devolver en poco tiempo (**menos de un año**). Se divide en los siguientes grupos o masas patrimoniales:

Pasivos a corto plazo: son las deudas que han de devolverse en un plazo inferior a un año, como por ejemplo: deudas a corto plazo con entidades de crédito, efectos a pagar a corto plazo, etcétera.

CASO PRÁCTICO 3

Dado el siguiente inventario de elementos patrimoniales, vamos a confeccionar el balance de esta empresa:

Fondo de comercio = 5.000.000	Construcciones = 15.000.000	Mobiliario = 2.000.000
Mercaderías = 4.000.000	Clientes = 1.000.000	Capital = 15.000.000
Banco c/c = 2.500.000	Caja = 500.000	Acreedores = 500.000
Reservas = 3.000.000	Deudas banco L/P = 11.000.000	Elementos de transporte = 3.000.000
Proveedores = 2.500.000	Ganancias = 1.000.000	

BALANCE

ACTIVO

ACTIVO FIJO INMOVILIZADO			**25.000.000**
Inmovilizado inmaterial		5.000.000	
— Fondo de comercio	5.000.000		
Inmovilizado material		20.000.000	
— Construcciones	15.000.000		
— Elementos de transporte	3.000.000		
— Mobiliario	2.000.000		
ACTIVO CIRCULANTE			**8.000.000**
Existencias		4.000.000	
— Mercaderías	4.000.000		
Realizable		1.000.000	
— Clientes	1.000.000		
Disponible		3.000.000	
— Banco e I.F.C. c/c vista	2.500.000		
— Caja, pesetas	500.000		
TOTAL			**33.000.000**

PASIVO

PASIVO FIJO O PERMANENTE			**30.000.000**
Fondos propios		19.000.000	
— Capital	15.000.000		
— Reservas	3.000.000		
— Pérdidas y ganancias	1.000.000		
Pasivo a largo plazo		11.000.000	
— Deudas L/P	11.000.000		
PASIVO CIRCULANTE			**3.000.000**
Pasivo a corto plazo		3.000.000	
— Acreedores	500.000		
— Proveedores	2.500.000		
TOTAL			**33.000.000**

5.4.3. ¿Qué información proporciona el balance?

El activo representa «en qué hemos invertido las cantidades que figuran en el pasivo», y el pasivo nos muestra «de dónde se obtuvo el dinero para realizar las inversiones que figuran en el activo». Otra forma de definirlo es: el pasivo muestra el origen de los fondos o las fuentes de finaciación y el activo en qué se han gastado esos fondos.

Una tercera forma de expresarlo es: el pasivo del balance nos muestra de dónde se ha obtenido el dinero para adquirir el conjunto de recursos productivos que figuran en el activo del balance.

EJEMPLO 5.8

Imaginemos una pequeña empresa cuyo activo está compuesto por un local que costó 900 ptas., por unas mercaderías valoradas en 300 ptas. y por un vehículo valorado en 100 ptas. Para poder comprar todo ello, el empresario aportó 900 ptas. y el resto, 400 ptas., lo pidió prestado a un banco. ¿Cuál sería su balance?

BALANCE

ACTIVO		PASIVO	
Local	900	Capital	900
Mercaderías ...	300	Deudas banco . .	400
Vehículo	100		

En el PASIVO podemos ver de dónde se obtuvo el dinero para la compra de los activos (local, mercaderías y vehículo); comprobamos que 900 ptas. las aportó el empresario de sus ahorros, mientras el resto, 400 ptas., lo solicitó prestado a un banco.

En el ACTIVO podemos ver en qué se ha invertido el capital que aportó el empresario y el crédito que pidió al banco, y vemos que se invirtió en un local valorado en 900 ptas., en mercaderías valoradas en 300 ptas. y en un vehículo valorado en 100 ptas.

Del balance podemos obtener mucha información; a continuación veremos algunos ejemplos.

❑ Fondo de rotación

El equilibrio financiero exige que un activo se autofinancie.

EJEMPLO 5.9

Se decide comprar una máquina cuya duración se espera que sea de cinco años, y decidimos financiarla con un crédito, también de cinco años. A medida que la máquina produce beneficios iremos pagando lo que debemos del crédito.

Por tanto, esto nos hace pensar que el activo fijo se financia con el pasivo fijo y el activo circulante se financia con el pasivo circulante.

¿Existe algún **riesgo** para la empresa derivado de la conclusión anterior?

Es lógico pensar, y así lo exige el equilibrio financiero, que los activos fijos se financien con el pasivo fijo o, dicho de otro modo, que la compra de terrenos (activo fijo) se financie con un crédito a largo plazo (pasivo fijo).

También parece lógico que los activos circulantes deban financiarse con el pasivo circulante, es decir, que la compra de mercaderías (activo circulante) ha de financiarse con un crédito a tres meses concedido por nuestro proveedor (pasivo circulante). Es aquí donde se produce el riesgo, puesto que si nuestros clientes no nos pagan, nosotros no podremos pagar a los proveedores en el tiempo acordado, produciéndose en este caso un desequilibrio financiero que podría traernos graves consecuencias.

Para que esto no suceda, el pasivo fijo, además de financiar todo el activo fijo, debe financiar también una parte del activo circulante. Esta parte, dedicada a financiar el activo circulante, se denomina **fondo de rotación**.

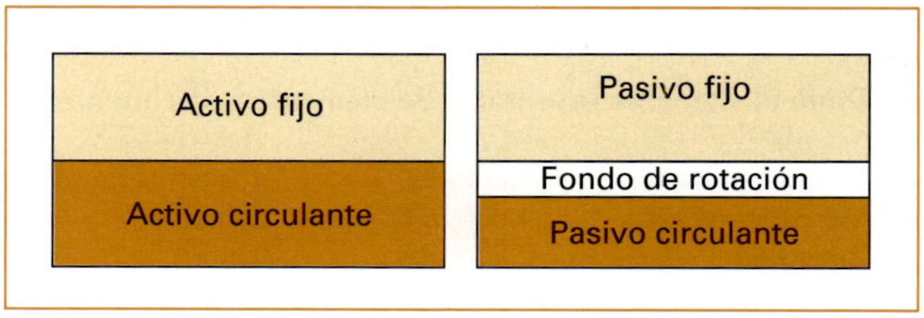

Esquema 5.9.

Podemos definir el fondo de rotación como la parte del pasivo fijo dedicada a financiar una parte del activo circulante.

¿Qué información nos proporciona el fondo de rotación?

1. Cuanto mayor sea el fondo de rotación más solvente será la empresa.
2. Si comparamos los balances de varios años consecutivos, podremos juzgar la evolución, que ha experimentado la solvencia de la empresa. Véase el Caso Práctico 4.

❑ Rentabilidad de la empresa

Cuando hablamos de la rentabilidad de la empresa, nos referimos a la rentabilidad que nos está reportando la inversión que hemos realizado.

Rentabilidad de la empresa =
= (B.º/fondos propios) × 100)

Una vez hallada, se debe comparar con la rentabilidad media del sector, y ese será su mejor indicador. Ver Ejemplo 5.10.

CASO PRÁCTICO 4

Según el balance del Caso Práctico 3, calcular el fondo de rotación y, en función de dicho fondo, comentar su solvencia.

Respuesta:

Sabemos que si restamos el activo fijo del pasivo fijo, el resultado será el fondo de rotación, luego: 29.000.000 – – 25.000.000 = 4.000.000, cantidad que se dedica a financiar el activo circulante.

¿Esta cantidad es poco o mucho dinero? Si lo pasamos a porcentaje obtendremos la respuesta; veamos: el activo circulante suma 7.000.000 y la parte que financia el pasivo fijo es de 4.000.000, luego si dividimos 4.000.000 entre 7.000.000 y el resultado lo multiplicamos por 100 obtendremos el tanto por ciento que financia (4.000.000/7.000.000) × 100 = **57 por 100**, luego el pasivo fijo está financiando más de la mitad del activo circulante. Y esto nos permite afirmar que la empresa tiene una buena solvencia.

❑ Período de recuperación de la inversión

Se trata de hallar **el número de años que tardaremos en recuperar la inversión inicial,** suponiendo, claro está, que en los demás años se obtendrán unos resultados iguales a los del año en cuestión, y si son más altos mejor, ya que el período de recuperación será más corto. Por el contrario, si los beneficios obtenidos son inferiores, el plazo de recuperación será más largo.

Período medio de recuperación = Inversión/*Cash Flow*

Inversión: es la inversión que se ha realizado para adquirir todo el activo fijo o inmovilizado (esto es, la suma del activo fijo).

Cash Flow: lo obtenemos de la cuenta de resultados previsional.

Cuanto menor sea el número de años en el que se recupera la inversión, menos riesgo y mayor liquidez tendrá el proyecto empresarial.

EJEMPLO 5.10

Tu empresa obtiene una rentabilidad del orden del 15,8 por 100; esta cantidad se debe comparar con la rentabilidad media del sector, en este caso el sector del comercio de ropa de vestir, que supongamos es del 12 por 100. Está claro que tienes una rentabilidad superior a la media del sector, luego la rentabilidad obtenida es buena.

CASO PRÁCTICO 5

Continuando con el ejemplo de la tienda de ropa, su balance previsional al final del primer año será:

ACTIVO		PASIVO	
ACTIVO FIJO	90	PASIVO FIJO	264
INMOVILIZADO MATERIAL — Mobiliario: 100 — Amortización acumulada: –10		FONDOS PROPIOS — Capital: 140	
ACTIVO CIRCULANTE	239	PASIVO LARGO PLAZO — Préstamo L/P: 124	
DISPONIBLE — Banco c/c: 239		PÉRDIDAS Y GANANCIAS	65
TOTAL	329		329

• ¿Qué información proporciona el balance previsional?

A) **Fondo de rotación**

Pasivo fijo – Activo fijo = 264 – 90 = 174, lo que implica que un 72,8 por 100 del activo circulante está financiado por el pasivo fijo. Excelente.

B) **Rentabilidad de la empresa**

Rentabilidad de la empresa = (B.º/Fondos propios) × 100.
R. E. = (45/140) × 100 = 32 por 100. Excelente.

C) **Período medio de recuperación de la inversión**

Período medio de recuperación = Inversión/*Cash Flow.*

PMR = 90/55 = 1,6 años. Excelente.

La situación de la empresa, a la vista de los datos obtenidos, es excelente, puesto que la rentabilidad obtenida después de pagar impuestos es del 32 por 100, la inversión realizada se recuperará en año y medio, y tenemos un fondo de rotación que financia el 78 por 100 del activo circulante.

ACTIVIDADES DE ENSEÑANZA – APRENDIZAJE

1 Teniendo en cuenta la ecuación general patrimonial, comenta las siguientes afirmaciones:

a) «Todo lo que tiene la empresa es suyo o lo debe».

b) «En el activo se registra la parte positiva del patrimonio y en el pasivo la parte negativa».

2 Con los elementos patrimoniales que figuran en el siguiente inventario deberás elaborar el balance de situación. Es recomendable hacerlo en grupos de dos.

INVENTARIO:
Caja, pesetas.
Efectos a pagar a L/P.
Terrenos y bienes naturales.
Maquinaria.
Mobiliario.
Propiedad industrial.
Proveedores a L/P.
Deudores efectos comerciales a cobrar.
Capital.
Reservas.
Deudas a C/P.
Acreedores por prestación de servicios.
Valores de renta fija a C/P.
Mercaderías.
Banco e instituciones de crédito c/c vista, pesetas.
Clientes, efectos comerciales a cobrar.

3 Busca la definición de RATIOS y, a partir de los siguientes datos, halla los ratios de liquidez, tesorería, solvencia y exigibilidad. Comenta, asimismo, cuál es la situación de la empresa según dichos ratios.

Inmovilizado inmaterial, 40	Fondos propios, 94
Inmovilizado material, 160	Pasivo a L/P, 150
Realizable, 70	Pasivo a C/P, 110
Existencias, 40	
Disponible, 44	

4 Halla la rentabilidad de la empresa, partiendo del balance de la actividad de evaluación número 3, sabiendo que los beneficios obtenidos han sido de 47.

5 Halla el período medio de recuperación del caso anterior partiendo del balance de la actividad de evaluación número 3, teniendo en cuenta que el *cash flow* fue de 50.

6 Calcula el fondo de rotación de una empresa que presenta el siguiente balance. Según el resultado, comenta la situación de solvencia de la empresa.

Activo fijo = 600	Fondos propios = 200
Activo circulante = 1.600	Pasivo a L/P = 180
	Pasivo a C/P = 20

ACTIVIDADES DE EVALUACIÓN

1 ¿Qué es y qué utilidad tiene la previsión de tesorería?

2 Cuando hablamos de plan financiero, ¿a qué nos estamos refiriendo?

3 Explica la situación de la tesorería en el mes de marzo, en el plan de tesorería del Caso Práctico 1, indicando si existe déficit o superávit y, en su caso, cómo se financia el déficit.

4 ¿Qué es y qué utilidad tiene la cuenta de resultados previsional?

5 ¿Qué representa el *cash-flow* dentro de la cuenta de resultados previsional?

6 Qué significado tiene en la cuenta de resultados previsional la columna titulada «Porcentaje que los gastos suponen sobre los costes».

7 Explica qué son las amortizaciones.

8 ¿Qué diferencia hay entre inversión y gasto?

9 ¿Cómo se halla la rentabilidad de la empresa?

10 ¿Es interesante que la empresa disponga de un fondo de rotación amplio?

UNIDAD DE TRABAJO 6

LA DECISIÓN

Con esta Unidad de Trabajo se pretende que los alumnos, cuando llegue el momento de tomar la decisión de crear una empresa, reflexionen sobre determinados aspectos que, según las conclusiones a las que se llegue, le harán seguir adelante con el proyecto o desistir de él.

Estas reflexiones versarán sobre la idea inicial, el mercado al que vamos a dirigirnos, nuestros posibles competidores, la clientela, el precio, la localización del negocio, la forma jurídica que se adoptará, mis cacterísticas personales y, por último, veremos la forma más sencilla de calcular si nuestro futuro negocio es o no rentable.

CONTENIDO

6.1. Introducción.
6.2. Valoración de la idea.
6.3. Decisiones sobre el mercado.
6.4. Decisiones sobre la competencia.
6.5. Decisiones sobre la clientela.
6.6. Decisiones sobre el precio.
6.7. Decisiones sobre la localización.
6.8. Decisiones sobre la forma jurídica que se va a adoptar.
6.9. ¿Mis características personales son las del director líder?
6.10. ¿Es rentable mi negocio?

OBJETIVOS

1. Conocer los aspectos fundamentales que intervienen en la decisión de crear una empresa.
2. Comprender la importancia de la idea innovadora en el éxito final.
3. Analizar el entorno de la empresa como herramienta fundamental de la decisión.
4. Determinar las características que definen al empresario emprendedor.

6.1. Introducción

Hasta ahora hemos estudiado todas y cada una de las partes que integran un proyecto de empresa. Hemos visto la importancia que tiene la idea a la hora de decidir un negocio, la realización de un estudio de mercado, plantearnos un plan comercial, planificar la producción, elaborar un plan financiero y determinar la política de personal. Todo esto nos ayudará a tomar la decisión de poner en marcha la empresa, pero, como sabemos bien, ésta es una tarea ardua y difícil, con no pocas trabas que sólo se superarán si el empresario es realmente un emprendedor, si se plantea lograr sus objetivos contra viento y marea, si es capaz de ver las necesidades de la clientela, si es innovador y creativo en lo que hace, si es capaz de motivar a sus colaboradores y transmitir su entusiasmo.

A la hora de valorar un proyecto de empresa hay que tener en cuenta, fundamentalmente, tres aspectos:

- **La innovación que representa el producto o servicio.**
- **El entorno en el que se va a desenvolver la empresa.**
- **La capacidad de asumir riesgos por parte del emprendedor.**

La innovación le abrirá mercados y la capacidad para asumir riesgos y reconocerlos le hará enfrentarse, con ventajas, a un futuro incierto. Conocer el entorno es imprescindible, ya que éste es el que dictará las exigencias a la nueva empresa, condicionando primero su implantación y luego su supervivencia.

Por otra parte, la persona que decide un proyecto empresarial persigue un beneficio; por tanto, le interesará conocer cuál puede ser la rentabilidad del dinero que va a invertir en el futuro negocio. Si la rentabilidad que puede conseguir es elevada, sin duda su decisión será seguir adelante; si la rentabilidad es baja o nula en los orígenes de la empresa, esto le frenará o le hará desistir de su idea.

6.2. Valoración de la idea

La primera decisión que tenemos que tomar para crear una empresa es concretar cuál va ser el negocio que queremos montar.

Como decíamos anteriormente, uno de los aspectos fundamentales que se deben tener en cuenta para determinar la viabilidad de un proyecto es la innovación que representa el producto o servicio.

Esta innovación puede hacerse:

- Creando cosas completamente nuevas.
- Inventando nuevos usos para las cosas viejas y conocidas.
- Concibiendo nuevas formas de hacer las cosas.

Un proyecto de empresa puede tener su origen en la experiencia profesional del individuo emprendedor. La experiencia y conocimiento de algo siempre facilita las cosas y, además, hace que nos sintamos más competentes. Pero, además, debemos plantearnos otras cuestiones antes de tomar la decisión. Hay que valorar si lo que más nos conviene es continuar con la especialidad que se conoce o es conveniente arriesgarse con otras tareas desconocidas, pero que pueden ofrecer grandes posibilidades.

Hay que pensar que la experiencia profesional no es lo único en lo que se puede ser competente. Se pueden haber adquirido habilidades en tiempo de ocio (jardinería, bricolaje, decoración, etc.), o se pueden haber adquirido determinados conocimientos profesionales con la práctica del deporte favorito (por ejemplo, un negocio de reparación y comercialización de bicicletas). Otra posibilidad con la que contamos para obtener ideas de negocio es observar el entorno y descubrir en él las necesidades insatisfechas o insuficientemente cubiertas (recordemos los yacimientos de empleo apuntados por la UE y que hemos tratado en la U. T. 1). También es posible utilizar las ideas de otros, como se refleja en el tema de las franquicias.

Es en el momento en que se está gestando la idea cuando debemos buscar apoyo, formación o asesoramiento por parte de expertos de confianza. Habrá que resolver los problemas técnicos, asegurarse de que las características técnicas del producto se ajustan a las normas establecidas y que sus posibilidades técnicas son reales y viables desde el punto de vista económico.

Una vez que se ha tomado la decisión de cuál va a ser nuestro negocio, conviene exponerlo a nuestros amigos, familiares y expertos de confianza para ver cómo lo reciben. En primer lugar habrá que hablar de nuestro negocio a las personas más cercanas, familia y amigos de confianza, escuchar sus críticas y reflexionar sobre lo que nos dicen, pero teniendo en cuenta que su reacción puede estar en función del temor a una aventura. Se debe dejar claro que la opinión que se busca es sobre el proyecto y no sobre la conveniencia de instalarnos por nuestra cuenta. Sus objeciones son argumentos que hay que tener en cuenta, pero no debemos desanimarnos ante las críticas; debemos saber distinguir entre las reacciones afectivas y las reacciones referidas a dificultades objetivas del proyecto.

El segundo paso, una vez que hayamos mejorado el proyecto con las ideas de nuestros conocidos, será drigirnos a los posibles proveedores, a los futuros clientes, a organismos profesionales y a servicios de apoyo, información y asesoramiento oficiales. Éstos tendrán unas reacciones más profesionales; se basarán en su conocimiento del medio en el que vamos a actuar, en el mercado, etc.

Según la respuesta obtenida tomaremos una decisión:

- Si la idea tiene una *acogida positiva general,* la viabilidad es grande, aunque no olvidemos que hay que actuar con cautela, profundizar en el proyecto y definirlo minuciosamente para abordar la empresa.
- Si la idea tiene una *acogida moderada,* tendremos en cuenta las reacciones suscitadas, tomando buena nota de las que nos sean favorables y de las que nos den ideas para mejorar. Volveremos a consultar una vez que se haya reestructurado el proyecto.
- Si la *acogida fuera negativa,* habrá que mejorar sustancialmente el proyecto o cambiarlo completamente. Esto siempre será mejor que el fracaso.

CASO PRÁCTICO 1

Miguel tiene 24 años, ha estudiado el Ciclo Formativo de Grado Superior de Restauración.

Desde los 10 años ha pertenecido a un grupo de cicloturismo.

Le apasiona la naturaleza, conoce todo tipo de plantas medicinales y sabe dónde recogerlas; realizó un curso de formación al respecto.

Ha decidido montar su propio negocio y está barajando varias posibilidades en función de su experiencia, formación profesional y aficiones. Quizá le surja una idea nueva cuando haya tenido en cuenta los siguientes puntos:

	Restaurante cafetería	Centro de turismo rural	Herboristería	Venta y reparación de bicicletas
¿Qué productos o servicios ofrece?				
¿Existe demanda de estos productos?				
¿Hace falta en mi localidad?				
¿Puedo realizar este trabajo?				
¿Puedo aportar algo nuevo o diferente a lo existente?				
¿Qué empresas conozco que hayan triunfado en este sector?				

6.3. Decisiones sobre el mercado

Ya hemos apuntado la importancia que tiene el entorno sobre la empresa, tanta que puede condicionar su instalación y posterior funcionamiento.

Las empresas realizan su actividad dentro de una sociedad. Esta sociedad tiene una estructura política, social, económica, cultural, etc., que determinará el marco en que puede actuar la empresa, es decir, su entorno.

Este entorno, que no puede ser controlado por las empresas, condiciona su actuación en todos sus aspectos. A medida que el entorno evoluciona se presentan diferentes retos para su supervivencia, con lo cual las empresas deberán adaptarse a las nuevas circunstancias si quieren mantener su actividad y que ésta siga siendo rentable.

El entorno supone, además, una serie de amenazas y oportunidades para la empresa, así como fortalezas y debilidades. El análisis de estos elementos es lo que se conoce como análisis DAFO (Esquema 6.1).

- **Amenazas.** Es todo aquello previsible y que tiene cierta posibilidad de suceder, exterior al mundo de su organizacion, y que, en caso de ocurrir, afectaría gravemente a los objetivos marcados.
- **Oportunidades.** Son las posibilidades, también exteriores a la empresa, que si sucedieran supondrían nuevas oportunidades de negocio o mejora de las existentes.
- **Fortaleza.** Son los triunfos interiores con que cuenta la empresa: liderazgo, personas, productos, conocimientos, estructura, etc.
- **Debilidades.** También es un concepto interno, y son todos aquellos factores que pueden frenar la marcha de la empresa hacia su consecución de objetivos.

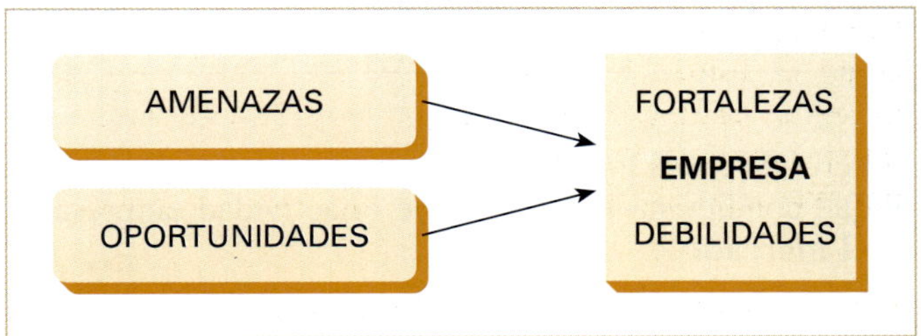

Esquema 6.1. DAFO.

Vamos a centrarnos en el entorno, en los factores externos a la empresa.

Es fundamental analizar ese **entorno cambiante** para detectar rápidamente las amenazas y oportunidades a las que nos enfrentamos y poder tomar decisiones al respecto, intentando aprovechar las oportunidades y escapar o reducir los efectos de las amenazas.

Para ello tendremos en cuenta los siguientes aspectos:

Entorno tecnológico	• Innovaciones: nueva maquinaria y materiales utilizados. • Patentes. • I + D.
Entorno legal y político	• Tamaño de la población. • Tasas de natalidad y mortalidad.

	• Estructura de la edad. • Cambios en la población. • Formación de familias. • Movimientos de la población.
Entorno legal y político	• Regulaciones sobre la actividad profesional: legislación. • Jurisprudencia. • Convenios con otros países. • Sistema político. • Autonomías.
Entorno económico	• Renta *per cápita*, familiar, etc. • Crecimiento o recesión de la economía. • Desempleo. • Tasas de interés. • Política monetaria. • Política fiscal. • Tipos de cambio.
Entorno sociocultural	• Cambios en los valores. • Incorporación de la mujer al trabajo. • Cambios en los estilos de vida. • Tendencias de la educación. • Grupos sociales. • Actitudes y comportamientos de uso de los productos. • Delincuencia, drogadicción, etcétera.
Entorno medioambiental	• Restricciones de suministros. • Asignación de recursos. • Degradación del medio ambiente.

Pero, de todos los elementos que componen el entorno, el que condiciona especialmente la actividad empresarial es **el mercado**.

La evolución de todo mercado pasa por cuatro etapas, y cada una de ellas motiva en las empresas diferentes respuestas en su continuo proceso de adaptación. Por supuesto, la etapa en que se encuentre el mercado al que quiero acceder puede condicionar mi decisión.

- La primera etapa por la que pasa un mercado se caracteriza porque la demanda de bienes o servicios es superior a la oferta. La cantidad de bienes y servicios que los consumidores quieren adquirir es mucho mayor que la cantidad que los productores pueden poner a la venta. Todo lo que se produce se vende.
- En una segunda fase la oferta de bienes o servicios ha aumentado hasta igualar o incluso superar ligeramente a la demanda. Han entrado nuevas empresas en el mercado, o ha aumentado la producción de las que ya estaban. Los consumidores pueden elegir entre diversos productos. Si decido entrar en un mercado que se encuentre en esta etapa tendré que añadir alguna ventaja a mi producto para atraer a los consumidores.
- La tercera etapa del mercado es aquella en que la oferta supera a la demanda. Las empresas ofrecen más productos de los que se venden. Ahora no basta con ofrecer un buen producto, sino que hay que convencer al comprador para que lo adquiera.

  La mayoría de las empresas se encuentran en esta etapa, por lo que es probable que la empresa que queramos poner en marcha sea una más de ellas. Si es ésta la decisión que hemos tomado, debemos tener en cuenta el coste que va a suponer la comercialización del producto: contratar vendedores, descuentos en precios, campañas publicitarias para dar a conocer el producto y sus ventajas, etc.
- La última fase se presenta cuando la oferta es muy superior a la demanda. Hay una fuerte competencia entre las empresas, y es muy probable que haya que introducir un cambio de enfoque para superar con éxito la situación. Si estamos ante este mercado tendremos que hacer un estudio minucioso de nuestros futuros clientes y aguzar nuestro ingenio para ofrecerles un producto novedoso que satisfaga sus necesidades, ya que la competencia será enorme, y lo más seguro es que sus recursos económicos sean superiores a los de una empresa que inicia su actividad.

6.4. Decisiones sobre la competencia

- ¿Quiénes son nuestros competidores?
- ¿Cómo es de intensa la competencia?
- ¿Cómo afecta la competencia a la evolución y a la estructura del mercado?
- ¿Cómo afectan las acciones competitivas a las decisiones comerciales?
- ¿Cómo logran y mantienen las empresas sus ventajas competitivas?

Tendremos que responder a todas estas preguntas si queremos saber a quién vamos a enfrentarnos.

Otra cuestión que nos planteábamos cuando valorábamos la idea, era si conocíamos alguna empresa con éxito en el sector elegido para nuestro negocio. Debemos analizar en profundidad las razones que han hecho que una determinada empresa haya triunfado:

- Puede que se deba a que haya sido la primera de su sector en instalarse en una zona.
- Quizá no haya sido la primera, pero lo hace tan bien que ha conseguido un sitio en el mercado.

La mayoría de las veces, el planteamiento que hemos tenido en cuenta en segundo lugar es el utilizado por las empresas para introducirse en el mercado en el que ya están establecidos sus competidores. Su misión está en buscar la manera de diferenciarse de ellos.

Lo importante es localizar segmentos de mercado especializados que sean apropiados. Las empresas que alcanzan el éxito son las que compiten segmentando el mercado y, sobre todo, buscando cómo satisfacer las necesidades especiales de sus clientes. En consecuencia, lo importante es cómo lo hacen, la forma en que compiten.

Por tanto, debemos considerar que el éxito empresarial y comercial no se halla solamente en sectores de moda, donde muchos acudirán a encontrar un beneficio rápido. Por el contrario, muchos buenos negocios han conseguido su meta trabajando en sectores clásicos, añadiendo ideas innovadoras que han tenido una buena aceptación por parte de los clientes.

CASO PRÁCTICO 2

Localizar en la guía telefónica las empresas de la ciudad que se dedican a la misma actividad que pretendemos emprender. Elegir tres o cuatro entre las existentes de características similares a nuestra futura empresa y, bien preguntando directamente a los empresarios o bien por observación directa, contestar al siguiente cuestionario:

1. ¿Cuántas empresas ofrecen el mismo producto o servicio en nuestra ciudad?
2. ¿Qué servicios ofrecen y a qué precios?
3. ¿Con qué márgenes comerciales se trabaja en el sector?
4. ¿Cuánto tiempo llevan en el mercado?
5. ¿Cómo es su producto?
6. ¿Qué ventajas tiene su producto?
7. ¿Qué inconvenientes tiene su producto?
8. ¿Qué necesidades no cubre?

Conocer las características de las empresas con las que vamos a competir nos ayudará a tomar una decisión más objetiva sobre la implantación de nuestro negocio. Conoceremos el número de empresas existentes en el sector, las características del producto que comercializan, las ventajas e inconvenientes que tiene su producto y las necesidades de la clientela cubiertas y por cubrir, el precio al que se comercializa el producto o servicio y el margen comercial con el que se trabaja.

Con estos datos podré determinar si mi producto o servicio tiene cabida en el mercado y si los precios a los que se comercializa coinciden con mis expectativas.

6.5. Decisiones sobre la clientela

Una vez que hayamos determinado las necesidades que pueden tener los clientes que no hayan satisfecho otras empresas, la decisión más importante en este apartado, es concretar el segmento del mercado al que queremos dirigirnos y conseguir captar a esta clientela.

Tanto la determinación del sector como la captación de clientes exige un profundo conocimiento de los mismos, y, sobre todo, de sus necesidades.

Descubrir un nuevo segmento de mercado que sea atractivo no siempre es fácil. Con frecuencia es una cuestión de probar, e incluso de encontrarlo por casualidad.

Una vez que la empresa ha establecido los distintos segmentos del mercado debe decidir cómo realizará su política comercial respecto a ellos, cuántos segmentos del mercado atenderá y cómo identificará los mejores segmentos.

Como vimos en la U. T. 2, «Estudiando mi negocio», se podrá actuar de forma indiferenciada, diferenciada o concentrada en función de los segmentos que se atiendan. Esta elección se hará en función de los recursos con los que cuente la empresa, del tipo de producto o servicio que se ofrezca, de la actuación de los compradores y del modo en que actúe la competencia.

Por otra parte, la mejor forma de atraer a los posibles clientes que integran un sector del mercado es conseguir diferenciar el producto o servicio que le queremos ofrecer de los ya existentes en el mercado. Todo producto o servicio, no importa lo común o corriente que sea, se puede convertir en otro de alto valor añadido. No existe un solo artículo que no se pueda diferenciar o distinguir de los demás. Las posibilidades de hacerlo son muy numerosas; se pueden acumular pequeñas ventajas que incluso pueden llegar a transformar por completo un producto, creando en ocasiones mercados completamente nuevos. Lo importante es aplicar nuestra capacidad de especialistas en un producto o servicio para satisfacer las necesidades de nuestros clientes.

Es muy fácil pensar que la clave del éxito consiste en comprar barato y vender caro, y si esto es cierto no es menos cierto que muchas empresas de éxito pueden comprar a precios altos y vender a precios más elevados todavía, ofreciendo productos o servicios que proporcionan al cliente un valor superior y no productos que simplemente sean baratos. Los buenos emprendedores consideran que la base de su éxito radica en el valor del producto o servicio que proporcionan más que en el precio.

6.6. Decisiones sobre el precio

Será un elemento más que se deberá tener en cuenta entre las decisiones que tiene que tomar el futuro empresario.

Tendremos que decidir qué precio aplicar, en cada momento, al producto o servicio. Esta decisión es importante por tres razones:

- El precio tiene una gran influencia sobre los consumidores, tanto que a veces es la única referencia que tienen sobre el producto, y servirá para apreciar si puede adquirirlo o para hacerse una idea sobre su calidad. Además, puede tener una repercusión psicológica sobre el consumidor.
- El precio es un instrumento comercial a corto plazo. Esto quiere decir que puede ser modificado con rapidez y sus efectos pueden apreciarse de inmediato.
- El precio es el instrumento comercial con el que se consiguen ingresos; a través de él la empresa tratará de recuperar lo que gastó en el producto.

Las decisiones sobre fijación de precios no son algo arbitrario ni de fácil determinación. Están condicionadas por una serie de factores, internos o externos a la propia empresa.

Cuadro 6.1. Factores que intervienen en la decisión de fijación de precios

Internos	Externos
• **Objetivos de la empresa** • **Política comercial** • **Costes**	• **Mercado** • **Competencia** • **Otros factores (intermediarios, etc.)**

Antes de fijar el precio, el empresario debe considerar el objetivo al que debe contribuir ese producto en particular. Cuanto más claro sea el objetivo, más fácil resultará establecer el precio.

Puede que el objetivo que persiga una empresa en un momento determinado sea mantener la actividad durante cierto tiempo a costa de sacrificar el beneficio; en este caso, el precio del producto será bajo, bastaría con cubrir costes. Éste podía ser el caso de una empresa que quiere instalarse en una zona determinada y la decisión que toma para atraer a los clientes es poner precios más bajos que la competencia. Su pretensión es alcanzar una cuota de mercado o conseguir un liderazgo en el mismo.

Si, por el contrario, lo que pretende es conseguir una imagen de calidad de producto, normalmente este objetivo obliga a fijar un precio alto para cubrir los gastos que supone conseguir esa elevada calidad.

Otro condicionante interno en la fijación de precios son las actuaciones que la empresa lleve a cabo en relación con otros instrumentos comerciales. Las decisiones de precio deberán coordinarse con las decisiones sobre producto, distribución y promoción para conseguir un programa comercial coherente y eficaz.

El precio está condicionado, sobre todo, por los costes que tiene una empresa al realizar su actividad. Los costes suponen el nivel mínimo del precio que la empresa puede fijar a sus productos.

Entre los factores externos que condicionan el precio de un producto podemos citar, en primer lugar, **el mercado**. Si los costes establecen el nivel mínimo en la fijación de precios, el mercado es el que determina el nivel máximo: los consumidores, en su proceso de decisión de compra, determinarán si el precio es o no correcto. El tipo de mercado en el que actúa la empresa, según sea monopolio, oligopolio, competencia perfecta o monopsonio, como vimos en la U. T. 2, influirá enormemente en la fijación del precio del producto.

Otro factor externo a la empresa que condiciona la decisión de fijación de precios es la **competencia**. Ésta actúa, por una parte, con su precio, que es utilizado como referencia, y, por otra, reacciona ante los cambios de precios que haga la empresa. La empresa debe ser consciente de que sus competidores pueden variar sus precios como respuesta al precio fijado por ella. Si el producto que ofrece la empresa es similar al que ofrece la competencia, el valor que fije deberá ser cercano al de sus competidores.

Los **intermediaros** también pueden influir a la hora de fijar el precio. Muchas empresas pueden tener dificultades para controlar el precio final del producto cuando éste pasa por distintos intermediarios antes de llegar al consumidor, ya que en cada etapa el precio se incrementa y esto puede afectar al éxito o fracaso del producto.

Por último, haremos referencia a los productos cuyo precio está condicionado por el **gobierno**, éste obliga a las empresas a no sobrepasar un precio determinado, como en el caso de la gasolina.

6.6.1. Métodos de fijación de precios

El precio mínimo de un producto viene determinado por los costes de producción y su precio máximo lo fijan los compradores. Por tanto, el precio debe ser una situación intermedia entre los dos extremos.

Existen diferentes métodos de fijación de precios, dependiendo del condicionante que tenga en cuenta la empresa, que se puede basar en el coste, en el comprador y en la competencia.

Cuadro 6.2. Método de fijación de precios

- Basado en los costes.
- Basado en el comprador.
- Basado en la competencia.

❑ Método basado en los costes

El método más utilizado por las empresas es el **basado en los costes.** Éste consiste en añadir al coste del producto la ganancia que, en principio, quiera obtener por su venta la empresa. La ganancia será un porcentaje sobre el coste o sobre el precio del producto y variará según el resto de los condicionantes de la empresa.

PRECIO	COSTE DEL PRODUCTO
	GANANCIAS DE LA EMPRESA

Este método requiere un buen análisis de costes por parte de la empresa. No todas las empresas saben qué costes tienen y cómo se comportan a medida que aumenta la producción.

Por otro lado, este método debe completarse con consideraciones sobre la demanda y la competencia antes de fijar el precio del producto.

❑ Método basado en el comprador

Otro método de fijación de precios se **basa en el comprador**. Este método toma como referencia la percepción que el comprador tenga del valor del producto, no los costes que el producto supongan para la empresa. Debemos tener en cuenta que la empresa que cobra por su producto más valor que lo que los compradores le dan tendrá unas ventas menores que las que podría tener, y si cobra por debajo de ese valor de referencia, obtendrá menos ingresos de los que podría obtener.

❑ Método basado en la competencia

Por último, la fijación de precios puede basarse **en la competencia**. Consiste en tener en cuenta los precios que los competidores aplican al producto, en lugar de los costes de producción o de la demanda. Según esto, la empresa tiene tres posibilidades: fijar un precio igual al de la competencia, menor o mayor. Normalmente, las empresas con más cuota de mercado suelen tener precios similares; las empresas pequeñas suelen seguir al líder, variando sus precios cuando lo hace aquél. Este método, al igual que el basado en los costes, es muy utilizado, ya que las empresas suelen pensar que el precio actual de un producto es el que corresponde a unos beneficios suficientes para las empresas que lo ofrecen y ajustan su precio a éste.

6.7. Decisiones sobre la localización

Otra de las decisiones que tiene que tomar el futuro empresario es el emplazamiento de la empresa. Para ejercer su actividad va a necesitar unos locales, unos terrenos o unas instalaciones.

La importancia de la elección varía según el tipo de actividad que se vaya a desarrollar y las características y dimensiones del mercado al que se va a dirigir la empresa.

En la determinación de la localización de la futura empresa intervienen numerosos factores que inciden de diferente forma, según sean las características concretas de la actividad que se va a desarrollar. Por ejemplo, una fábrica de conservas de pescado tendrá que ubicarse cerca de un puerto pesquero para abastecerse de la materia prima, mientras que en el caso de un comercio minorista influirá decisivamente la proximidad al mercado.

Cuadro 6.3. Criterios para fijar la localización

- Proximidad a la clientela.
- Facilidad para disponer de materias primas.
- Nivel de equipamiento de la zona.
- Existencia de mano de obra cualificada.
- Planes de ordenación territorial y ordenanzas municipales.
- Ayudas económicas o fiscales.
- Calidad de vida.
- Precio.

Decidir el lugar para la correcta ubicación de la nueva empresa es tan importante que muchos negocios fracasan por el solo hecho de instalarse en un lugar inapropiado.

A la hora de escoger la localización geográfica es preciso tener en cuenta una serie de factores; entre los más importantes hay que señalar los siguientes:

- *La proximidad del lugar de emplazamiento con respecto a la clientela* a la que pretende dirigirse la nueva empresa. Es preciso que la nueva empresa tenga facilidades de acceso al mercado al que se dirige, pero este objetivo puede ser difícil de alcanzar según la dimensión del mismo. Habrá que buscar el centro de este mercado o una zona que permita un rápido acceso. En el caso de que la actividad de la empresa sea de tipo comercial, el situarse en una zona de alto poder de atracción para los clientes es determinante.
- *La proximidad respecto a las fuentes de aprovisionamiento* de materias primas y otros productos necesarios para sus operaciones. Es particularmente importante si estas fuentes de aprovisionamiento están concentradas en unos pocos proveedores, ya que será clave para asegurarse el suministro y no tener que disponer de grandes *stocks.* Si los suministros pueden conseguirse cerca de la empresa, su recepción puede asegurarse más rápidamente e, incluso, a menor coste.
- *El nivel de equipamiento de la zona* es otro aspecto interesante que se tendrá en cuenta. Habrá que valorar la proximidad a vías de comunicación para facilitar la entrada y salida de mercancías, las comunicaciones con el resto del territorio, la existencia en la zona de diversas fuentes de energía que pueda utilizar la empresa, etc. Asimismo hay que valorar servicios como alumbrado público, red de saneamiento, depuradora, urbanización, etc.
- *Existencia en la zona de mano de obra cualificada.* Una empresa puede necesitar, en determinados períodos, subcontratar personal temporal o contratar operarios en épocas de mayor demanda de sus productos, por lo que será interesante que el lugar que se va a elegir cuente con personal cualificado. Por otra parte, la existencia de profesionales especializados que puedan asesorar a la empresa en casos concretos es igualmente importante.
- Las disposiciones de los *Planes de Ordenación Territorial y Ordenanzas Municipales.* Es importante conocer la legislación urbanística de la zona considerada. Los Planes Generales de Ordenación Urbana, los Planes Parciales y las Ordenanzas Municipales, establecen el tipo de uso autorizado en cada zona y las condiciones que deben reunir las instalaciones que en ellas se ubiquen. Cuando la actividad que se va a desarrollar pueda suponer algún riesgo o molestia para el entorno, ruidos, contaminación o deterioro del medio ambiente, habrá que prever el establecimiento de las medidas correctoras necesarias.
- *Ayudas económicas o fiscales.* Es conveniente conocer las bonificaciones, exenciones o subvenciones que puedan incluir algunos planes municipales o autonó-

micos con el fin de promover o atraer la instalación de nuevas empresas en la zona. Una forma de ayuda que merece especial mención son los denominados Hoteles de Empresas o Viveros de Empresas existentes en algunos municipios. En ellos, las nuevas empresas pueden dar sus primeros pasos con un bajo coste, ya que cuentan con locales que se alquilan a las empresas para el desarrollo de su actividad y con locales comunes para reuniones y otras necesidades. Asimismo pueden compartir servicios administrativos y técnicos en gestión de empresas, lo que supone una menor carga económica para la empresa que inicia su actividad.
- *Calidad de vida.* El lugar elegido para ubicar la empresa determinará el lugar donde ha de vivir el nuevo empresario y sus colaboradores. Por tanto, será conveniente tener en cuenta la proximidad de centros de formación, alojamiento, posibilidades de ocio, etc.
- *Precio.* Este factor es determinante en muchos casos a la hora de tomar la decisión. Hay que valorar, además del coste que supone la adquisición de un terreno o local, lo que nos va a costar acondicionarlo y la relación del precio con otros factores.

  Si adquirimos un local en una zona periférica tendrá un precio menor que si lo adquirimos en una zona comercial; el coste del acondicionamiento va a ser igual, sea en una u otra zona y la rentabilidad será mucho mayor en el caso del que esté mejor ubicado.

De cualquier manera, una vez conocidas las necesidades que la empresa va a tener, conviene analizar cuidadosamente las diferentes posibilidades de localización que puedan existir y decidirnos por aquélla:

- Que pueda contribuir de forma más eficaz, y con el menor coste, a alcanzar los objetivo deseados.
- Que los costes de instalación sean lo más reducidos posible.
- Que pueda satisfacer el máximo número de exigencias que plantea la puesta en marcha del proyecto.
- Que permita una mejor utilización de los recursos del entorno.

6.8. Decisión sobre la forma jurídica a adoptar

Este tema se tratará con detalle en la U. T. 8, por lo que ahora sólo haremos una breve consideración sobre la decisión de la forma jurídica que adoptará la futura empresa.

Las razones que justifican la elección de una u otra forma jurídica deberán ajustarse a las características de la empresa propuesta por el emprendedor, así como a las que la ley establece para este tipo jurídico concreto.

Se deberá tomar la decisión en función de:

- El tipo de actividad que se vaya a ejercer.
- El número de personas que integran la nueva empresa.
- El volumen de negocio.
- Las responsabilidades que el promotor o promotores estén dispuestos a asumir.
- Aspectos fiscales.
- Transmisibilidad de las acciones o participaciones (si hubiera) y posibilidad de ampliación de la empresa, transformación o entrada de nuevos socios.

6.9. ¿Mis características personales son las del director emprendedor y líder?

A lo largo de este tema hemos señalado la importancia que tiene la idea dentro de un proyecto empresarial, conocer y analizar el entorno en que se va a desarrollar la futura empresa: la competencia, los clientes, la ubicación, la influencia que puede tener la decisión que tomemos sobre los precios para hacernos con una cuota de mercado, etcétera. Además, muchos de nosotros podemos ser muy creativos y emprendedores en las actividades que realizamos, pero puede que no tengamos temperamento de empresario.

Realicemos un ejercicio respondiendo a las preguntas planteadas en el siguiente caso práctico. Nos analizaremos a nosotros mismos. El porcentaje de respuestas afirmativas que resulte definirá al empresario emprendedor.

CASO PRÁCTICO 3

¿Te gustaría trabajar sin depender de nadie?	SÍ	NO
¿Tienes ideas originales y te sientes capaz de realizarlas?	SÍ	NO
¿Te suelen pedir consejos u orientaciones?	SÍ	NO
¿Formas parte de algún grupo en el que seas el coordinador?	SÍ	NO
¿Delegas parte de tu responsabilidad en el equipo o en otros colaboradores?	SÍ	NO
¿Tratas de mejorar tus puntos fuertes y corregir los débiles?	SÍ	NO
¿Te gusta ayudar a otros?	SÍ	NO

¿Confían los demás en tu capacidad?	SÍ	NO
¿Sabes escuchar?	SÍ	NO
¿Aprendes de tus errores?	SÍ	NO
Antes de tomar una decisión, ¿tienes en cuenta otras opiniones?	SÍ	NO
¿Crees que consigues las cosas que te propones?	SÍ	NO
¿Te gusta terminar todo lo que empiezas?	SÍ	NO
Cuando organizas algo y no te funciona bien, ¿cambias la orientación?	SÍ	NO
¿Organizas tu tiempo y tus actividades para ser más eficaz?	SÍ	NO
¿Eres eficaz en el trato con los demás?	SÍ	NO
¿Te gusta asumir riesgos?	SÍ	NO
¿Tienes objetivos claros que perseguir en tu vida?	SÍ	NO
¿Confías en tu intuición?	SÍ	NO
¿Te resulta fácil tomar decisiones?	SÍ	NO

- Si has obtenido un 100 por 100 de respuestas afirmativas, eres un directivo nato.
- Si has respondido afirmativamente a 15 preguntas, tienes grandes dotes de director. Estudia tus respuestas negativas y saca tus propias deducciones.
- Si el número de respuestas que has contestado afirmativamente está entre 10 y 15, tienes dotes aceptables como director. Estudia tus respuestas negativas y determina tus puntos débiles y fuertes.
- Entre 6 y 10 respuestas afirmativas indica pocas dotes de dirección. Tendrás que estudiar tus respuestas negativas y sacar conclusiones acerca de tus puntos débiles.
- Si obtienes menos de seis respuestas afirmativas, ser director de empresa no es lo tuyo. Debes pensar en otras posibilidades de empleo.

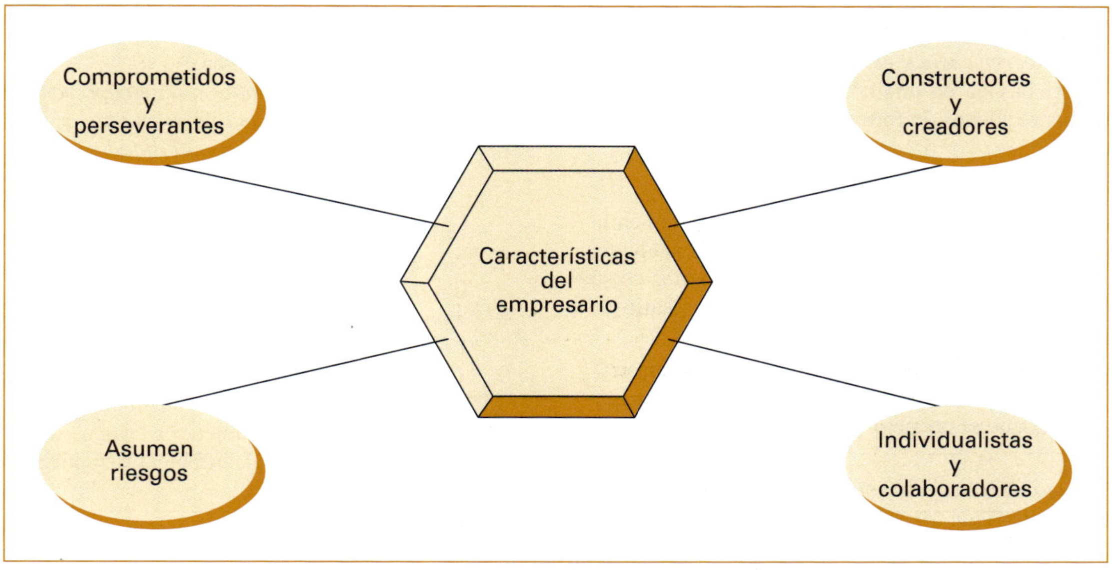

Esquema 6.2. Características del empresario.

Como se desprende del ejercicio que hemos hecho anteriormente, las características y actitudes que definen al empresario emprendedor son las siguientes:

- Son **comprometidos y perseverantes**, les gusta su actividad. Conceder mucha importancia a la formación y el aprendizaje y poseen un gran afán competitivo.
- Son **constructores y creadores más que buscadores de dinero.** Una vez alcanzado unos objetivos económicos más o menos holgados, lo que verdaderamente les importa es la forma en que su empresa es percibida por todos.
- Combinan un **fuerte individualismo** con el **trabajo en equipo**. Entienden que necesitan colaboradores, ya que sólo una persona no puede aportar todas las cualidades que requiere una empresa.
- Tienen gran **capacidad para asumir riesgos**. Correr riesgos es una condición inseparable del concepto de empresa, sobre todo al principio. Pero estos riesgos tienen que estar calculados. Hay que sopesar al máximo las posibilidades de pérdida: conocer el mercado, la reacción de la competencia o de cualquier otro factor externo a la empresa. Y, ante determinadas situaciones, confiar en su intuición.

Además de estas características, el empresario, como director de un grupo humano, debe ser capaz de coordinar, orientar, persuadir y tomar iniciativas. Tiene que tener la habilidad de ejercer una dirección fuerte pero que no provoque resentimientos.

Cuando además de reunir todas estas cualidades le suma la de su poder de influencia sobre los demás, podemos decir que estamos ante el **empresario líder**.

Algunas características comunes a todos los empresarios líderes son:

- Posee una idea clara de lo que quiere hacer, tanto en el plano personal como en el profesional.
- Es perseverante, aprende de sus errores y supera los fracasos.
- Comunica pasión y entusiasmo.
- Conoce sus defectos y sus cualidades y les hace frente directamente.
- Es sincero y fiel a los propios principios.
- Muestra madurez y experiencia. Se ganan la confianza de sus colaboradores.
- Se interesa por todo, está dispuesto a probar o ensayar cosas nuevas sin preocuparse por los fracasos.

6.10. ¿Es rentable mi negocio? Diagnóstico económico-financiero

En el ámbito de la empresa, el diagnóstico significa el proceso de determinación de los puntos débiles, con el fin de corregirlos, y de los puntos fuertes, para explotarlos; así como la identificacion de lo que en el entorno pueden constituir oportunidades y peligros para la actividad. En consecuencia, podríamos distinguir entre análisis interno de la propia empresa y análisis externo referido al entorno. Hasta ahora hemos analizado lo correspondiente al entorno, las amenazas y oportunidades que pueden afectar a la empresa desde el exterior; en este momento vamos a centrarnos en el análisis interno, limitado al aspecto económico-financiero de la empresa.

Desde el punto de vista económico, la preocupación fundamental de la empresa es obtener rentabilidad sufi-

TEXTO DE APOYO

Paul Resnik, en su libro *Cómo dirigir una pequeña empresa. Decálogo de la supervivencia y el éxito,* dice que la inteligencia directiva está basada en una concienciación y comprensión reales de los requisitos de fortuna o ruina necesarios para dirigir su empresa.

Las 10 condiciones de fortuna o éxito son:

1. *Sea objetivo.* Engañarse a sí mismo no tiene sentido en la creación y construcción de una empresa. Una evaluación honrada e imparcial de los puntos débiles y fuertes de su empresa y de su propia capacidad como empresario es imprescindible.
2. *Trabaje de forma sencilla y centrada.* En la pequeña empresa, lo sencillo es lo eficaz. Concentre sus esfuerzos y recursos allí donde el impacto y las ganancias sean mayores.
3. *Proporcione productos y servicios excelentes y característicos que satisfagan las necesidades de grupos selectos de clientes.*
4. *Establezca la forma de llegar hasta sus clientes y venderles sus productos y servicios.* Los planes de *marketing* le facilitarán la tarea.
5. *Organice, dirija y motive a un equipo vencedor para que haga todo lo que usted no puede hacer por sí solo.*
6. *Lleve los registros de contabilidad y los controles necesarios para entender y dirigir la empresa.* Contrate a un excelente censor jurado de cuentas con experiencia operativa.
7. *No esté nunca sin efectivo.* El dinero en efectivo es el rey del mundo de la pequeña empresa.
8. *Evite tropezar una y otra vez con las piedras de todo crecimiento rápido.* Dirija la expansión de su empresa.
9. *Comprenda su empresa de cabo a rabo.* Ésta es la base para controlar su empresa y aumentar las ganancias.
10. *Planifique.* Formule objetivos críticos que supongan un reto (pero que sean alcanzables) y tradúzcalos a actividades productivas.

Fuente: Paul Resnik: *Cómo dirigir una pequeña empresa. Decálogo de la supervivencia y el éxito.*

ciente, con carácter permanente, para los capitales invertidos, y, desde el punto de vista financiero, poder atender los compromisos de pago a sus vencimientos, soportando unos costes y riesgos calculados de antemano.

La metodología más habitual para la realización del diagnóstico económico-financiero se basa en el empleo de ratios.

En la U. T. 5 hemos tratado los ratios que consideramos más adecuados para calcular la rentabilidad de las cantidades que vamos a invertir en un futuro negocio. Entre ellos hemos seleccionado los dos siguientes por considerarlos los más importantes para tomar la decisión:

- Rentabilidad = Beneficio/Inversión.
- Período de recuperación de la inversión = = inversión inicial en activo fijo/*cash flow*.

En función de su resultado, tomaremos la decisión de si es conveniente seguir o no con el proyecto.

ACTIVIDADES DE ENSEÑANZA – APRENDIZAJE

1 Haz una relación de posibles negocios sobre los que puedas aportar alguna experiencia profesional o habilidades adquiridas en tiempo de ocio (por ejemplo, en la práctica de deportes) o cualquier otro conocimiento.

A continuación harás las siguientes reflexiones sobre cada uno de ellos:

- ¿Qué productos o servicios ofrece?
- ¿Existe demanda de estos productos?
- ¿Hacen falta en mi localidad?
- ¿Puedo realizar este trabajo?
- ¿Puedo aportar algo nuevo o distinto a lo existente?
- ¿Qué empresas conozco que hayan triunfado en este sector?

2 Elabora un cuadro como el que aparece a continuación con productos o servicios, las necesidades que cubren o usos a los que se destinen, y las ideas que supongan una innovación, una mejora o una ampliación del producto o servicio, de forma que sean más atractivos para nuestros clientes.

Producto/Servicio	Necesidades que cubre/Uso al que se destina	Ventajas que podemos añadir

ACTIVIDADES DE EVALUACIÓN

1 Enumera los tres aspectos fundamentales que condicionan un proyecto de empresa.

2 La innovación de un producto o servicio puede conseguirse:

a) ....

b) ....

c) ....

3 ¿Qué entiendes por análisis DAFO?

4 Cuando estás valorando el mercado, ¿qué aspectos fundamentales tienes que tener en cuenta?

5 A la hora de decidir los clientes a los que dirigir tu producto o servicio, en función de los segmentos de mercado donde pretendes actuar, puedes hacerlo de forma:

a) ....

b) ....

c) ....

6 ¿Qué factores intervienen en la política de fijación de precios?

7 ¿Quién establece el nivel mínimo de precios?, ¿y el máximo?

8 Al tomar la decisión de la localización geográfica de la empresa, ¿qué factores debemos tener en cuenta?

9 ¿Qué elementos influyen en la decisión de la forma jurídica que va a adoptar la empresa?

10 ¿Qué características y aptitudes definen al empresario-emprendedor?

UNIDAD DE TRABAJO 7

¿QUÉ TIPO DE EMPRESA ES LA QUE ME INTERESA?

Esta Unidad de Trabajo tiene como finalidad dar a conocer a los estudiantes los criterios básicos que hay que considerar para elegir entre las diferentes formas jurídicas existentes a la hora de poner en marcha un proyecto empresarial.

Para ello, y junto con las exigencias legales, se hace referencia a las características fundamentales de las distintas formas jurídicas, ofreciendo una visión global de las mismas, que permitirá a cualquier emprendedor tener unos datos esenciales a la hora de decidir y que, además, facilitarán, no sólo la creación de una empresa, sino también su supervivencia en el tiempo.

CONTENIDO

7.1. Elección de la forma jurídica.
7.2. Características de las diferentes formas jurídicas.
Anexo I. Estatutos de Sociedad Limitada.
Anexo II. Contrato de Comunidad de Bienes.

OBJETIVOS

1. Determinar el grado de responsabilidad legal de los propietarios, según las diferentes formas jurídicas de empresa.
2. Identificar los requisitos legales mínimos exigidos para la constitución de la empresa, según su forma jurídica.
3. Especificar las funciones de los órganos de gobierno establecidas legalmente para los distintos tipos de sociedades mercantiles.
4. Distinguir el tratamiento fiscal establecido para las diferentes formas jurídicas de empresa.
5. Esquematizar, en un cuadro comparativo, las características legales básicas identificativas para cada forma jurídica de empresa.

7.1. Elección de la forma jurídica

Una vez que hemos analizado y estudiado el Plan de Empresa y hemos decidido el negocio que vamos a emprender, tenemos que tomar, casi como primera medida, la decisión relativa a la **forma jurídica** que va a tener nuestra actividad.

La forma jurídica nos va a identificar legalmente ante la Administración, los clientes y los proveedores y, además, puede llegar a repercutir en nuestro **patrimonio** particular o en el de los socios de una sociedad (por ejemplo, empresario individual, Sociedad Colectiva).

Ésta tendrá que ser la más adecuada para la actividad proyectada, y para ello hay una serie de factores que se deben tener en cuenta y que vamos a analizar en este apartado.

7.1.1. Aspectos que hay que tener en cuenta en la elección de la forma jurídica

A la hora de optar por una u otra forma jurídica, no se pueden establecer unas normas exactas que nos permitan acertar sin posibilidad de error. Pero sí hay que conocer una serie de criterios generales a la hora de efectuar la elección. Éstos serán:

- Exigencia legal.
- Número de socios.
- Aspectos fiscales.
- Responsabilidad.
- Capital social.

Vamos a analizarlos a continuación con cierto detalle.

❑ Exigencia legal

Existen algunas actividades para las que la ley exige unos requisitos específicos o una forma jurídica concreta, y ello condiciona la elección.

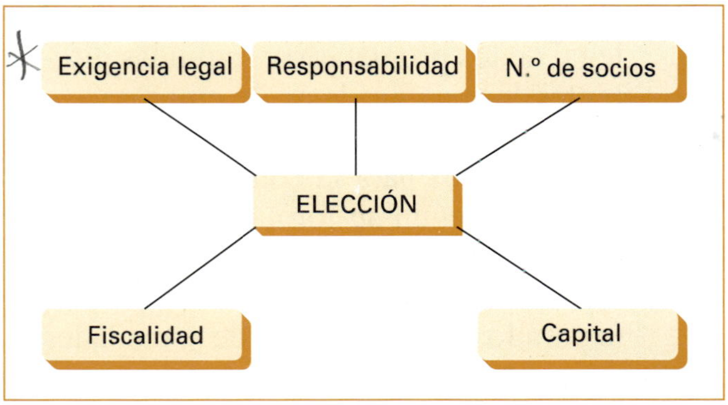

Esquema 7.1. Aspectos que hay que considerar para la elección de la forma jurídica.

❑ Responsabilidad de los promotores

Otro factor que hay que tener en cuenta es la responsabilidad que vamos a tener frente a otras personas, como Administración, clientes, proveedores, trabajadores y bancos, fundamentalmente.

> **EJEMPLO 7.1**
>
> Algunos empresarios no pueden realizar contratos con las Administraciones Públicas, excepto si son sociedades (Sociedad Anónima, Sociedad Limitada...), e incluso deben obtener una calificación del Ministerio de Hacienda. En función de esta calificación van a poder concursar a contratos de diferente cantidad económica.
>
> Por otra parte, en la Comunidad de Madrid, las agencias de viajes deben ser Sociedades Anónimas o Sociedades de Responsabilidad Limitada y tener un capital social mínimo de 10 millones de pesetas.

En función de la responsabilidad que estén dispuestos a asumir los promotores en su actividad, se elegirá una forma u otra.

Pero, ¿qué entendemos por **responsabilidad**? Significa *la obligación de responder de las deudas que tengamos por nuestra actividad empresarial.*

En este sentido existen dos tipos de responsabilidad:

- **Limitada.** La responsabilidad se limita al capital, bienes y derechos que figuren a nombre de la empresa, y nunca alcanzará a nuestros propios bienes personales.

> **CASO PRÁCTICO 1**
>
> Pedro es socio de una Sociedad de Responsabilidad Limitada, y aportó en su constitución 600.000 pesetas. Los otros dos socios aportaron también 600.000 pesetas cada uno. La Sociedad tiene una deuda de tres millones de pesetas. Pedro sólo responde de esa deuda por el importe de su aportación (600.000 pesetas).

- **Ilimitada.** En este caso, la responsabilidad abarca, además de a los bienes, derechos y capital de la empresa, a los propios personales de los socios, si los de la empresa no son suficientes para pagar las deudas contraídas.

> **CASO PRÁCTICO 2**
>
> Roberto, que es empresario individual, tiene una deuda con un cliente por valor de cinco millones de pesetas. Para hacer frente a la misma tiene que acudir, si le hace falta, a su patrimonio (cuentas corrientes, piso, etc.).

ILIMITADA

- Empresario individual
- Sociedad colectiva
- Sociedad comanditaria (para los socios colectivos)
- Comunidad de bienes

LIMITADA

- Sociedad de responsabilidad limitada
- Sociedad Anónima
- Sociedad Laboral
- Cooperativa
- Sociedad Comanditaria
- (para los socios comanditarios)

Esquema 7.2. Responsabilidad de los socios en las diferentes formas jurídicas.

❑ Número de socios

Otro factor que se debe considerar es el número de personas que van a participar en el proyecto. Si se trata de un socio único, lo normal es que elija la forma jurídica de empresario individual, pero podría elegir otra fórmula societaria (por ejemplo la Sociedad de Responsabilidad Limitada). En el caso de que sean varios los promotores, lo aconsejable es constituir una sociedad.

No obstante, la fórmula jurídica que elijamos también está condicionada por el número mínimo de socios que la ley establece para cada sociedad.

Cuadro 7.1. Número mínimo necesario de socios necesario para cada forma jurídica

Forma jurídica	N.º mínimo de socios
Sociedad Colectiva	2
Sociedad Comanditaria	2
Sociedad de Responsabilidad Limitada	1
Sociedad Anónima	1
Sociedad Laboral	3
Comunidad de Bienes	2
Cooperativa de Trabajo Asociado	5
Cooperativa de Segundo Grado	2

TEXTO DE APOYO

Exposición de motivos. Ley 2/1995 de Sociedades de Responsabilidad Limitada.

IV. *Uno de los aspectos más delicados de la reforma es el relativo a la sociedad unipersonal. En esta materia se han enfrentado tradicionalmente dos concepciones radicalmente diferentes: para algunos, la sociedad unipersonal, sea originaria o sobrevenida, únicamente debe ser cauce jurídico para las exigencias de la pequeña y mediana empresa. Para otros, por el contrario, la admisibilidad general de la sociedad unipersonal no es otra cosa sino un homenaje a la sinceridad de que todo legislador debe hacer gala cuando advierte un divorcio entre la realidad y el derecho legislado.*

De entre estas dos concepciones, la Ley se orienta decididamente por la segunda, admitiendo la unipersonalidad originaria o sobrevenida, tanto respecto de las sociedades de responsabilidad limitada como para las sociedades anónimas.

❑ Capital social

La ley establece, para algunas de las formas jurídicas, un capital social mínimo, necesario para poder constituir ese tipo de sociedad. Si no se aporta entre todos los socios ese mínimo, la sociedad no puede constituirse. No obstante, los socios pueden aportar bienes o capital por un valor superior al mínimo marcado por la ley.

En otros casos, no existe mínimo legal y los socios pueden decidir la aportación que van a realizar.

El **capital social** es la aportación que hacen los socios en dinero, bienes o trabajo. Se aporta para la puesta en marcha o funcionamiento del negocio, y pasa a formar parte de la sociedad.

La aportación de cada socio le hace dueño de la empresa en la parte proporcional del capital aportado por cada uno de ellos.

Cuadro 7.2. Capital social mínimo para cada forma jurídica

Forma jurídica	Capital social mínimo
Empresario individual	No hay capital social
Sociedad Colectiva	No hay capital social mínimo
Sociedad Comanditaria	No hay capital social mínimo
Sociedad Comanditaria por Acciones	10 millones de pesetas
Sociedad de Responsabilidad Limitada	500.000 pesetas
Sociedad Anónima	10 millones de pesetas
Sociedad Laboral	500.000 pesetas
Comunidad de Bienes	No hay capital social mínimo
Sociedad Cooperativa	No hay capital social mínimo

❑ Aspectos fiscales

Cada una de las formas jurídicas está sometida a un régimen de tributación diferente, y ello también debe ser considerado a la hora de la elección.

Se pueden diferenciar dos áreas: la de aquellas formas jurídicas sujetas al **Impuesto sobre la Renta de las Personas Físicas (IRPF)**, en sus diferentes modalidades (Estimación Directa o Estimación Objetiva Singular por coeficientes o por módulos), y las sometidas al **Impuesto de Sociedades (IS)**.

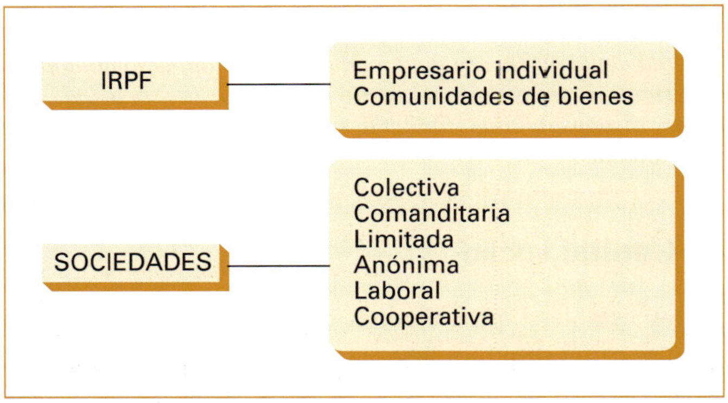

Esquema 7.3. Fiscalidad de las diferentes formas jurídicas.

Las complicaciones administrativas y contables son mayores generalmente en una sociedad que en el caso de un empresario individual.

En cualquier caso, de lo que se trata es de calcular el rendimiento del negocio y aplicar sobre él un tipo impositivo que nos da como resultado lo que hay que pagar a Hacienda.

El **tipo impositivo** que se aplica es diferente en ambos casos. Así, el IRPF, según el rendimiento del negocio, *varía* desde un 0 a un 56 por 100, mientras que en el IS en principio el tipo es *fijo* al 35 por 100, salvo para las cooperativas fiscalmente protegidas, que es del 20 por 100, y para las sociedades que facturen menos de 250 millones de pesetas al año, los primeros 15 millones de beneficios tributarán al 30 por 100.

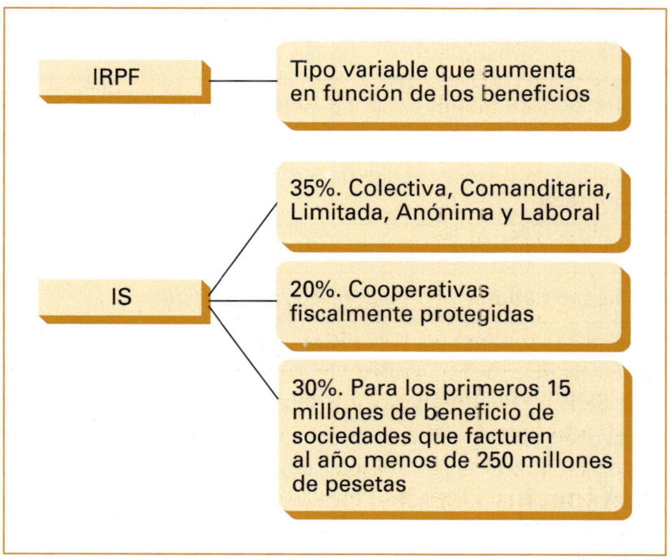

Esquema 7.4. Tipos impositivos de las diferentes formas jurídicas.

TEXTO DE APOYO

Empresas existentes en España según su forma jurídica	
Personas físicas	1.656.216
Sociedades Anónimas	143.175
Sociedades de Responsabilidad Limitada	422.051
Sociedades Colectivas	733
Sociedades Comanditarias	118
Comunidades de Bienes	71.149
Cooperativas	21.503
Asociaciones y otros tipos	64.499
Organismos autónomos y otros	5.267
Total	**2.384.711**

Fuente: Directorio Central de Empresas (DIRCE). Resultados estadísticos, 1996. Tomo I. Datos de Empresas.

7.2. Características de las diferentes formas jurídicas

Vamos a hacer referencia a las características más importantes de los diferentes modelos que puede adoptar la empresa. Deberán ser tenidos en cuenta, junto con los aspectos relacionados en el apartado anterior, a la hora de decidir el tipo de empresa.

Esquema 7.5. Formas jurídicas más importantes.

Los trámites para la constitución y puesta en marcha de las diferentes formas jurídicas se analizarán en la Unidad de Trabajo 8.

7.2.1. Empresario individual

Podemos definir al empresario individual como aquella **persona física**, con capacidad legal, que realiza **en su nombre**, por sí o a través de sus representantes, de forma habitual, una **actividad** comercial, industrial o profesional, respondiendo del cumplimiento de sus obligaciones con todos sus bienes, sin que exista diferencia entre su patrimonio mercantil y su patrimonio civil (responsabilidad ilimitada).

Pueden ser empresarios individuales todas aquellas personas que sean mayores de edad y estén capacitadas para disponer libremente de sus bienes y propiedades. También pueden serlo menores o incapacitados a través de sus representantes legales.

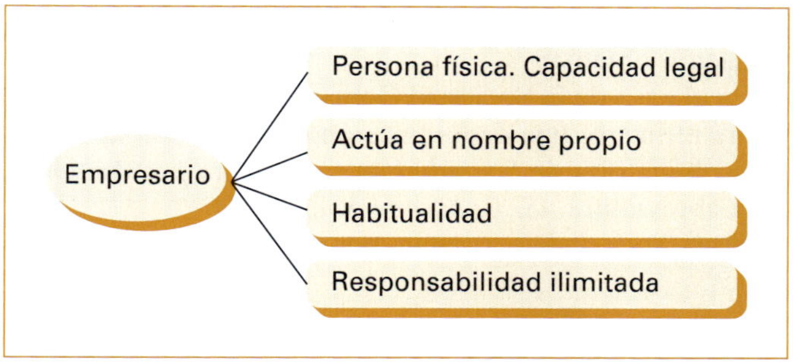

Esquema 7.6. Características del empresario individual.

Esta forma jurídica es la más simple en cuanto a su tramitacion, y la más barata, pero conlleva un alto riesgo empresarial.

Para adquirir la condición de empresario individual no existe ningún trámite previo, ya que ni siquiera es obligatoria (auque sí voluntaria) la inscripción en el Registro Mercantil.

Los empresarios individuales tributan a través del Impuesto sobre la Renta de las Personas Físicas con un tipo impositivo que varía en función del rendimiento del negocio.

7.2.2. Sociedad Colectiva

❑ Concepto

Es una sociedad personalista en la que todos los socios se comprometen a participar, en la proporción que establezcan, de los mismos derechos y obligaciones en una actividad mercantil. Su responsabilidad económica no se limita al capital aportado por ellos, sino que se extiende a su patrimonio particular.

Esta responsabilidad es:

- **Ilimitada**, ya que los socios no responden solamente con los bienes aportados, sino también con los bienes propios presentes y futuros. No obstante, se trata de una responsabilidad **subsidiaria**, ya que primero hay que agotar los bienes de la sociedad.
- **Personal**, ya que son los socios los que están obligados y no otras personas.
- **Solidaria**, ya que a cualquiera de los socios se le puede exigir el total de la deuda.

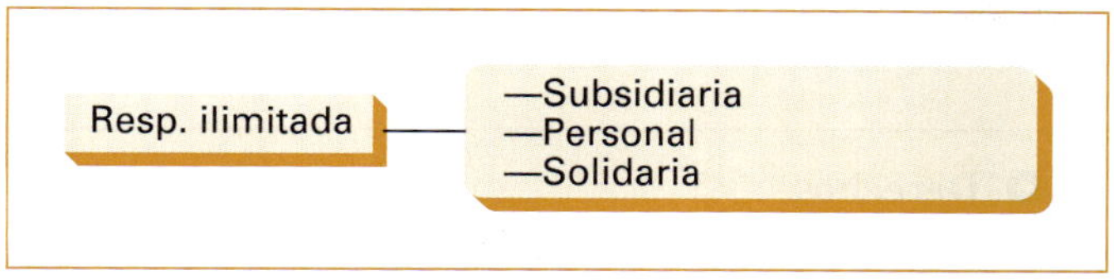

Esquema 7.7. Responsabilidad de los socios colectivos.

Esta forma jurídica sólo es adecuada cuando se trata de pocos socios (mínimo dos), debido al alto grado de implicación de los mismos (gestión, responsabilidad ilimitada).

Los socios podrán aportar dinero, bienes o trabajo. Si existe algún socio que sólo aporta trabajo, se le llamará **socio industrial** y a la sociedad **Colectiva Irregular**.

El socio industrial no puede participar en la gestión de la sociedad, y tiene una particiación en los beneficios igual a la del socio que aportó menor capital. En cuanto a las pérdidas, no participa en ellas.

CASO PRÁCTICO 3

La Sociedad Colectiva «José Manuel García García y Compañía» tiene 4 socios, y uno de ellos sólo aporta trabajo (industrial). La aportación de cada uno de ellos fue:

a) Un millón de pesetas
b) 500.000 pesetas
c) 1.500.000 pesetas
d) Trabajo (socio industrial).

Los estatutos de la sociedad señalan que los beneficios y pérdidas se repartirán en proporción a lo aportado.

En el año 1995 tuvieron unos **beneficios** de 1.050.000 pesetas. La distribución de los mismos será:

a) 300.000 pesetas.
b) 150.000 pesetas.
c) 450.000 pesetas.
d) 150.000 pesetas.

En el año 1996 tuvieron 600.000 pesetas de **pérdidas**. La distribución será:

a) 200.000 pesetas.
b) 100.000 pesetas.
c) 300.000 pesetas.
d) No participa en las pérdidas.

❑ Constitución

Como requisito para que su constitución sea válida, ésta debe hacerse mediante **escritura pública**, que se inscribirá en el **Registro Mercantil**, momento en que la sociedad adquiere su personalidad jurídica.

El nombre de la Sociedad estará constituido por los nombres de todos sus socios, o de alguno de ellos. En este caso deberá añadirse la expresión *y Compañía*, o la abreviatura *y Cía.* No podrá incluir nombres de personas que no sean socios de la misma, ni denominaciones objetivas.

Los beneficios y las pérdidas se repartirán según lo señalado en los estatutos de la sociedad y, si no se dice nada al respecto, se hará en proporción al capital aportado por cada socio.

❑ Derechos y deberes de los socios

Los socios tienen los siguientes derechos y deberes:

O Derechos

- Participar en la gestión de la sociedad, salvo que en el contrato social se estipule otra cosa.
- Examinar en todo momento el estado de la administración y la contabilidad.
- Participar en los beneficios.

O Deberes

- Participar en la gestión cuando así se estipule.
- Contribuir con la aportación comprometida en el momento de constitución.
- Abstenerse de hacer competencia a la sociedad.
- Responder con su patrimonio frente a las deudas sociales.

Las Sociedades Colectivas tributan a través del Impuesto de Sociedades.

7.2.3. Sociedad Comanditaria

Es una sociedad compuesta por socios **colectivos** con responsabilidad ilimitada y socios **comanditarios** con responsabilidad limitada, que se comprometen a participar en una actividad mercantil dirigida exclusivamente por los socios colectivos.

Estos socios comanditarios son aportantes de capital y lo único que les interesa es obtener dividendos, no trabajan en la sociedad ni participan en la gestión.

Actualmente es muy poco frecuente.

❑ Tipos

Hay dos clases de sociedades comanditarias:

- La **Comanditaria simple**, cuyo concepto hemos ofrecido al comienzo del apartado. El número mínimo de socios es dos, y no tiene límite mínimo en cuanto al capital social.
- La **Comanditaria por acciones** es semejante a la simple, pero el capital aportado por los socios comanditarios está representado por acciones. El número mínimo de socios en este caso es de tres y el capital social 10 millones de pesetas como mínimo.

La sociedad se constituye mediante escritura pública, que se inscribirá en el Registro Mercantil. En dicha escritura deberán figurar los mismos datos que en las Sociedades Colectivas.

La denominación de la sociedad estará formada exclusivamente por el nombre de los socios colectivos, o de alguno de ellos, añadiéndose en este último caso *y Compañía*, y en todos los casos *Sociedad en Comandita*. Los nombres de los socios comanditarios no podrán figurar en la denominación de la sociedad y tampoco podrán tener una denominación objetiva.

En el caso de la Sociedad Comanditaria por acciones, sí podrá utilizarse una denominación objetiva, con la indicacion obligatoria de *Sociedad en Comandita por Acciones,* o su abreviatura «*S. Com. por A.*».

Estas sociedades tributan por el Impuesto de Sociedades.

❑ Ganancias y Pérdidas

Se actuará según lo que se señale en la escritura de fundación. Si no se estipula nada, todos los socios participarán en los beneficios en proporción a lo aportado, pero en las pérdidas, los socios comanditarios no podrán perder más de lo que aportaron o se comprometieron a aportar (responsabilidad limitada).

7.2.4. Sociedad de Responsabilidad Limitada

❑ Concepto

Es una sociedad que puede ser constituida con uno o más socios y con un capital mínimo de 500.000 pesetas, totalmente desembolsado, dividido en participaciones indivisibles y acumulables (un socio puede ser titular de varias).

Las participaciones no pueden transmitirse libremente a personas ajenas a la sociedad. Salvo que los estatutos dispongan otra cosa, sólo se pueden transmitir al cónyuge, padres o hijos, o a otros socios. (Ver Esquema 7.8.)

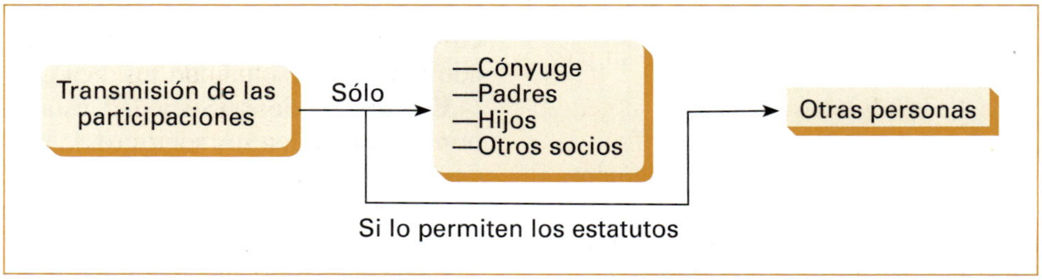

Esquema 7.8. Transmisión de las participaciones en las S. L.

La responsabilidad de los socios queda limitada al importe de su cuota o cuotas de participación (responsabilidad limitada).

La sociedad se constituye mediante escritura pública (otorgada por **todos** los socios fundadores, por sí mismos o por medio de un representante) que se inscribirá en el Registro Mercantil, siendo en este último momento cuando adquiere personalidad jurídica.

En la escritura de constitución deben constar los siguientes datos:

- La identidad del socio o socios.
- La voluntad de constituir una sociedad de responsabilidad limitada.
- Las aportaciones que realice cada socio y la numeración de las participaciones asignadas en pago.
- Los estatutos de la sociedad.
- La determinación del modo concreto en que inicialmente se organice la administración, en caso de que los estatutos prevean diferentes alternativas.
- La identidad de la persona o personas que se encarguen inicialmente de la administración y de la representación social.
- Otros pactos que se estime conveniente, siempre que no sean contrarios a la ley.

Cuadro 7.3. Estatutos de las Sociedades Limitadas

ESTATUTOS DE LA S. L.	
Deberán contener:	• Denominación de la sociedad • El objeto social, determinando las actividades que lo integran. • La fecha de cierre del ejercicio social. • El domicilio social. • El capital social, las participaciones en que se divida, su valor nominal y su numeración correlativa. • El modo o modos de organizar la administración de la sociedad.
Presunciones:	• Salvo disposición en contrario de los estatutos, las operaciones sociales darán comienzo en la fecha del otorgamiento de la escritura de constitución. • La sociedad tendrá duración indefinida, si no se estipula nada en contra en los estatutos.

El nombre de la sociedad podrá ser objetivo o subjetivo, pero habrá de incorporar la expresión *Sociedad de Responsbailidad Limitada (SRL)* o *Sociedad Limitada (SL)*.

La distribución de ganancias y pérdidas se hará proporcionalmente a la cuota de participación que tenga cada socio.

En las Sociedades de Responsabilidad Limitada existirán como órganos de gobierno:

- La **Junta General de Socios**, cuando el número de socios exceda de 15. Está formada por todos los socios de la Sociedad y es el órgano principal.
- Un **administrador** único, o varios con facultades conjuntas, que pueden ser o no socios.

❑ Derechos y obligaciones de los socios

La principal **obligación** de los socios consiste en aportar las cantidades a las que se hubieran comprometido.

En cuanto a sus **derechos**, los más importantes son:

- Asistir a la Junta General de Socios y participar de los acuerdos que se tomen.
- Separar a los administradores de su cargo por acuerdo de la Junta General.
- Revisar las cuentas anuales y aprobarlas.
- Recibir los beneficios que le correspondan en función de su participación social y en el patrimonio resultante de la liquidación de la sociedad.
- Derecho de tanteo en la adquisición de las participaciones de los socios salientes (se denomina derecho de tanteo al derecho de compra preferente de los socios de las participaciones de otro socio, frente a terceras personas ajenas a la sociedad).

Las Sociedades de Responsabilidad Limitada tributan por el Impuesto de Sociedades.

7.2.5. La Sociedad Anónima

❑ Concepto y características

Es una sociedad constituida por uno o más socios, cuyo capital social es, como mínimo, de 10 millones de pesetas y está dividido en títulos que se pueden transmitir libremente, generalmente de igual valor, denominados **acciones**. Los socios que las poseen sólo responden por el valor representado por ellas (responsabilidad limitada).

CAPITAL SOCIAL = NÚMERO ACCIONES × × VALOR NOMINAL DE CADA ACCIÓN

En cuanto a sus **características**, podemos señalar las siguientes:

- Es una sociedad eminentemente capitalista. No importa la identidad de los socios, sólo interesa la aportación de capital.
- El capital está íntegramente representado por acciones.
- La responsabilidad de los socios se limita al valor de sus acciones.
- Se rige democráticamente por una mayoría simple de votos.

TEXTO DE APOYO

Las acciones (T. R. Ley de Sociedades Anónimas)

Art. 47.

1. Las acciones representan partes alícuotas del capital social. Será nula la creación de acciones que no respondan a una efectiva aportación patrimonial a la sociedad.
2. No podrán ser emitidas acciones por una cifra inferior a su valor nominal.

Art. 48.

1. La acción confiere a su titular legítimo la condición de socio y le atribuye los derechos reconocidos en esta Ley y en los estatutos.

- El capital mínimo para su constitución es de 10 millones de pesetas. Debe estar íntegramente **suscrito** en el momento de constituirse la sociedad, es decir, debe de haber un compromiso por parte de los socios para cubrir la totalidad del capital, que por lo menos debe estar **desembolsado** (pagado) en un 25 por 100.
- Aunque se puede constituir una sociedad con un solo socio (unipersonal), lo más habitual es que la Sociedad Anónima se forme con varios socios.

❑ Constitución de la sociedad

Se realizará mediante escritura pública y posterior inscripción en el Registro Mercantil, en este momento adquirirá personalidad jurídica.

En el nombre de la sociedad deberá figurar obligatoriamente la expresión *Sociedad Anónima* o su abreviatura, *S. A.*

❑ Órganos de gobierno de la S. A.

Son los siguientes:

- La **Junta General**. Es la reunión de todos los socios para deliberar y tomar acuerdos sociales por mayoría de votos.

TEXTO DE APOYO

De la Junta General (T. R. Ley de Sociedades Anónimas)

- Art. 94. *Clases de juntas.* Las juntas generales podrán ser ordinarias o extraordinarias y habrán de ser convocadas por los administradores de la sociedad.
- Art. 95. *Junta ordinaria.* La junta general ordinaria, previamente convocada al efecto, se reunirá necesariamente dentro de los seis primeros meses de cada ejercicio para censurar la gestión social, aprobar, en su caso, las cuentas del ejercicio anterior y resolver sobre la aplicación del resultado.
- Art. 96. *Junta extraordinaria.* Toda junta que no sea la prevista en el artículo anterior tendrá la consideración de junta general extraordinaria.

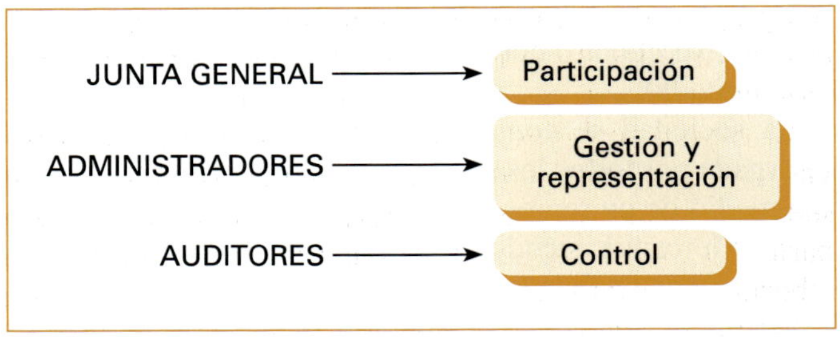

Esquema 7.9. Órganos de la S. A. y su función.

- Los **administradores**, que ejercen la doble función de gestión y representación. Cuando la gestión se encomienda a un grupo de personas se constituye un **Consejo de Administración**.
- Los **auditores de cuentas.** Constituyen un órgano interno de revisión de la contabilidad. Su nombramiento se hace en la Junta General, y no cesarán en su cargo hasta que se celebre la Junta en la que se aprueben las cuentas del ejercicio.

❑ Obligaciones y derechos de los socios

La principal **obligación** del accionista se limita a realizar el pago de capital correspondiente al valor de sus acciones.

En cuanto a los **derechos**, fundamentalmente son los siguientes:

- Derecho a *participar en las ganancias sociales*. La participación que se ofrece a los accionistas sobre los beneficios sociales, y que se decide en la Junta General, se denomina *dividendos*, que podemos definir como la ganancia correspondiente a cada acción, que se produce en un año determinado.
- Derecho a *participar en el patrimonio de la sociedad*, en el caso de que ésta se liquide.
- Derecho a la *suscripción preferente de nuevas acciones* en caso de ampliación de capital.
- Derecho de *asistir a la Junta General de Socios*, a pedir información y a ejercer su derecho de voto.

CASO PRÁCTICO 4

Carlos Sánchez Julián es socio accionista de «Palma, SA», que va a ampliar capital. Carlos quiere comprar nuevas acciones, y pregunta al administrador si puede hacerlo. Le contestan que por ser socio tiene derecho de suscripción preferente y puede adquirir acciones antes de que se ofrezcan a personas no socios.

7.2.6. La Sociedad Laboral

Vienen reguladas por Ley 4/1997 de 24 de marzo y son aquellas Sociedades Anónimas o Sociedades de Responsabilidad Limitada en las que la mayoría del capital social sea propiedad de trabajadores que presten en ellas servicios retribuidos de forma personal y directa y cuya relación laboral lo sea por tiempo indefinido.

El **capital social** estará dividido en acciones nominativas o participaciones sociales, y ningún socio podrá poseer un número de ellas que represente más de la tercera parte del capital social, salvo que se trate de sociedades laborales participadas por el Estado, las comunidades autónomas o entidades públicas locales, en cuyo caso su participación no podrá alcanzar el 50 por 100 del capital social.

Las acciones y participaciones de las Socieddes Laborales se dividen en dos clases:

- *Laborales:* las que sean propiedad de los trabajadores cuya relación laboral lo sea por tiempo indefinido.
- *Generales:* las restantes.

En una Sociedad Laboral pueden existir tres tipos de miembros:

a) **Socios trabajadores.** Están ligados a la empresa por un contrato indefinido y a jornada completa. Prestan sus servicios a la sociedad de forma personal y directa.

b) **Socios no trabajadores.** Son propietarios de acciones o de participaciones, pero no tienen relación laboral con la sociedad.

c) **Trabajadores asalariados.** Estas sociedades pueden contratar trabajadores por tiempo indefinido que no sean socios, pero el número de horas-año trabajadas por éstos no podrá ser superior al 15 por 100 del total de horas-año trabajadas por los socios trabajadores. Si la sociedad tiene menos de 25 socios trabajadores, el porcentaje será del 25 por 100.

La sociedad tendrá personalidad jurídica desde su inscripción en el Registro Mercantil, si bien para ello deberá aportarse el certificado que acredite que dicha sociedad ha sido calificada por el Ministerio de Trabajo como tal e inscrita en el Registro de Sociedades Laborales.

En la denominación de la sociedad deberá figurar la indicación *Sociedad Anónima Laboral* o *Sociedad de Responsabilidad Limitada Laboral,* o sus abreviaturas SAL o SLL, según proceda.

Estas sociedades tienen la obligación de constituir un **Fondo Especial de Reserva**, dotado con un 10 por 100 de los beneficios netos de cada ejercicio, y que no podrá ser repartido entre los socios, salvo en caso de liquidación de la sociedad.

La sociedad tributa a través del Impuesto de Sociedades, y los socios trabajadores estarán afiliados al Régimen General o a alguno de los Regímenes especiales de la Seguridad Social, según proceda.

En lo no previsto en la Ley de Sociedades Laborales, éstas se regirán por las normas correspondientes a las Sociedades Anónimas o a las Sociedades de Responsabilidad Limitada, según la forma que ostenten.

7.2.7. Las Sociedades Cooperativas

❑ Concepto y características

Es un grupo de personas, físicas o jurídicas, que con capital variable y bajo una estructura y gestión democráticas, se asocian mediante una empresa, en régimen de libre adhesión y baja voluntaria, para solucionar sus necesidades económicas y sociales en común, asumiendo riesgos y compartiendo beneficios una vez atendidos los fondos comunitarios.

La gestión y gobierno de las Cooperativas corresponde exclusivamente a éstas y a sus socios.

En cuanto a las **características**, las más importantes son:

- El capital es *variable*, ya que puede aumentar o disminuir en función del número de socios.
- La adhesión y baja de los socios es libre.
- Funcionan de forma democrática. Cada miembro tiene un voto, con independencia de su aportación.
- Los socios no responderán personalmente de las deudas sociales (*responsabilidad limitada*), salvo disposición en contra de los estatutos, que deberán señalar, para este caso, el alcance de la responsabilidad.
- Las Cooperativas no tienen ánimo de lucro, sino que persiguen otros *fines de interés económico social*, por ello, si hay excedentes una vez atendidos los fondos comunitarios, deben ser repartidos de forma equitativa entre sus miembros en función de las actividades que realizan, y no según el capital aportado.

❑ Clases de cooperativas

Las Cooperativas se clasifican como de *primer grado* cuando sus socios son personas físicas o jurídicas (cinco como mínimo), y de *segundo o ulterior grado* si están constituidas por dos o más cooperativas de la misma o distinta clase (como mínimo dos).

La ley recoge 13 tipos de cooperativas de primer grado:

— De trabajo asociado.
— De consumidores y usuarios.
— De viviendas.
— Agrarias.
— Del mar.
— De transportistas.
— De seguros.
— Sanitarias.

TEXTO DE APOYO

Constitución Española

- Art. 129.2. Los poderes públicos promoverán eficazmente las diversas formas de participación en la empresa y fomentarán, mediante una legislación adecuada, las sociedades cooperativas. También establecerán los medios que faciliten el acceso de los trabajadores a la propiedad de los medios de producción.

— De explotación comunitaria de la tierra.
— De servicios.
— De enseñanza.
— Educacionales.
— De crédito.

El número mínimo de socios es de cinco en las de primer grado y de dos en las de segundo grado, y quedará constituida y tendrá personalidad jurídica desde el momento en que se inscriba la escritura pública de constitución en el correspondiente **Registro de Cooperativas**.

El nombre de la sociedad incluirá la expresión *Sociedad Cooperativa*, o su abreviatura, *S. Coop.*

Las que están protegidas fiscalmente tributan por el Impuesto de Sociedades al tipo reducido del 20 por 100.

❑ Órganos de la sociedad

Son los siguientes:

- La **Asamblea General.** Está constituida por todos los socios y es el órgano supremo de expresión de la voluntad social. Sus acuerdos obligan a todos los socios, y en ella cada socio tiene un voto.

  La Asambla General *Ordinaria* se convoca por el Consejo Rector una vez al año, dentro de los seis meses siguientes a la fecha de cierre del ejercicio económico. La Asamblea General *Extraordinaria* se convoca por el Consejo Rector a petición de los socios que representen el 10 por 100 del total de los votos, tantas veces como convenga a los intereses de la cooperativa.
- El **Consejo Rector**. Es el órgano de gobierno, gestión y representación de la sociedad. El número de miembros no podrá ser inferior a tres, elegidos entre los socios por un período de dos a cuatro años.

  Sólo pueden ser elegidos consejeros los socios que sean personas físicas.
- Los **interventores**. Informan sobre las cuentas anuales antes de ser presentadas para su aprobación a la Asamblea General. Para ello, tienen derecho a consultar y comprobar libremente la documentación de la cooperativa.

  No serán más de tres, y su mandato tendrá una duración de entre uno y tres años.
- El **director o gerente**. Es nombrado por el Consejo Rector, y no tiene que ser socio. Debe hacer un informe cada dos meses sobre la situación económica de la sociedad. Asiste al Consejo Rector con voz, pero no tiene voto.
- **Comité de Recursos**. Tramitan y resuelven los recursos contra las sanciones impuestas a los socios por el Consejo Rector. Sólo existe en las cooperativas de primer grado.

  Está formado por un mínimo de tres miembros, que son elegidos por la Asamblea General entre los socios con un mandato de dos años.

Esquema 7.10. Funciones de los órganos de gobierno de la cooperativa.

❑ Obligaciones y derechos de los socios

○ Obligaciones

- Efectuar los desembolsos de sus aportaciones al capital social.
- Asistir a las reuniones de la Asamblea General, así como cumplir los acuerdos válidamente adoptados.
- Participar en las actividades cooperativizadas.
- Guardar secreto sobre aquellos asuntos de la cooperativa cuya divulgación pueda perjudicar a los intereses sociales.
- No realizar actividades competitivas con la cooperativa.
- Aceptar los cargos para los que fuera elegido, salvo justa causa de excusa.
- Participar en las actividades de formación.
- Cualquier otra obligación que se establezca en los estatutos.

Derechos

- Ser elector y elegible para cargos de los órganos sociales.
- Participar con voz y con voto en la Asamblea General.
- Recibir información.
- Participar en la actividad empresarial.
- Percibir la liquidación, en caso de baja o disolución de la sociedad.
- A la parte del beneficio que le corresponda. A éste se le denomina **retorno cooperativo** y es establecido por la Asamblea General.
- Percibir intereses por sus aportaciones al capital social si lo prevén los estatutos.

Especial referencia a las Cooperativas de Trabajo Asociado

Las Cooperativas de Trabajo Asociado, al igual que las Sociedades Laborales, surgen como resultado de la capacidad de autoorganización de los propios trabajadores y responden a inciativas para hacer frente al desempleo.

Las Cooperativas de Trabajo Asociado son aquellas que asocian, al menos, a cinco personas naturales (con nombre y apellidos) para desarrollar una actividad, cuyo objeto es proporcionar puestos de trabajo a los socios para producir en común bienes o servicios para vender a terceros. Por tanto, no pueden ser socios de estas cooperativas las entidades jurídicas, como sociedades anónimas, fundaciones, asociaciones, etc.

En este tipo de cooperativa, la cualidad de socio va indisolublemente unida a la de trabajador al servicio de la coopertiva, ya que lo realmente importante es la prestación laboral del socio.

En una Cooperativa de Trabajo Asociado se admite una serie de figuras: socios, asociados y trabajadores por cuenta ajena, si bien las dos últimas figuras pueden no darse en estas cooperativas.

- **Socios.** Para formar una Cooperativa de Trabajo Asociado se necesitan como mínimo cinco socios. Éstos sólo pueden ser personas físicas.

  Para ser admitidos como socios han de cumplir unos requisitos, como son: ser mayor de 16 años, aportar la cantidad mínima obligatoria fijada en los Estatutos (normalmente el 25 por 100 de la aportación) y pasar el período de prueba previsto en los estatutos que, en general, no será superior a seis meses.

  Los socios tienen los mismos derechos y obligaciones que se han visto para las cooperativas, pero, además, tienen los siguientes derechos:

  — Derecho a percibir, en plazo no superior a un mes, «anticipos laborales» a cuenta de los resultados finales del ejercicio económico (equivalentes al salario para estos socios trabajadores).

  — Derecho a vacaciones, permisos y descansos, en los términos previstos en la Ley y en los estatutos, así como a disfrutar de los beneficios de la Seguridad Social, pudiendo optar por el Régimen General o el Especial de Autónomos.

  — Derecho al reembolso de sus aportaciones cuando causen baja.

- **Los asociados.** Son aportantes de capital social, y sus aportaciones no pueden superar las sumas de las de los socios trabajadores, siendo incompatible ser a la vez socio trabajador y asociado.

  Los asociados no tienen derecho a retorno cooperativo, pero sí un **interés** por sus aportaciones; este interés no será inferior al percibido por los socios ni superior en más de cinco puntos al interés legal del dinero.

  Los asociados no podrán ser nombrados miembros del Consejo Rector, ni del Comité de Recursos, ni interventores. Sí podrán asistir a la Asamblea General, con voz y un número de votos que en conjunto no supere el 20 por 100 de la totalidad.

  En el supuesto de baja, el asociado tendrá derecho al reembolso de sus aportaciones al capital social. El plazo de reembolso no excederá de tres años a partir de la fecha de baja, o, en su caso, del plazo mínimo de permanencia obligatoria en la cooperativa.

- **Trabajadores.** La cooperativa puede contratar trabajadores, pero el número de asalariados contratados por tiempo indefinido no puede ser superior al 10 por 100 del total de los socios.

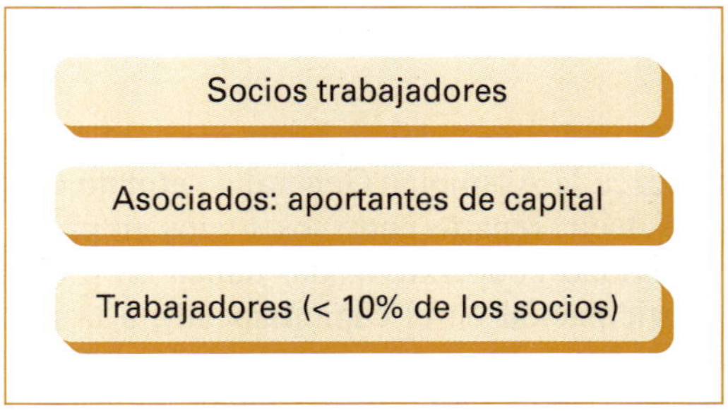

Esquema 7.11. Personas que pueden intervenir en una Cooperativa de Trabajo Asociado.

Los órganos que se ocupan del gobierno y control de la Cooperativa son: la Asamblea General, el Consejo Rector, los interventores y el Comité de Recursos.

Cuando en una cooperativa concurran circunstancias que dificulten la presencia simultánea de todos los socios y asociados en la Asamblea General para debatir los asuntos y adoptar los correspondientes acuerdos, los estatutos podrán establecer que las competencias de la Asamblea General se ejerzan mediante una **Asamblea General de Delegados**, designados en juntas preparatorias.

El **Capital Social** estará constituido por las aportaciones obligatorias y voluntarias de los socios y, en su caso, de los asociados. En los estatutos se fijará el capital mínimo, puesto que no está legalmente establecido el límite máximo ni mínimo para formar este capital social.

Las aportaciones se acreditarán mediante títulos nominativos, que en ningún caso tendrán la consideración de títulos valores (no son acciones).

El importe total de las aportaciones de cada socio no puede exceder del 25 por 100 del capital social.

Las aportaciones de capital pueden ser obligatorias o voluntarias. Las primeras están establecidas en los estatutos, donde se fija la cantidad obligatoria mínima para ser socio, que deberá desembolsarse, inicialmente, al menos en un 25 por 100; el resto se desembolsará en la forma y plazos previstos por los estatutos o por la Asamblea General.

Las aportaciones voluntarias se acuerdan por la Asamblea General y deberán desembolsarse totalmente en el momento de la suscripción.

Al cierre del ejercicio económico, el Consejo Rector confeccionará el balance, la cuenta de pérdidas y ganancias y la memoria explicativa, y la propuesta de distribución de excedentes o ganancias, así como el destino de los beneficios extracooperativos o de la imputación de las pérdidas.

Los **excedentes netos** del ejercicio económico, una vez deducidos los impuestos, se aplicarán a los siguientes fines:

- Al **fondo de reserva obligatorio**. Destinado a la consolidación, desarrollo y garantía de la cooperativa.
- Al **fondo de educación y promoción**, destinado a actividades de formación y educación de los socios.
- El resto de los excedentes se pueden aplicar según lo establezca la Asamblea General a **retorno cooperativo** (es decir, reparto entre los socios en proporción a su actividad cooperativizada, nunca en proporción a su participación en el capital social), a la **participación de los trabajadores asalariados** en los beneficios de la cooperativa (equivalente al 25 por 100 del retorno obtenido por un socio trabajador con actividad similar o igual), a **incrementar el fondo de reserva obligatorio**, o a la **creación de un fondo de reserva voluntario**.

7.2.8. Las Comunidades de Bienes

La Comunidad de Bienes es un tipo de propiedad con las siguientes características, recogidas en el Código Civil, artículos 392 a 406:

- Unidad de la cosa.
- Pluralidad de sujetos.

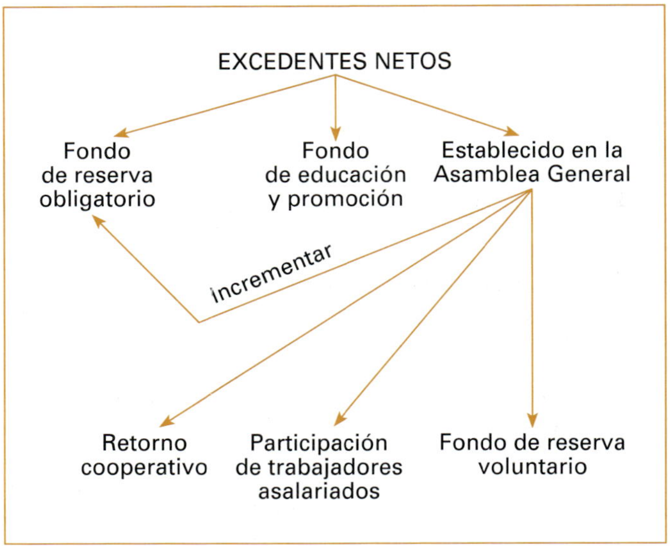

Esquema 7.13. Posible distribución de los excedentes.

Según nuestra legislación, hay comunidad cuando la propiedad de una cosa o de un derecho pertenece *proindiviso* a varias personas.

El número mínimo de socios (**comuneros**) es de dos, y éstos responden con todo su patrimonio (**responsabilidad ilimitada**) sin que exista un capital social mínimo para su constitución.

Ésta es una forma jurídica válida si el negocio es simple y requiere poca inversión.

La denominación de la comunidad será el nombre completo del primer comunero, seguido de la expresión *y otros*, y de las siglas *CB*.

❑ En cuanto a su régimen tributario

- Es la comunidad como tal la que debe darse de alta y no cada uno de los miembros en el **Impuesto de Actividades Económicas** (IAE).
- No tributan por el Impuesto de Sociedades, ya que no tienen personalidad jurídica, pero sí lo debe hacer cada comunero, en su parte proporcional, por los beneficios que obtenga la sociedad (rendimiento de actividades empresariales) en el **Impuesto sobre la Renta de las Personas Físicas** (IRPF).
- Debe declararse de forma conjunta por toda la comunidad el **Impuesto sobre el Valor Añadido** (IVA).

❑ En relación con su régimen laboral

Los trabajadores por cuenta ajena de una comunidad deben darse de alta en la Seguridad Social en el *régimen general*, no así los comuneros que aporten trabajo a la comunidad, que deben darse de alta como *autónomos*. Los que solamente aportan capital no se computan como trabajadores y, por tanto, no deben darse de alta.

Actividades de Enseñanza - Aprendizaje

1. Analiza los diferentes factores que hay que tener en cuenta en la elección de la forma jurídica.
2. Reflexiona acerca de los posibles tipos de responsabilidad que puede asumir un emprendedor en función de la forma jurídica que elija.
3. Compara la fiscalidad de las diferentes formas jurídicas.
4. Localiza información en alguna revista especializada sobre el tipo de empresa que más se constituye en nuestro país. Realiza un coloquio en clase.
5. Confecciona un cuadro que recoja los factores diferenciadores que hay que considerar en función del tipo de empresa.
6. Redacta los estatutos de una Sociedad de Responsabilidad Limitada simulada.
7. Efectúa un esquema que relacione y diferencie las distintas sociedades mercantiles.
8. Consulta los estatutos de una cooperativa y coméntalos en clase, analizando sus elementos característicos.
9. Elabora un cuadro comparativo de las Sociedades Laborales y de las Cooperativas de Trabajo Asociado.
10. Debate en clase: «Las Sociedades Laborales y las Cooperativas de Trabajo Asociado, una forma de crear empleo».

Actividades de Evaluación

1. ¿Cuáles son los factores que un emprendedor tiene que considerar para elegir la forma jurídica de su negocio?
2. ¿Qué tipo de responsabilidad pueden tener los promotores de un negocio? Explícalas.
3. ¿Cómo influye el capital social y el número de socios en la elección de la forma jurídica?
4. Cita las características principales del empresario individual.
5. ¿Qué es una Sociedad Colectiva Irregular?
6. ¿Cuáles son las notas características de las Sociedades Anónimas?
7. Describe las funciones de los órganos de gobierno de las Sociedades Anónimas.
8. ¿Cómo se pueden distribuir los excedentes netos en una Cooperativa de Trabajo Asociado?
9. Señala las diferencias fundamentales entre las Sociedades Anónimas Laborales y las Cooperativas de Trabajo Asociado.
10. En una Comunidad de Bienes, ¿cuál es el régimen tributario y laboral de los comuneros?

ANEXO 1
ESTATUTO DE SOCIEDAD DE RESPONSABILIDAD LIMITADA

Artículo 1. *Nombre y razón social.*
La Sociedad de Responsabilidad Limitada girará bajo la razón social de ...., S. L., que constituye su denominación.

Artículo 2. *Objeto social.*

a) La sociedad tiene por objeto las siguientes actividades ....
b) Las actividades integrantes del objeto social podrán ser desarrolladas por la sociedad total o parcialmente, de forma indirecta, mediante la titularidad de acciones o participaciones en sociedades con objeto idéntico o análogo.

Artículo 3. *Duración.*
La sociedad se constituye por tiempo indefinido, dando comienzo a sus operaciones en el día de hoy.

Artículo 4. *Domicilio.*

a) El domicilio social queda establecido en ...., calle ...., núm. ....
b) La administración social es competente para decidir la creación, supresión y traslado de sucursales.

Artículo 5. *Capital social.*

a) El capital social se fija en .... pesetas.
b) Se divide en .... participaciones de .... pesetas de valor nominal cada una, todas suscritas y desembolsadas por los socios.
c) Cada participación social otorga al titular de la misma los derechos y obligaciones correspondientes a una fracción proporcional en el activo y en el pasivo de la sociedad.

Artículo 6. *Limitación de responsabilidad.*
Los socios, como tales, no responden frente a terceros sino por sus respectivas participaciones sociales.

Artículo 7. *Transmisión de participaciones.*
Los socios podrán transmitir libremente por actos intervivos, ya sea a título oneroso o gratuito, las participaciones sociales a favor de socios, cónyuges, descendientes o ascendientes de socios y, en su caso, a otra sociedad del mismo grupo que la presente.

Fuera de estos casos, dicha transmisión intervivos se regirá por lo establecido en la Ley 2/1995, de 23 de marzo, de Sociedades de Responsabilidad Limitada.

La transmisión *mortis causa* es libre.

Artículo 8. *Copropiedad y derechos reales.*
En caso de copropiedad, usufructo y prenda de participaciones sociales, se observarán las disposiciones legales.

Artículo 9. *Régimen y gobierno de la sociedad.*
La sociedad será regida por:

— La Junta General.
— El órgano de administración, ya sea un Administrador único o varios solidarios o mancomunados, o un Consejo de Administración. Los administradores ejercerán su cargo por tiempo indefinido, salvo que los estatutos establezcan un plazo determinado, en cuyo caso podrán ser reelegidos una o más veces por períodos de igual duración.

La Junta General decidirá en cada momento la modalidad del órgano de Administración y designará el miembro o los miembros del mismo.

Si la Junta General opta por la modalidad de varios administradores mancomunados, el poder de representación habrán de efectuarlo conjuntamente al menos dos de ellos.

Si la Junta General opta por la modalidad de Consejo de Administracion:

a) El Consejo de Administración se compondrá como mínimo de un presidente, un vicepresidente, un Secretario y los citados miembros y nueve vocales más como máximo. Si durante el plazo para el cual fueron éstos nombrados se produjeran vacantes, éstas serán cubiertas designando el Consejo, de entre los socios, las personas que hayan de ocuparlas hasta que se reúna la primera Junta General Ordinaria o Extraordinaria.
b) El Consejo de Administración elegirá de su seno un Presidente, un vicepresidente y un secretario, en caso de que no los elija la Junta General.
c) Cualquier componente del Consejo de Administración podrá hacerse representar en las sesiones del Consejo, por cualquier miembro del mismo, si bien la representación habrá de conferirse por escrito y con carácter especial para cada sesión.
d) El Consejo de Administración se reunirá una vez al mes y, además, cuando lo convoque el presidente por su iniciativa, o a instancia de la mitad más uno de sus miembros, si el número de componentes del Consejo es menor de cinco; a instancia de al menos la mitad de los miembros, si el total de ellos es de cinco a ocho, o a instancia de al menos un tercio de sus miembros si el total de componentes del Consejo fuese de más de ocho.
e) El Consejo de Administración quedará válidamente constituido cuando concurran a la sesión, presentes o representados, la mitad más uno de sus componentes; sus deliberaciones se efectuarán siguiendo el orden del día y los acuerdos se tomarán por mayoría absoluta de los Consejeros concurrentes a la sesión; ello, no obstante, para designar consejero o consejeros-delegados y para delegar a su favor permanentemente, en todo o en parte las facultades del Consejo de Administración, será necesario el voto favorable de las dos terceras partes de los componentes del Consejo.
f) Los acuerdos del Consejo de Administración constarán en un Libro de Actas, que serán firmadas por el Secretario, con el visto bueno del presidente, quienes del mismo modo librarán las oportunas certificaciones.

Artículo 10. *De la Junta General.*
La Junta General de Socios se reunirá previa convocatoria por el órgano de administración, hecha con 15 días de antela-

ción a su celebración, pudiéndose efectuar la convocatoria bien mediante anuncio en uno de los diarios de mayor circulación en el término municipal del domicilio social, o bien por escrito en forma fehaciente, dirigido a cada socio, al domicilio que conste en el Libro-Registro de socios, debiendo los residentes en el extranjero fijar a tales efectos, un domicilio en España, y con expresión del día y hora de la celebración y del orden del día en el que figuren los asuntos a tratar y el nombre de la persona o personas que realicen la convocatoria si se efectúa por escrito.

El órgano de administración convocará necesariamente la Junta cuando lo solicite un número de socios que representen, al menos, el 5 por 100 del capital social, expresando en la solicitud los asuntos a tratar en la junta. No obstante, la junta quedará válidamente constituida si, encontrádose presentes o representados la totalidad del capital social, decidiera por unanimidad celebrarla y del orden del día de la misma.

Para la válida constitución de la Junta, será necesaria la concurrencia, personal o por representación de la mayoría del capital social, en primera convocatoria, bastando un tercio del capital social para las reuniones en segunda convocatoria. No obstante ello, para los asuntos que legalmente se requiera una mayoría cualificada para su aprobación, será precisa la concurrencia a la junta, como mínimo de dicha mayoría.

Si el Órgano de Administración es el Consejo de Administración, su presidente y secretario lo serán de la junta general, en otro caso, ésta tendrá un presidente, que necesariamente será socio, y un secretario, que podrá no tener esta cualidad, cuyo nombramiento deberá hacerse constar en el Registro Mercantil. El presidente presidirá las juntas generales, y el Secretario actuará como tal en las mismas, extendiendo en el Libro de Actas la correspondiente a cada junta.

En caso de ausencia o imposibilidad, el presidente será sustituido por el socio de más edad, y el secretario por el más joven.

La junta general deliberará siguiendo el orden del día y sus acuerdos se tomarán mediante la oportua votación.

Para la adopción de acuerdos, sin perjuicio de los supuestos especiales en que legalmente se exijan mayorías cualificadas, en cuyos casos se aplicarán tales mayorías, en los demás asuntos será necesario el voto a favor de, por lo menos, la mayoría del capital social concurrente a la junta y que esa mayoría represente al menos un tercio de los votos del total capital social.

Artículo 11. *De la representación y administración.*
La representación de la sociedad, en juicio y fuera de él, corresponde a los administradores.

a) En caso de administrador único, la representación corresponderá necesariamente a éste.
b) En caso de varios administradores solidarios, el poder de representación corresponde a cada administrador.
c) En caso de varios administradores conjuntos, el poder de representación se ejercerá mancomunadamente al menos por dos de ellos en la forma que determinen los estatutos.
d) En el caso de Consejo de Administración, el poder de representación corresponde al propio consejero, que actuará colegiadamente.

La representación se extenderá a todos los actos comprendidos en el objeto social delimitado en los estatutos.

Artículo 12. *Ejercicio social.*
Los ejercicios sociales coincidirán con los años naturales y cerrarán en 31 de diciembre.

El primer ejercicio social comprende desde el comienzo de las operaciones de la sociedad hasta el 31 de diciembre del mismo año.

Artículo 13. *Cuentas anuales.*

a) Las cuentas anuales y el informe de gestión, así como en su caso su revisión por auditores de cuentas, se ajustarán a las normas legales.
b) Dentro de los tres primeros meses de cada año el Administrador formulará las cuentas anuales, el informe de gestión y la propuesta de aplicación de resultados, así como, en su caso, las cuentas y el informe de gestión consolidados.
c) Una vez elaborados los documentos a los que se refiere el apartado anterior, el administrador lo comunicará a todos los socios por carta certificada con acuse de recibo, notificándoles que, a partir de la fecha del recibo de la notificación, disponen de un plazo de (mínimo, 15 días) .... días para examinar en el domicilio social, por sí o en unión de persona perita, dicho documento y todos sus antecedentes.
d) Transcurrido el plazo concedido a los socios para el ejercicio del derecho de información previsto en el apartado anterior, y dentro de los seis primeros meses de cada ejercicio, el administrador someterá a la aprobación de los socios, en junta o fuera de ella, la gestión social, las cuentas del ejercicio anterior y la propuesta de aplicación del resultado.

Artículo 14. *Distribución de beneficios.*
Salvo que se prevea otra cosa en los estatutos, la distribución de dividendos a los socios se realizará en proporción a su participación en el capital social.

Artículo 15. *Disolución.*
La sociedad se disolverá, total o parcialmente, por las causas y con los efectos previstos en la Ley.

Artículo 16. *Liquidación.*
La disolución de la sociedad abre el período de liquidación. Durante este tiempo, deberá añadir a su denominación la expresión «en liquidación». El órgano de administración de la sociedad se hará cargo de la liquidación y salvo disposición en contra, los liquidadores ejercerán su cargo por tiempo indefinido, teniendo un poder de representación individual que se extiende a todas las operaciones que sean necesarias para la liquidación de la sociedad. Terminada la liquidación, se procederá por la junta de socios a la distribución del haber partible que se hará en proporción a las participaciones sociales que en tal momento tenga cada socio.

Artículo 17.
Sin perjuicio de las disposiciones legales, todas las cuestiones que surjan bien entre socios, bien entre éstos y la sociedad, serán resueltas en arbitraje de derecho, a cuya formalización y decisión se someten los socios y la Sociedad, de conformidad con la Ley reguladora de dicha institución.

Artículo 18. *Régimen supletorio.*
En todo lo no previsto expresamente en los artículos anteriores, la sociedad se regulará por la Ley de Sociedades de Responsabilidad Limitada y por las normas del Código de Comercio y demás diposiciones legales que sean aplicables a esta clase de sociedades.

ANEXO 2
CONTRATO DE COMUNIDAD DE BIENES

En la ciudad de ...., a .... de .... de mil novecientos noventa y siete.

REUNIDOS

De una parte D. ...., mayor de edad, de estado civil, ... vecino de ...., con domicilio en .... calle .... n.º .... y con DNI número ....

Y de otra D. .... mayor de edad, de estado civil ...., vecino de ...., con domicilio en .... calle .... n.º .... y con DNI número ....

Ambos con plena capacidad jurídica para contratar, comparecen en nombre propio y manifiestan:

Que ambas partes llegan a un acuerdo en este acto para la redacción de la normativa básica para la que habrán de regirse en el ejercicio de las actividades de .... (describir el negocio, actividad o derecho a compartir) y, por tanto:

ACUERDAN:

PRIMERO. Constituir una COMUNIDAD DE BIENES cuyo OBJETO es el de ....

SEGUNDO. El capital social estará formado por .... pesetas, repartido en las siguientes proporciones:

D. .... aporta el .... por 100, es decir ....

D. .... aporta el restante .... por 100, es decir ....

TERCERO. El domicilio social de la comunidad de bienes se establece en .... calle ....

CUARTO. La denominación de la comunidad de bienes es ....

QUINTO. La administración de la comunidad de bienes será solidaria.

SEXTO. Que la presente Comunidad de bienes se regirá por las siguientes:

ESTIPULACIONES:

PRIMERA. Todo comunero podrá obligar al otro a contribuir en los gastos de conservación de la cosa o derecho común. Sólo podrá eximirse de esta obligación el que renuncie a la parte que le pertenece en el dominio a favor de otro.

SEGUNDA. La participación en cargas y beneficios se distribuye en partes iguales.

TERCERA. Ambos comuneros, aparte del capital, aportarán trabajo en la misma proporción de recursos.

CUARTA. Ningún comunero podrá, sin consentimiento del otro, hacer alteraciones de la cosa común, aunque de ellas pudieran restar ventajas para ambos.

QUINTA. Para la toma de decisiones, administración del negocio, contratación del personal y derechos de traspaso serán obligatorios los acuerdos tomados por ambas partes. Todo acto u omisión de los comuneros realizado unilateralmente no obligará a la Comunidad de Bienes.

SEXTA. Se reconoce el derecho a la subrogación, con las mismas condiciones estipuladas en este contrato, en lugar del adquirente de una de las partes de los comuneros por enajenación de la misma.

SÉPTIMA. El que trate de enajenar su parte deberá avisar al otro comunero, declarándole el precio definitivo que se le ofrezca o en que pretenda enajenar su parte.

OCTAVA. Ambas partes se comprometen a aceptar los legados, testamento o donación que realice el otro comunero en favor de sus herederos legítimos, quedando éstos como nuevos titulares respecto de su cuota de participación bajo las mismas condiciones estipuladas en este contrato o en otras posteriores que expresamente y por escrito se hagan constar.

NOVENA. Ninguno de los propietarios estará obligado a permanecer en esta comunidad. Cualquiera de ellos podrá pedir en cualquier momento la disolución de la misma.

A pesar de lo dispuesto anteriormente, los comuneros no podrán exigir la división de la cosa común cuando al hacerla, ocasione graves perjuicios a la misma o a cada uno de los copartícipes.

DÉCIMA. Para todo lo NO estipulado en este contrato se estará a las estipulaciones que pudieran añadirse, acordarse o modificarse y, en su caso, a lo dispuesto en el Código Civil.

Para que conste a todos los efectos firman la presente en el lugar y fecha indicados en la cabecera.

UNIDAD DE TRABAJO 8

LA PUESTA EN MARCHA

Una vez que hemos decidido la forma jurídica que va a tener nuestro negocio (Unidad de Trabajo 7), después de analizar sus ventajas e inconvenientes, tiene gran importancia el apartado de los trámites administrativos. No sólo porque su cumplimiento es imprescindible para que la empresa pueda iniciar su actividad, sino también porque los emprendedores van a tener que realizar muchas gestiones y cumplimentar una gran cantidad de documentación.

La complejidad en la tramitación no es la misma en todos los casos. Así, la forma más «sencilla» es el empresario individual, y la más compleja una cooperativa.

Aunque es aconsejable contar con la colaboración de un profesional cualificado, o con el asesoramiento de alguna institución (Cámara de Comercio, etc.), en esta Unidad de Trabajo vamos a analizar los diferentes trámites administrativos que afectan a todo tipo de empresas y que, en principio, no están relacionados con la actividad concreta de la misma, con objeto de que los emprendedores tengan un conocimiento adecuado sobre la puesta en marcha de su empresa.

Por lo demás, existen determinadas actividades que requieren permisos y trámites específicos que no vamos a tratar, ya que excedería la profundidad con que abordamos este manual.

Las explicaciones se hacen atendiendo a dos criterios fundamentales: el orden de los trámites y el lugar o institución donde se han de realizar.

CONTENIDO

8.1. Trámites concretos para las diferentes formas jurídicas.
8.2. Trámites generales para cualquier forma jurídica.
8.3. Descripción de los trámites.
8.4. Clasificación de los trámites en función del lugar donde se realizan.
Anexo: Documentación.

OBJETIVO

1. Conocer los trámites exigidos por la legislación vigente para la constitución de una empresa, señalando el organismo donde se tramita cada documento, el tiempo y forma requeridos.

8.1. Trámites concretos para las diferentes formas jurídicas

Vamos a enumerar los diferentes trámites de cada forma jurídica de acuerdo con el momento en que deben ser realizados. Estos cuadros son orientativos, ya que algunos de los pasos se pueden realizar simultáneamente.

❑ Empresario individual

Los trámites que debe realizar para empezar su actividad son:

- Alta en el Impuesto sobre Actividades Económicas.
- Alta en el censo de etiquetas y opciones del IVA.
- Declaración previa al inicio de la actividad.
- Elección del régimen de IRPF (estimación directa, estimación objetiva).
- Alta en el Régimen Especial de Trabajadores Autónomos de la Seguridad Social.
- Legalización de los libros oficiales.

❑ Sociedades Mercantiles (Colectiva, Comanditaria, Limitada y Anónima)

Las Sociedades Mercantiles deben realizar dos tipos de trámites: los referentes a la *adquisición de personalidad jurídica* y los propios de *puesta en marcha*. En concreto, son los siguientes:

- Redacción de la escritura de constitución y de los estatutos.
- Obtención de la certificación negativa del Registro General de Sociedades Mercantiles.
- Otorgamiento ante notario de la escritura pública de constitución y aprobación de los estatutos.
- Liquidación del Impuesto de Transmisiones Patrimoniales y Actos Jurídicos Documentados.
- Inscripción en el Registro Mercantil.
- Obtención del Código de Identificación Fiscal.
- Alta en el censo de etiquetas y opciones de IVA.
- Declaración previa al inicio de la actividad.
- Alta en el Impuesto de Actividades Económicas.
- Inscripción de la empresa en la Seguridad Social.
- Afiliación y alta de los trabajadores.
- Afiliación a la Seguridad Social de los socios.
- Formalización de los contratos de trabajo.
- Legalización de los libros oficiales.
- Solicitud de licencia de apertura.
- Comunicación de apertura del centro de trabajo.
- Adquisición y sellado de los libros de matrícula y visita.
- Confección del calendario laboral.

❑ Cooperativas

Sus trámites de puesta en marcha son:

- Redacción de la escritura de constitución y de los estatutos.
- Obtención de la certificación negativa de la Sección Central del Registro de Cooperativas.
- Solicitud de calificación de los estatutos.
- Otorgamiento ante notario de la escritura pública de constitución y aprobación de los estatutos.
- Liquidación del Impuesto de Transmisiones Patrimoniales y Actos Jurídicos Documentados.
- Inscripción en el Registro General de Cooperativas.
- El resto de los trámites es igual que para el resto de las sociedades, con la precisión de que los socios cooperativistas pueden elegir entre el régimen general o el especial de trabajadores autónomos.

❑ Comunidades de bienes

Los trámites que deben realizar son:

- Redacción del contrato de sociedad.
- Otorgamiento de escritura pública ante notario (voluntario).
- Los demás trámites son iguales que para las sociedades mercantiles, debiéndose inscribir la empresa en la Seguridad Social si se van a contratar trabajadores.

8.2. Trámites generales para cualquier forma jurídica

Hay una serie de trámites comunes a todas las formas jurídicas, pero pueden no realizarse, incluso algunos de ellos son incompatibles (por ejemplo, si ya se es propietario de un local no es necesario alquilar otro):

- Compra de locales.
- Arrendamiento de locales.
- Solicitud de licencia de obras.
- Patentes y marcas.

8.3. Descripción de los trámites

Vamos a analizar los diferentes trámites en el mismo orden en el que los hemos enunciado en los apartados anteriores.

Comenzaremos por el empresario individual, Sociedades Mercantiles, Cooperativas y Comunidades de Bienes, para terminar con los trámites generales.

Cada trámite sólo se va a explicar una vez, aunque sea común a varias formas jurídicas, con el objetivo de simplificar su comprensión. Aquellos trámites relacionados con Hacienda se explican someramente. Para su estudio en profundidad se deberá acudir a la U. T. 10.

8.3.1. Alta en el IAE (Impuesto de Actividades Económicas)

Los emprendedores de un nuevo negocio deben darse de alta en el IAE, en el epígrafe correspondiente, antes de iniciar su actividad (dentro de los 10 días anteriores). El alta y la declaración se harán en el modelo oficial establecido (845 para actividades municipales y 846 para actividades provinciales y nacionales), que se recoge en la Delegación de Hacienda, y se debe adjuntar la documentación correspondiente y una fotocopia del CIF o NIF de los promotores.

Es un trámite rápido (un día) y su coste varía en función de la actividad, entre 25.000 y un millón de pesetas. (Esquema 8.1*a* y *b*. Anexo.)

8.3.2. Declaración de alta en el censo de etiquetas y opciones de IVA

Esta declaración deberá ser presentada por empresarios y profesionales con anterioridad al inicio de su actividad en la Administración de Hacienda correspondiente al domicilio fiscal del sujeto pasivo en el modelo 037.

En ella, además de los datos de identificación, se indicará si se opta por alguno de los regímenes especiales del Impuesto sobre el Valor Añadido. (Esquema 8.2. Anexo.)

8.3.3. Declaración previa al inicio de la actividad

La presentación de esta declaración en la Administración de Hacienda es necesaria para poder deducir las cuotas del IVA soportadas con anterioridad al inicio de la actividad, y se presentará junto con la correspondiente al censo de etiquetas y opciones IVA en el modelo 037.

Las cuotas soportadas con anterioridad a la presentación de esta declaración no podrán ser deducidas.

8.3.4. Elección del régimen de IRPF (estimación directa, estimación objetiva)

El IRPF es un tributo de carácter directo y naturaleza personal que grava la renta de las personas físicas en función de su cuantía y de las circunstancias personales y familiares que concurran en ellas.

El empresario individual, por tanto, se encuentra sujeto a este impuesto y debe tributar en función de los ingresos que obtenga de su empresa.

Para determinar el rendimiento neto en las actividades empresariales, profesionales y artísticas (es decir, rendimientos obtenidos por cuenta propia) se puede aplicar el régimen de:

- **Estimación directa**.
- **Estimación objetiva**.
  - — Por coeficientes.
  - — Por signos, índices o módulos.

8.3.5. Alta en el Régimen Especial de Trabajadores Autónomos de la Seguridad Social

Se considera trabajadores autónomos (o por cuenta propia) a quienes realizan de forma habitual, personal o directa una actividad económica lucrativa sin sujeción a contrato de trabajo, aunque contraten a otras personas.

Toda persona que se dé de alta en el IAE para ejercer una actividad comercial, industrial o de servicios, deberá inscribirse obligatoriamente en el Régimen Especial de *Trabajadores Autónomos*, incluso si desarrolla una actividad por cuenta ajena y está dada de alta en el Régimen General.

CASO PRÁCTICO 1

Ana Espinosa Arribas está contratada por las mañanas en un hotel como camarera para servir los desayunos y las comidas, y por la tarde-noche ha abierto un local en el que se sirven bocadillos de tortilla.

Por su trabajo asalariado en el hotel deberá estar dada de alta en la Seguridad Social en el *Régimen General*, y por su negocio deberá darse de alta en la Seguridad Social en el *Régimen Especial de Trabajadores Autónomos*.

La afiliación se lleva a cabo en la provincia en la que se ejerza la actividad, dentro de los 30 días naturales siguientes al nacimiento de la obligación, en la Tesorería Territorial de la Seguridad Social (véase Esquema 8.3. Anexo).

Si se desarrollan varias actividades que se pueden incluir en este régimen, la afiliación y cotización será única, elegida por el interesado de entre las actividades desarrolladas.

8.3.6. Legalización de los libros oficiales

Los empresarios deben llevar una contabilidad ordenada y adecuada a su actividad, un libro diario y otro de inventarios y cuentas anuales, y, además, por cuestiones fiscales, una serie de libros auxiliares. Así tenemos:

♦ Empresarios individuales acogidos al régimen de *Estimación Directa:*	• Libro diario. • Libro de inventarios y cuentas anuales. • Registro de compras, de ventas, de caja y bancos, de gastos.	
♦ Empresarios individuales acogidos al régimen de *Estimación Objetiva:*	*a)* Coeficientes:	• Registros de ingresos o ventas y de compras y gastos deducibles, y bienes de inversión.
	b) Signos, índices o módulos:	• Conservación de facturas emitidas y justificante de los signos, índices o módulos. No tienen obligación de llevar registros contables en relación con el IRPF.
♦ Las sociedades deben llevar:	• Libro diario. • Libro de compras, de ventas, de cajas y bancos, de gastos.	
♦ Las *sociedades* llevarán, además, un libro de actas. Las Sociedades Anónimas llevarán también un libro de acciones nominativas cuando las acciones sean de este tipo, y las Sociedades de Responsabilidad Limitada un libro registro de socios.		

TEXTO DE APOYO

Artículo 26 del Código de Comercio

Las sociedades mercantiles llevarán también un libro de actas, en el que constarán, al menos, todos los acuerdos tomados por las juntas generales y los demás órganos colegiados de la sociedad, con expresión de los datos relativos a la convocatoria y a la constitución del órgano, un resumen de los asuntos debatidos, las intervenciones de las que se haya solicitado constancia, los acuerdos adoptados y los resultados de las votaciones.

8.3.7. Redacción de la escritura de constitución y de los estatutos

El primer paso en la constitución de una sociedad supone que los promotores redacten la escritura de constitución de la misma, que será la que determine sus relaciones. Normalmente se encarga su redacción a **profesionales cualificados** (abogados), y se deberá ajustar a las normas que regulen el tipo de sociedad concreta, pudiéndose establecer, además, todos los pactos lícitos que los promotores estimen conveniente.

Dentro de la escritura se incluyen los estatutos, que fijan las reglas de funcionamiento de la sociedad y que, por tanto, tienen una importancia enorme.

En las cooperativas, los estatutos deben ser aprobados por la Asamblea Constituyente, compuesta por todos los socios promotores. En esta asamblea se designará a aquellos que han de realizar las gestiones necesarias para la legalización de la sociedad y los que ocuparán los cargos del primer Consejo Rector.

En la Unidad de Trabajo anterior se han indicado los datos básicos que se deben incluir en la escritura y los estatutos en función del tipo de sociedad que se constituya.

8.3.8. Obtención de la certificación negativa del Registro General de Sociedades Mercantiles

Cuando se va a poner en marcha un negocio hay que poner un nombre, teniendo en cuenta las particularidades de la denominación social en cada tipo de sociedad (Unidad de Trabajo 7). Para ello, a la vez que se redacta la escritura, los promotores de la sociedad, una vez elegido el nombre, deberán comprobar que el que han elegido no coincide con el de ninguna otra existente. Así, deben solicitar un certificado de no-coincidencia en el Registro General de Sociedades Mercantiles del Ministerio de Justicia (c/. Príncipe de Vergara, 72, Madrid). (Ver Esquema 8.4. Anexo.)

En la solicitud se pueden indicar hasta tres denominaciones sociales, y se concederá a la primera que no aparezca registrada. (Ver Esquema 8.5. Anexo.)

Esta certificación se debe presentar en el acto de otorgamiento de escritura de constitución y en la inscripción en el Registro Mercantil.

En cuanto a las Cooperativas, esta solicitud se presentará en el Registro de Cooperativas. (Ver Esquema 8.6. Anexo.).

8.3.9. Otorgamiento ante notario de la escritura pública de constitución y aprobación de los estatutos

Este acto consiste en que los socios fundadores firman la escritura de constitución ante un **notario** y se aprueban los estatutos de la sociedad por parte de los socios.

Para este trámite el notario va a exigir la presentación del certificado del Registro General de Sociedades Mercantiles referente a la no coincidencia del nombre propuesto, así como el DNI y NIF de cada socio fundador.

Una vez que se ha firmado la escritura, el notario lo comunica al Registro, con lo que el nombre de la sociedad queda inscrito en el mismo.

8.3.10. Solicitud de calificación de los estatutos

Este trámite no es obligatorio para las cooperativas, pero es aconsejable para evitar posibles problemas a la hora de la inscripción de la sociedad.

Los socios gestores presentarán en el Registro de Cooperativas la solicitud de certificación, acompañada de dos ejemplares del acta de la Asamblea Constituyente, con el proyecto de los estatutos y el certificado de que no existe otra cooperativa con el mismo nombre.

Esta solicitud de calificación se presentará en la Dirección General de Cooperativas y Sociedades Laborales del Ministerio de Trabajo, cuando el ámbito de actuación de la cooperativa sea nacional o interprovincial, y en la Dirección Provincial de Trabajo cuando sea provincial. (Ver Esquema 8.7. Anexo.)

8.3.11. Liquidación del Impuesto de Transmisiones Patrimoniales y Actos Jurídicos Documentados

Para la constitución de una sociedad es necesario pagar este impuesto dentro de los treinta días hábiles siguientes a la fecha del otorgamiento de la escritura. El pago se hace en la Delegación Territorial de la Comunidad en la que la empresa tenga su domicilio (Modelo 600). (Ver Esquema 8.8. Anexo.)

El tipo impositivo aplicable es del 1 por 100 sobre el capital. Las Sociedades Laborales y las cooperativas tienen una bonificación del 99 por 100 de la cuota que resulte a ingresar.

CASO PRÁCTICO 2

Roberto, Juan y Ana han constituido una Sociedad de Responsabilidad Limitada con un capital social de 15 millones de pesetas. A la hora de pagar el Impuesto de Transmisiones Patrimoniales y Actos Jurídicos Documentados, deben abonar, en el modelo 600, el 1 por 100 de dicho capital social. Esto es, 150.000 pesetas.

8.3.12. Inscripción en el Registro General de Cooperativas

Este órgano cumple una misión semejante a la del Registro Mercantil y la inscripción deberá realizarse en el plazo máximo de dos meses a partir de la fecha de otorgamiento de la escritura de constitución. Se debe presentar:

- Solicitud de inscripción.
- Cuatro copias de la escritura de constitución.

La inscripción se realizará, en función del ámbito de actuación de la misma, en la Dirección General de Cooperativas o en la Dirección Provincial de Trabajo.

8.3.13. Inscripción en el Registro Mercantil

El Registro Mercantil tiene como propósito dar publicidad de las situaciones jurídico-mercantiles, de tal manera que, cuando se realice la inscripción, estas situaciones puedan ser conocidas por todas las personas interesadas. Una sociedad no tendrá personalidad jurídica mientras que no se inscriba en el Registro Mercantil.

La inscripción debe solicitarse en el Registro Mercantil de la provincia dentro del mes siguiente a la fecha de otorgamiento de escritura pública, presentando los siguientes documentos:

- Copia de la escritura pública de constitución.
- Certificación del Registro General de Sociedades Mercantiles relativo a la no coincidencia del nombre.
- Documento que justifique el pago del Impuesto sobre Transmisiones Patrimoniales y Actos Jurídicos Documentados.

8.3.14. Obtención del Código de Identificación Fiscal

Cuando la sociedad está constituida legalmente debe proceder a solicitar el Código de Identificación Fiscal (CIF) en un plazo de 30 días. Con él la sociedad queda identificada a efectos fiscales.

Esta solicitud se efectúa en la Delegación de Hacienda de la provincia en la que la sociedad tenga su domicilio, para lo que habrá de presentar los siguientes documentos:

- Impreso oficial (Modelo 037).
- Fotocopia del DNI del firmante de la solicitud.
- Fotocopia de la escritura de constitución de la sociedad.

El CIF obtenido es provisional, con validez por seis meses. Antes de finalizar este plazo se deberá retirar el CIF definitivo y, para ello, se presentarán los siguientes documentos:

- Resguardo del modelo de solicitud presentado.
- Original de la primera copia de la escritura de constitución.
- Fotocopia de la inscripción en el Registro Mercantil.

8.3.15. Inscripción de la empresa en la Seguridad Social

Antes de iniciar sus actividades, todos los empresarios deben inscribirse como tales en el Régimen General de la Seguridad Social.

La inscripción se realiza en la Tesorería Territorial de la Seguridad Social, a nombre de la persona física o jurídica titular de la empresa, en el modelo oficial. (Ver Esquema 8.9. Anexo.)

En la solicitud de inscripción han de constar los datos de identificación completos de la empresa, a cuya solicitud debe acompañar, si el solicitante es una persona física, el DNI. Si el solicitante es una sociedad, hay que presentar una certificación de su existencia en el Registro Mercantil.

Además se presentará: alta en el IAE, copia de la escritura de constitución e impreso de alta de, al menos, un trabajador.

Del acto de inscripción se deriva, entre otros efectos, la asignación de un número patronal para la identificación de la empresa, que se utilizará siempre en las relaciones con los organismos de la Seguridad Social y que será único dentro de cada provincia, debiendo inscribirse tantas veces como provincias en las que tenga centros de trabajo.

8.3.16. Afiliación y alta de los trabajadores

Cuando la empresa está inscrita, el paso siguiente es la afiliación de los trabajadores, que es obligatoria para todas las personas incluidas en el campo de aplicación de la Seguridad Social y única durante toda la vida de la persona.

Es el empresario el que está obligado a solicitar la afiliación de los trabajadores que ingresan a su servicio y que con anterioridad no hayan prestado servicios a ningún otro empresario. No obstante, si la afiliación no se realiza voluntariamente por el empresario, podrá ser solicitada por el interesado, o la podrá practicar de oficio la propia Seguridad Social.

La solicitud se formulará a nombre de cada trabajador en la Tesorería Territorial de la Seguridad Social, dentro de los cinco días naturales siguientes a la fecha de inicio del trabajo, debiendo presentarse:

- Impreso oficial.
- DNI del trabajador.

La afiliación se realiza una única vez, y en el documento que acredita la misma se reflejan los datos personales del trabajador y su número de afiliación, que será único y vitalicio. (Ver Esquema 8.10. Anexo.)

Cuando se ha hecho la afiliación del trabajador, inmediatamente se procede a encuadrarle en el régimen de sistema que corresponda, según la actividad que vaya a realizar. Se considera entonces que el trabajador ha sido dado de alta en el régimen correspondiente.

Por tanto, la afiliación siempre coincide con el alta inicial. En cada cambio de empresa ésta no tendrá que afiliar al trabajador, al ser la afiliación inicial única para toda la vida; lo único que habrá que hacer es darle de alta.

Las altas que se soliciten respecto de trabajadores ya afiliados seguirán el mismo procedimiento que para la primera afiliación. Así, el empresario deberá comunicar a la Tesorería Territorial de la Seguridad Social las altas de los trabajadores que ingresen a su servicio, con anterioridad a la fecha de inicio de la relación laboral.

8.3.17. Afiliación a la Seguridad Social de los socios

En las *Sociedades Colectivas y Comanditarias*, los socios que trabajen en las mismas a título lucrativo y de forma personal, habitual y directa, deben inscribirse en el Régimen Especial de Trabajadores Autónomos.

En las *Sociedades Limitadas y Anónimas* hay que distinguir varias situaciones:

- Si el socio trabaja personalmente en la empresa y no desempeña funciones de dirección, deberá inscribirse en el Régimen General.
- En el caso de que el socio no reciba salario por su actividad, pero sí una participación en los beneficios, deberá inscribirse en el Régimen Especial.
- Cuando el socio desempeña solamente tareas de administración, deberá inscribirse en el Régimen Especial.

Los socios de las *Cooperativas de Trabajo Asociado* pueden elegir entre el Régimen General o el Especial de Trabajadores Autónomos, pero esta opción debe figurar en los estatutos de la cooperativa.

8.3.18. Formalización de los contratos de trabajo

Después de haber seleccionado a las personas que van a ocupar los diferentes puestos de trabajo en la empresa, será necesario formalizar los contratos de trabajo por escrito, cuando lo señale alguna disposición legal. En estos casos deberán registrarse en la oficina de empleo.

8.3.19. Solicitud de licencia de apertura

Esta licencia tiene como finalidad autorizar el uso del local e instalaciones, previa constatación de que éstos se encuentran debidamente terminados y dispuestos, según las condiciones urbanísticas, ambientales y de seguridad de su destino concreto.

Esta licencia se solicita en el Ayuntamiento, y es necesaria para:

- Los primeros establecimientos.
- Los traslados a otros locales.
- Los traspasos o cambios de titular de los locales, cuando varía la actividad.
- Las variaciones y ampliaciones de actividades desarrolladas en los locales, aunque continúe el mismo titular.
- La ampliación de locales:

Existen *dos tipos de licencias:*

1. Licencia de apertura para actividades *inocuas*. Todas aquellas que no están incluidas como molestas, insalubres, nocivas y peligrosas.
2. Licencia de apertura para actividades *calificadas*, que son las incluidas en el Reglamento como molestas, insalubres, nocivas o peligrosas.

Documentación que hay que aportar
• Impuesto sobre Actividades Económicas. • Contrato de arrendamiento o escritura de propiedad del local. • NIF del solicitante o escritura de sociedad. • Memoria descriptiva de la actividad. • Planos del local. • Croquis de situación del local. • Si la actividad es calificada, se presentará un proyecto de instalaciones (planos, presupuesto y memoria).

8.3.20. Comunicación de apertura del centro de trabajo

Cuando se vaya a proceder a la apertura de un nuevo centro de trabajo, o a la reanudación de una actividad después de efectuar alteraciones de importancia, se debe comunicar a la Dirección Provincial de Trabajo o al órgano competente de la Comunidad Autónoma dentro de los 30 días siguientes a aquel en que se inicien las actividades.

En la comunicación se deben reseñar los datos de la empresa y del centro de trabajo, la actividad que va a desarrollar y el número de trabajadores que tiene.

8.3.21. Adquisición y sellado de los libros de matrícula y visitas

Los empresarios deberán adquirir y sellar en la Dirección Provincial del Ministerio de Trabajo los siguientes libros:

- *Libro de matrícula:* en él se deben inscribir todos los trabajadores que presten servicios en un centro de trabajo. Debe existir uno en cada centro de trabajo.
- *Libro de visitas:* aunque la empresa no tenga trabajadores a su servicio, deberá tenerlo en cada centro de trabajo a disposición de la autoridad laboral.

8.3.22. Confección del calendario laboral

Cada año, la empresa debe elaborar y situar en lugar visible de cada centro de trabajo el calendario laboral, que debe realizarse de acuerdo con la regulación que anualmente establece el Ministerio de Trabajo y que señala 14 días inhábiles a efectos de trabajo, retribuidos y no recuperables.

8.3.23. Redacción del contrato de sociedad en las Comunidades de Bienes

La redacción del contrato, que se hará por un abogado, cuesta entre 50.000 y 100.000 pesetas, y en él deben figurar:

- Datos personales de los socios.
- Domicilio de la sociedad donde se vaya a realizar la actividad.
- Objeto de la actividad.
- Aportación de cada uno de los socios.
- Distribución de los beneficios.
- Distribución de los gastos y cargas de la sociedad entre sus componentes.

8.3.24. Compra de los locales

Si para el desarrollo de la actividad proyectada es preciso comprar los terrenos o locales, se debe comprobar que la calificación urbanística de éstos nos permita desarrollarla, de manera que no exista ningún obstáculo para obtener posteriormente las licencias municipales oportunas.

Por ello es conveniente dirigirse al servicio técnico del Ayuntamiento y solicitar o consultar la cédula urbanística, en la que se reflejará el régimen urbanístico de la finca que nos interesa.

El acto de compra se formalizará mediante el correspondiente contrato de compraventa, que se elevará a escritura pública. Posteriormente se deberá inscribir en el Registro de la Propiedad, pagándose el IVA, si se trata de la primera transmisión, o el Impuesto de Transmisiones Patrimoniales, en la segunda o posteriores transmisiones.

Además, se deberá presentar la declaración de alta en el *Impuesto sobre Bienes Inmuebles* dentro de los dos meses siguientes a la fecha de adquisición del mismo.

También se debe presentar la declaración por las alteraciones que afecten a los inmuebles (obras, modificación de uso y destino...).

La declaración de alta o por variaciones se presentará en la Delegación de Hacienda, pero existen diferentes modelos, ya que su recaudación y liquidación corresponden al Ayuntamiento del municipio donde estén ubicados los inmuebles. (Ver Esquema 8.11. Anexo.)

8.3.25. Arrendamiento de locales

Hay veces en que para ejercer la actividad no se cuenta con un local propio y es preciso obtener el derecho a su uso mediante un contrato de arrendamiento.

Los contratos de arrendamiento de viviendas, locales de negocio, oficinas, almacenes, depósitos, etc., se encuentran regulados por la Ley de Arrendamientos Urbanos, y en ellos las partes (arrendador y arrendatario) establecen las cláusulas que van a regir durante la vigencia del contrato.

CASO PRÁCTICO 3

Coste aproximado de fundación de una Sociedad de Responsabilidad Limitada
(*Fuente:* Álvaro López-Amo. *Guía para crear tu empresa.* Espasa Calpe)

Operación	Coste aprox. (en pesetas)
Reserva de nombre mercantil	1.300
Redacción de estatutos	100.000/150.000
Escrituras	40.000
ITP y AJD	1 % del capital (mínimo 5.000)
Registro Mercantil	14.000
Censo de Hacienda	0
CIF	0
IAE	Variable
Inscripción de la empresa en la SS	0
Alta de socios (autónomos)	30.000/socio
Alta de trabajadores	37 % salario del trabajador
Libros de matrícula y visita	3.000
Licencia del Ayuntamiento	Variable
Comunicación de apertura	0

El contrato de arrendamiento puede celebrarse de forma verbal o por escrito, siendo aconsejable esta última forma con el objetivo de evitar problemas futuros. Los contratos podrán ser privados o formalizados ante notario.

Los contratos de arrendamiento de locales de negocio llevan consigo el depósito, por parte del arrendatario, de una fianza equivalente a dos mensualidades.

En caso de que el contrato sea de **traspaso**, el nuevo arrendatario se subrogará en los derechos y obligaciones del anterior. En estos casos es muy importante tener en cuenta el plazo de vigencia del contrato y la posibilidad de poder ejercer, a su vez, el derecho de traspaso. El contrato de traspaso se formalizará en escritura pública.

8.3.26. Solicitud de licencia de obras

Si necesitamos hacer obras en los locales donde vamos a desarrollar nuestra actividad, debemos solicitar del Ayuntamiento una licencia de obras.

Con ella, el Ayuntamiento reconoce que las obras que se quieren realizar se adaptan a las normas urbanísticas del municipio.

Existen varias **clases** de licencias de obras:

1. Licencias para obras de *nueva planta.*
2. Licencia para obras *de reforma de edificaciones existentes.*
3. Licencia para *obras menores.* (Para la reposición de algún elemento constructivo deteriorado, el revoco de fachadas interiores o exteriores, la decoración del interior de habitaciones, la reparación de pavimentos, etc.)

8.3.27. Patentes y marcas

Cuando creamos una marca publicitaria o comercial, ya sean carteles, logotipos, marcas de productos, etc., es muy conveniente registrarlas con el fin de evitar que otros las copien.

Este derecho de registrar marcas y patentes otorga, al primero que las registre, el derecho de propiedad de las mismas.

8.4. Clasificación de los trámites en función del lugar donde se realizan

TRÁMITES PARA LA PUESTA EN MARCHA DE LA EMPRESA	
Ayuntamientos	— Solicitud de la licencia de obras. — Solicitud de la licencia de apertura. — Otros tributos municipales.
Delegación o Administración de Hacienda	— Alta en el IAE. — Alta en el censo de etiquetas y opciones IVA. — Alta en el Impuesto sobre Bienes Inmuebles. (Si el titular de la empresa es el dueño del local.) — Alta en Estimación Objetiva o Estimación Directa. — Legalización de los libros de comercio.
Dirección Provincial de Trabajo y SS	— Comunicación de apertura del centro de trabajo. — Diligenciar el libro de visitas. — Diligenciar el libro de matrícula. — Sellar el calendario laboral.
Tesorería General de la SS	— Inscripción en el Régimen Especial de Autónomos. — Inscripción de la empresa en la SS. — Afiliación y alta de los trabajadores.
Oficinas de empleo	— Registro de los contratos formalizados con los trabajadores. — Comunicación de las contrataciones efectuadas que no estén obligadas a realizarse por contrato escrito.
Dirección Provincial de Industria	— Inscripción en el Registro de la Propiedad Industrial.

ACTIVIDADES DE ENSEÑANZA - APRENDIZAJE

1 Realiza los trámites necesarios para la adquisición de personalidad jurídica para una Sociedad Mercantil.

2 Cumplimenta los trámites laborales en el inicio de la actividad.

3 Describe las obligaciones fiscales necesarias para iniciar una actividad.

4 Compara los trámites de constitución de una Sociedad Mercantil con los de una Cooperativa.

5 Analiza los trámites que hay que realizar en el Ayuntamiento de la localidad donde se quiere iniciar una actividad.

6 Simula los pasos que se deben dar para constituir una empresa e iniciar la actividad.

7 Enumera los lugares donde se deben realizar los trámites de puesta en marcha.

8 Elabora un cuadro comparativo con los principales trámites de puesta en marcha de una empresa.

9 Debate en clase: «Para montar un negocio hay que hacer muchos trámites».

ACTIVIDADES DE EVALUACIÓN

1 Describe los trámites de constitución del empresario individual.

2 En una Sociedad Mercantil, ¿cuáles son los pasos necesarios para que ésta adquiera personalidad jurídica? Explícalos.

3 Señala los trámites que diferencian la constitución de una Sociedad Mercantil de una Sociedad Cooperativa.

4 ¿Qué es el Impuesto de Actividades Económicas?

5 ¿Cuáles son los regímenes del IRPF?

6 ¿Qué es un trabajador autónomo? ¿Es lo mismo que un trabajador por cuenta propia?

7 Redacta, en pequeños grupos, los Estatutos de una Sociedad de Responsabilidad Limitada simulada.

8 ¿Quién debe realizar la afiliación y el alta de un trabajador en la Seguridad Social?

9 Para poner en marcha un negocio, ¿hay que pedir autorización al Ayuntamiento? ¿Para qué?

10 ¿Puede tener una sociedad el mismo nombre que otra existente?

11 ¿Qué es el traspaso de un local?

12 Explica los trámites que se deben realizar en la Delegación o Administración de Hacienda.

MINISTERIO DE ECONOMIA Y HACIENDA

Agencia Tributaria
1 Delegación de
2 Administración de — 3 Código de Administración

Impuesto sobre Actividades Económicas
CUOTA MUNICIPAL

Pág. 1
Modelo **845**

Apartado I: Datos identificativos del sujeto pasivo

4 Espacio reservado para la etiqueta identificativa

(Adhiera una etiqueta en cada uno de los ejemplares del impreso. Si no dispone de etiquetas cumplimente las casillas 8 a 23, ambas inclusive, de este apartado con los datos que se solicitan y acompañe fotocopia del N.I.F. o, en su defecto del D.N.I.).

5 **Ejercicio:**
6 **Declaración de:**
Alta
Baja
Declar. complementaria
Variación
Cambio de opción de la clase de cuota — Alta / Baja
Elementos tributarios
Otras causas
7 N.° Ref. 845600325266 3

8 N.I.F. | 9 Apellidos y nombre o razón social | 10 Anagrama

Domicilio fiscal
11 S.G. | 12 Nombre de la vía pública | 13 C. Vía | 14 Núm. | 15 Km. | 16 Esc. | 17 Piso | 18 Pta. | 19 Teléfono
20 Cód. Postal | 21 Municipio | 22 C. Mun. | 23 Provincia | 24 C. Prov.

Apartado II: Representante
25 N.I.F. | 26 Apellidos y nombre o razón social

Domicilio
27 S.G. | 28 Nombre de la vía pública | 29 C. Vía | 30 Núm. | 31 Km. | 32 Esc. | 33 Piso | 34 Pta. | 35 Teléfono
36 Cód. Postal | 37 Municipio | 38 C. Mun. | 39 Provincia | 40 C. Prov.

Apartado III: Datos de la actividad
41 Tipo de actividad: Empresarial | Profesional | Artística | Local afecto indirectamente
42 Descripción de la actividad: | 43 Grupo o epígrafe:
45 Municipio | 46 C. Mun. | 47 Provincia | 48 C. Prov.
Domicilio de la actividad:
49 S.G. | 50 Nombre de la vía pública | 51 C.Postal | 52 Cód.Vía | 53 Núm. | 54 Km. | 55 Pto. | 56 Esc. | 57 Piso | 58 Pta. | 59 Teléfono
60 Notas que son de aplicación: | 61 Agrupación | 62 Grupo | 63 Epígrafe | 64 Activ. principal
65 Regla(s) que son de aplicación: Regla 4.ª 2 F): | Regla 7.ª:
66 Exención que solicita: Art. 83. 1. d): | Art. 83. 1. e):
67 Beneficios fiscales: | 68 % Bonific.: | 69 Fecha límite:
70 Fecha de inicio, variación o cese en la actividad, o en el uso del local indirectamente afecto:
71 Causa de la variación o baja:
72 Causa de la declaración complementaria:
73 Año en que inicio la actividad por 1.ª vez (solo profesionales):
74 Información adicional: | 75 N.° Ref.:

Apartado IV: Local afecto indirectamente a la actividad
76 **Uso o destino:** (Ver instrucciones) (Almacén, depósito, centro de dirección, administración, cálculo, etc.)
Situación
77 Cód. Postal | 78 Municipio | 79 C. Mun. | 80 Provincia | 81 C. Prov.
82 S.G. | 83 Nombre de la vía pública | 84 Cód.Vía | 85 Núm. | 86 Km. | 87 Pto. | 88 Esc. | 89 Piso | 90 Pta. | 91 Teléfono

Agencia Tributaria

Ejemplar para la Administración

Esquema 8.1 (a). Modelo 845. IAE.

N.I.F. | Apellidos y nombre o razón social

Pág. 2

Apartado V: Elementos tributarios y cuota

Cuota consignada directamente en las tarifas 92

93

A) Elementos tributarios del grupo o epígrafe

	Número	Importe unitario	Cuota
1.-			
2.-			
3.-			
4.-			
5.-			
6.-			
7.-			
8.-			
Suma			94

95

Máquinas recreativas y autoventa de música grabada

	Número	Importe unitario	Cuota
Máquinas recreativas tipo A (Sólo para las agrupaciones 67 y 68)			
Máquinas recreativas tipo B (Sólo para las agrupaciones 67 y 68)			
Vitrinas para autoventa de música grabada			
Suma			96

97

B) Local

Superficie (m.²)

	Total	x	Rectificada	Computable
0.1. Sin reducción		1		
0.2. Superficie hospedaje		1		
1.1. Superficie descubierta		0,20		
1.2. Instalación deportiva descubierta		0,05		
1.3. Gradas, graderíos... descubiertos		0,20		
2.0. Puesto temporada		0,40		
3.1. Instalación deportiva cubierta		0,10		
3.2. Gradas, graderíos... cubiertos		0,50		
4.0. Enseñanza		0,50		
5.0. Almacén		0,55		
6.0. Aparcamiento cubierto		0,55		
Suma	98		99	100

	Valor	Coef. correct.	Valor corregido
	101	102	103
Porcentaje reductor de radicación		104 %	105
Cuota (103 – 105)			106

Cuota

Cuota antes de bonificaciones o incrementos (92 ó 94 + 106) 113

Bonificación 114 **% sobre** 115 116

Incremento 117 **% sobre** 118 119

Cuota después de bonificaciones o incrementos (113 – 116 + 119) 120

Cuota máquinas recreativas o autoventa de música grabada 96

Cuota de tarifa o importe mínimo (120 + 96) 121

Notificación

126 Fecha y firma del funcionario:

127 En ______________________ a _____ de ______________ de 19__

En calidad de ☐ titular ☐ representante

Firma,

EDITADO Y DISTRIBUIDO POR EL COLEGIO DE HUÉRFANOS DE HACIENDA

Contra el acto de inclusión o exclusión en la Matrícula del Impuesto sobre Actividades Económicas o de variación de los datos contenidos en la misma, que se le notifican, podrá interponer recurso de reposición ante el Jefe de la Dependencia de Gestión o el Administrador que dicta el acto, en el plazo de quince días hábiles a contar desde el siguiente al de la presente notificación, o reclamación ante el Tribunal Económico Administrativo Regional en el mismo plazo, sin que puedan interponerse simultáneamente ambos recursos.

Ejemplar para la Administración

Esquema 8.1 (b). Modelo 845. IAE.

MINISTERIO DE ECONOMÍA Y HACIENDA

Agencia Tributaria

1 **Delegación de**

2 **Administración de**

3 Código de Administración

Declaración Censal

De comienzo, modificación o cese de la actividad, que han de presentar, a efectos fiscales, los empresarios, los profesionales y otros obligados tributarios (Orden 25-1-96)

MODELO SIMPLIFICADO

Pág. 1

Modelo 037

1 Datos identificativos

037601274393 3

Espacio reservado para la etiqueta identificativa

4 N.I.F. | 5 Apellidos y nombre o razón social

Domicilio fiscal

6 S. G. | 7 Nombre de la vía pública | 8 Número | 9 Esc. | 10 Piso | 11 Prta. | 12 Teléfono

13 Código Postal | 14 Municipio | 15 Provincia

2 Causa de la presentación

Comienzo

16 Declaración de inicio de actividad.

17 Declaración previa al inicio de operaciones.

18 Solicitud de Número de Identificación Fiscal (N.I.F.).

19 Solicitud por extravío de nueva tarjeta acreditativa del N.I.F.

Modificación

20 Modificación de datos, consignados en declaración de comienzo, o modificación de obligaciones periódicas.

21 Declaración de comienzo habitual efectivo de las entregas de bienes o prestaciones de servicios (habiendo presentado con anterioridad la declaración previa al inicio de operaciones).

22 Solicitud de Alta o Baja en el Registro de Exportadores y otros Operadores Económicos.

Cese 23 Cese.

3 Otros datos censales

¿Es residente en territorio español? 24 Sí No

25 Porcentaje provisional de deducción, propuesto a efectos del I.V.A. (Sólo en el caso de declaración previa) %

26 Actividad económica principal | 27 Epígrafe I.A.E. | 28 Fecha inicio actividad

A continuación, consigne los datos que se indican, según se trate de:

A) Persona física residente en territorio español

Domicilio actividad

29 S. G. | 30 Nombre de la vía pública | 31 Número | 32 Esc. | 33 Piso | 34 Prta. | 35 Teléfono

36 Código Postal | 37 Municipio | 38 Provincia

B) Persona jurídica o entidad residente en territorio español

Domicilio social

39 S. G. | 40 Nombre de la vía pública | 41 Número | 42 Esc. | 43 Piso | 44 Prta. | 45 Teléfono

46 Código Postal | 47 Municipio | 48 Provincia

49 Forma jurídica o clase de entidad | 50 Anagrama | 51 Fecha de cierre del ejercicio social

Ejemplar para la Administración

EDITADO Y DISTRIBUIDO POR EL COLEGIO DE HUÉRFANOS DE HACIENDA

Esquema 8.2. Modelo 037. Declaración censal.

REGIMEN DE TRABAJADORES AUTONOMOS

DIRECCION PROVINCIAL DE ____________________

A RELLENAR POR LA ENTIDAD

Fecha de alta	Núm. identificación
Base de cotización	Núm. afiliación a la S. S.
	Fecha de entrada

I. DATOS PERSONALES Y FAMILIARES

Primer apellido	Segundo apellido	Nombre	Núm. Dto. Nal. Id.	Núm. afiliación a la S. S.	
Nombre del padre	Nombre de la madre	Fecha de nacimiento	Lugar de nacimiento	Provincia	Estado Civil
Domicilio, Calle o plaza, número, piso y letra	Localidad	D. P.	Apellidos y nombre del cónyuge Fecha de nacimiento:		

II. DATOS LABORALES

Actividad	Fecha de iniciación	Nombre comercial			
Domicilio: Calle o plaza, número, piso y letra	Localidad	D. P.	Provincia	Base que elige:	N.º familiares que trabajan con el titular (1)

.... a .... de .... de 19..........

Firma,

(1) Se cumplimentará únicamente cuando sea el titular de la actividad económica el que cause alta.

PARTE DE ALTA

El presente parte de Alta se diligenciará por DUPLICADO, salvo en los casos de altas de Socios de Compañías Regulares o Comanditarias en que se hará por TRIPLICADO a fin de que quede copia en poder de la Compañía que certifica. En la Dirección Provincial se presentarán siempre dos ejemplares.

Cuando el interesado no haya estado anteriormente afiliado a la Seguridad Social, dejará en blanco la casilla de este Parte destinada a consignar el número de afiliación y presentará asimismo un ejemplar del modelo A - 1 - TA debidamente diligenciada.

Esquema 8.3 (a). Modelo de alta como autónomo en la Seguridad Social.

1.° DECLARACION QUE FORMULA D. ....

con Documento Nacional de Identidad, núm. .... de .... años de edad, y con domicilio en .... , calle de .... núm. .... para hacer constar:

1) Que con fecha ...., ha causado ALTA en la actividad laboral de ...., que ejerce por cuenta propia.

2) Que como justificante de lo anteriormente expuesto, aporta los siguientes documentos:

a) Alta de la Licencia Fiscal del Impuesto Industrial.

b) ....

c) ....

d) ....

Y para que conste ante la TESORERIA TERRITORIAL a efectos de su ALTA en el Régimen de Trabajadores Autónomos, firma la presente en .... a .... de .... de mil novecientos ....

FIRMA,

2.° Certificación de la Compañía Regular o Comanditaria, a cumplimentar en la afiliación de socios, apartado c) del artículo 12 de la Orden Ministerial de 24-9-1970:

D. ...., Representante legal de la Compañía ....

CERTIFICA: Que el socio don .... viene prestando sus servicio en la citada Compañía desde el .... de .... de 19.......... a título lucrativo y de forma habitual, personal y directa.

.... a .... de .... de 19 ....

Firma y sello,

3.° Declaración del titular de la Empresa, a cumplimentar en la afiliación de familiares, apartado b) del artículo 12 de la Orden ministerial de 24-9-1970:

D. .... provisto de Documento Nacional de Identidad núm. .... encuadrado en el Régimen de Trabajadores Autónomos y afiliado con el número .... declara en calidad de titular de la Empresa que se menciona en el anverso, que el trabajador autónomo a que se refiere el presente Parte de Alta es pariente suyo en el grado de .... y que inició sus trabajos en dicha Empresa el día de .... de .... de 19.........., desempeñando la profesión u oficio de ....

.... a .... de .... de 19..........

Firma y sello,

Esquema 8.3 (b). Modelo de alta como autónomo en la Seguridad Social.

REGISTRO MERCANTIL CENTRAL
SECCION DE DENOMINACIONES
PRINCIPE DE VERGARA, 72
28006 MADRID

SOLICITUD DE CERTIFICACION

Solicitante: ………………………………………… (1)

Interesado: ………………………………………… (2)

DENOMINACIONES SOLICITADAS (3)

1.ª

DENOMINACION SOCIAL (4)

FORMA O TIPO (5)

2.ª

DENOMINACION SOCIAL

FORMA O TIPO

3.ª

DENOMINACION SOCIAL

FORMA O TIPO

En ………………… a ………… de ………………… de 19

El Solicitante o Interesado.

Esquema 8.4. Solicitud de certificación negativa (Sociedad Mercantil).

REGISTRO MERCANTIL CENTRAL
SECCION DE DENOMINACIONES

Príncipe de Vergara, 72
Teléfs. 5645253-5645126
29006 Madrid

CERTIFICACION Nº

DON...,

Registrador Mercantil Central, en base a lo interesado por:

D/Dª ....

en solicitud formulada con fecha ....

y número de entrada ....

CERTIFICO: Qué **NO APARECE** registrada la denominación *(indicarla)*..

....

En consecuencia, se ha reservado dicha denominación a favor del citado interesado, por el plazo de quince meses a contar desde la fecha, conforme a lo establecido en el artículo 377.1 del Reglamento del Registro Mercantil.

Madrid, a .... de 1995

EL REGISTRADOR
(Firma y sello del Registro)

NOTA.– Esta certificación tendrá una vigencia, a efectos de otorgamiento de escritura, de DOS MESES contados desde la fecha de su expedición, de conformidad con lo establecido en el art. 379.1 del Reglamento del Registro Mercantil.

Esquema 8.5. Certificación negativa de denominación.

D1

SOLICITUD A LA SECCION CENTRAL DEL REGISTRO DE COOPERATIVAS SOBRE DENOMINACION.

D. ... (1)... con D.N.I. nº ...(2)... y domicilio a efectos de notificación en ...(3)....

E X P O N E: Que habiendo sido designado gestor por los demás promotores de una proyectada Sociedad Cooperativa, y a los efectos de cumplir lo dispuesto para su válida constitución, de conformidad con lo establecido en el artículo 8 de la Ley 3/1987, de 2 de Abril, General de Cooperativas, precisa obtener un certificado negativo de denominación coincidente por lo que se ha decidido asignar a la futura Cooperativa la siguiente denominación: "... (4)...". Es por lo que,

S O L I C I T A: Le sea expedida una certificación acreditativa de que en la Sección Central del Registro de Cooperativas no figura inscrita ninguna Cooperativa con denominación idéntica a la que se consigna.

Valladolid, .. de .... de 1.9

SR. JEFE DE LA SECCION CENTRAL DEL REGISTRO DE COOPERATIVAS
DIRECCION GENERAL DE COOPERATIVAS Y SOCIEDADES LABORALES.
MINISTERIO DE TRABAJO Y SEGURIDAD SOCIAL
C/Pio Baroja, 6 28009 M A D R I D.-

---

(1) Nombre y dos apellidos.

(2) Número del Documento Nacional de Identidad que no esté caducado.

(3) Señálese piso, número, calle o plaza, localidad y provincia, (si no hubiese calle o plaza deben darse datos que faciliten inequívocamente la localización).

(4) Conviene poner todas las palabras de la denominación en mayúsculas y además si se prefiere un anagrama (por ejemplo: "ARTEUNI" "ARTESANOS REUNIDOS", etc.), es aconsejable optar solo por él, puesto que la denominación de una sociedad es única y no alternativa o doble (nombre completo o anagrama). Deben evitarse denominaciones muy largas que tienden a simplificarse con el uso y por lo tanto no son correctas. En la denominación se incluirá necesariamente las palabras "Sociedad Cooperativa" o su abreviatura "S. Coop."

Esquema 8.6. Solicitud de certificación negativa (Cooperativa).

SOLICITUD DE CALIFICACION DE LA SOCIEDAD COOPERATIVA

Ilmo. Sr.

D. (1) ...., con D. N. I. núm .... de .... años de edad, con domicilio a efectos de notificaciones en ...., en su calidad de gestor designado por los restantes motores de la proyectada Entidad Cooperativa que funcionaría bajo la denominación social de (2) ....

EXPONE que a los efectos de constituir la mencionada entidad, todos los promotores de la misma han elaborado y ahora acompañan la documentación preceptiva señalada en el artículo 13 de la Ley General de Cooperativas, de 2 de abril de 1987 (3), por lo que

SOLICITA a V. I. que previo los trámites oportunos estudie y califique la referida documentación, entre la que figura el Proyecto de Estatutos por los que habría de regirse la entidad que pretende constituirse.

En (4) .... a (5) .... de .... de 199 ...

(6):

Ilmo. Sr. (7)

(1) Nombre y apellidos.
(2) Señalar la denominación de la proyectada entidad.
(3) Para las Cooperativas de Seguros deberá acompañarse, además, la previa autorización del Ministerio de Economía y Hacienda.
(4) Lugar.
(5) Fecha: día, mes y año.
(6) Firma del gestor solicitante, que deberá ser uno de los promotores (artículo 13 de la Ley General de Cooperativas, de 2 de abril de 1987).
(7) Autoridad de la que dependa el correspondiente Registro de Cooperativas, según las normas de competencia establecidas en el artículo 16 de la citada Ley General de Cooperativas.

Esquema 8.7. Solicitud de calificación de la Sociedad Cooperativa.

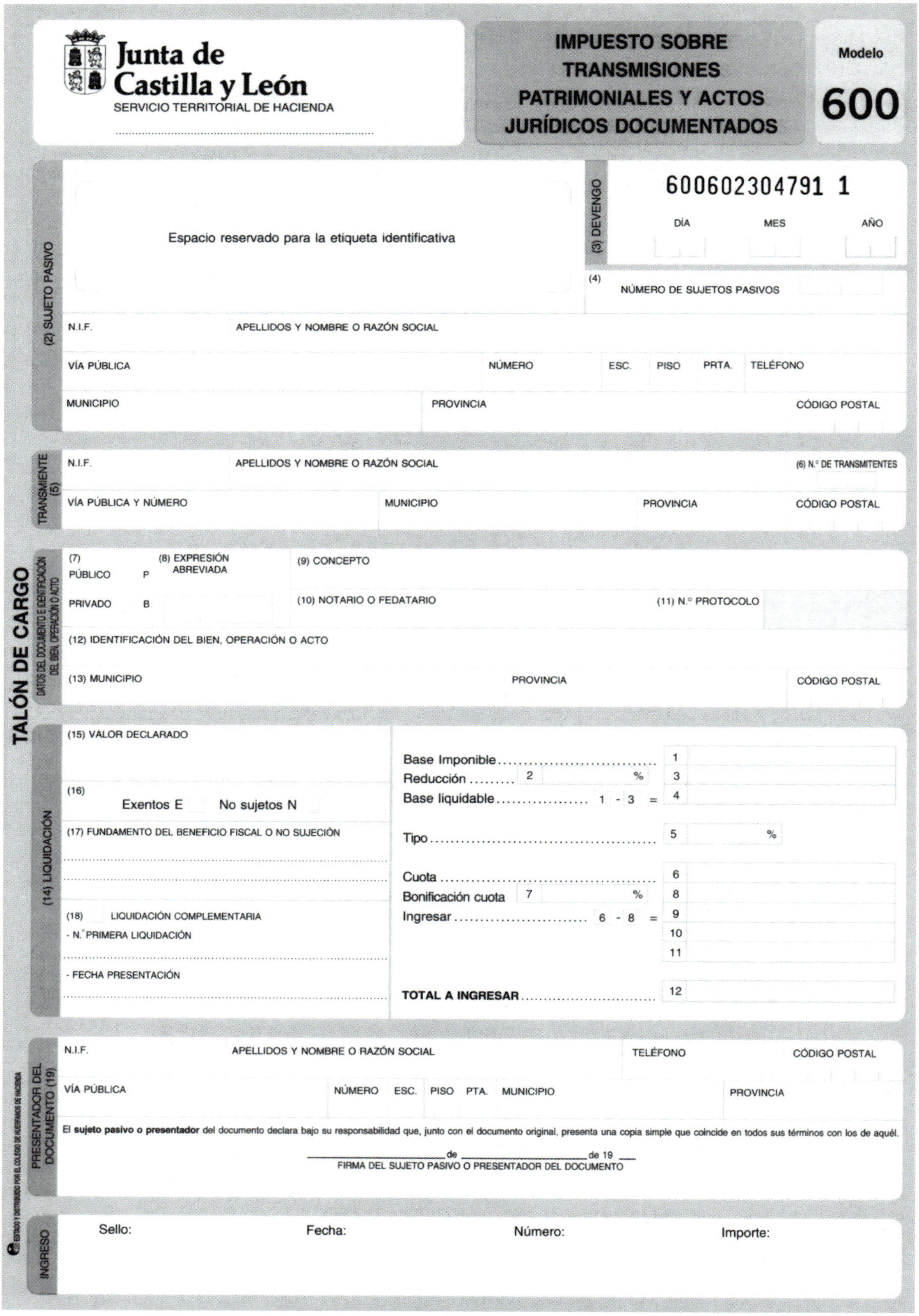

Junta de Castilla y León
SERVICIO TERRITORIAL DE HACIENDA

IMPUESTO SOBRE TRANSMISIONES PATRIMONIALES Y ACTOS JURÍDICOS DOCUMENTADOS

Modelo **600**

TALÓN DE CARGO

(2) SUJETO PASIVO

Espacio reservado para la etiqueta identificativa

(3) DEVENGO — 600602304791 1 — DÍA MES AÑO

(4) NÚMERO DE SUJETOS PASIVOS

N.I.F. — APELLIDOS Y NOMBRE O RAZÓN SOCIAL

VÍA PÚBLICA — NÚMERO — ESC. — PISO — PRTA. — TELÉFONO

MUNICIPIO — PROVINCIA — CÓDIGO POSTAL

TRANSMIENTE (5)

N.I.F. — APELLIDOS Y NOMBRE O RAZÓN SOCIAL — (6) N.º DE TRANSMITENTES

VÍA PÚBLICA Y NÚMERO — MUNICIPIO — PROVINCIA — CÓDIGO POSTAL

DATOS DEL DOCUMENTO E IDENTIFICACIÓN DEL BIEN, OPERACIÓN O ACTO

(7) PÚBLICO P — PRIVADO B — (8) EXPRESIÓN ABREVIADA — (9) CONCEPTO

(10) NOTARIO O FEDATARIO — (11) N.º PROTOCOLO

(12) IDENTIFICACIÓN DEL BIEN, OPERACIÓN O ACTO

(13) MUNICIPIO — PROVINCIA — CÓDIGO POSTAL

(14) LIQUIDACIÓN

(15) VALOR DECLARADO

(16) Exentos E — No sujetos N

(17) FUNDAMENTO DEL BENEFICIO FISCAL O NO SUJECIÓN

(18) LIQUIDACIÓN COMPLEMENTARIA
- N.º PRIMERA LIQUIDACIÓN
- FECHA PRESENTACIÓN

Base Imponible		1
Reducción	2 %	3
Base liquidable	1 - 3 =	4
Tipo		5 %
Cuota		6
Bonificación cuota	7 %	8
Ingresar	6 - 8 =	9
		10
		11
TOTAL A INGRESAR		12

PRESENTADOR DEL DOCUMENTO (19)

N.I.F. — APELLIDOS Y NOMBRE O RAZÓN SOCIAL — TELÉFONO — CÓDIGO POSTAL

VÍA PÚBLICA — NÚMERO — ESC. — PISO — PTA. — MUNICIPIO — PROVINCIA

El **sujeto pasivo o presentador** del documento declara bajo su responsabilidad que, junto con el documento original, presenta una copia simple que coincide en todos sus términos con los de aquél.

________ de ________ de 19 __
FIRMA DEL SUJETO PASIVO O PRESENTADOR DEL DOCUMENTO

INGRESO — Sello: — Fecha: — Número: — Importe:

EDITADO Y DISTRIBUIDO POR EL COLEGIO DE HUERFANOS DE HACIENDA

Esquema 8.8. Modelo 600.ITP y AJD.

TESORERIA GENERAL DE LA SEGURIDAD SOCIAL

DIRECCION PROVINCIAL

Código de Cuenta de Cotización

INSCRIPCION DE EMPRESA EN LA SEGURIDAD SOCIAL

- Para comunicar la inscripción a la empresa, preséntese por duplicado, dejando en blanco el volante de baja de la parte inferior.
- Se recogerá una copia sellada como resguardo.
- La modificación de cualquier dato de la presente hoja de inscripción debe comunicarse por carta a la Tesorería los 5 días siguientes a aquélla.

Nombre o razón social			N.º patronal de la central
DOMICILIOS	Legal: Calle	n.º / localidad	Dist. Postal
	Del centro de trabajo: Calle	n.º / localidad	Dist. Postal
		Entidad de accidentes de trabajo	
Actividad económica	Cód. Identificación Fiscal	N.º días paga extra	

EXCEPCIONES DE COTIZACION TOTAL O PARCIAL

- Consígnese - T O T A L - en el recuadro correspondiente al concepto (Protección a la familia, asistencia por enfermedad, incapacidad transitoria por enfermedad, invalidez provisional por enfermedad. Vejez e invalidez - Muerte - S por enfermedad. Desempleo) de que se halle totalmente exceptuada.
- Si la excepción es parcial, indíquese en dicha casilla tan sólo el porcentaje de la cotización que le afecte.

CONCEPTOS A QUE AFECTA		MOTIVO DE LA EXCEPCION
......		
......		
......		
......		
......		
Formación Profesional......		

UNE A 4 (210×297) - IMP. SERRANO, S. L. - TOLEDO.

ALTA	Fecha	RECIBI EL ALTA (TESORERIA T.S.S.)	Reservado para codificación
	Causa (Nueva creación, desglose de la n.º etc.)		
Núm. inicial de trabajadores	Firma del titular o del representante legal		
	N.º Dto. Nacional de Identidad		

Resguardo de baja	Fecha	RECIBI LA BAJA (Sello del T.T.S.S.)
	Causa	

A 8

VOLANTE DE BAJA DEFINITIVA

Preséntese unido al cuerpo superior cuando la baja sea definitiva, utilizando el resguardo de la inscripción efectuada con estos impresos o, en su defecto, extendiendo un ejemplar.

Para las bajas temporales y reanudación de actividades, basta con formular parte de baja o de alta de los trabajadores.

Núm. de inscripción de la Seg. Social

Nombre o razón social	Firma del titular o del representante legal.	ENTRADA (Sello del T.T.S.S.)
Fecha de la baja		
Causa		

A 8

Esquema 8.9. Modelo de inscripción de la empresa en la Seguridad Social.

MINISTERIO DE TRABAJO Y SEGURIDAD SOCIAL
Dirección Provincial de la Tesorería
General de la Seguridad Social

N.° de afiliación

AFILIACION A LA SEGURIDAD SOCIAL

20.000 eje 2-94

Apellido 1.° .... Nombre ....

Apellido 2.° ....

Hijo de .... y de .... sexo .... estado ....

Nacido el .... en ....

(...) Nacionalidad ....

Documento Nacional de Identidad ....

Firma del trabajador,

....

Fecha y sello de la Tesorería Territorial

REVERSO

Régimen de la Seguridad Social ....

Domicilio del trabajador ....

....

....

....

INSTRUCCIONES:

Se presentará por duplicado, cubriendo a máquina o en la forma más clara posible los espacios impresos en negro.

Esquema 8.10. Afiliación a la Seguridad Social.

MINISTERIO DE ECONOMIA Y HACIENDA

SECRETARÍA DE ESTADO DE HACIENDA

Dirección General del Centro de Gestión Catastral y Cooperación Tributaria

Catastro Inmobiliario

Declaración de alteración de bienes de naturaleza urbana por transmisión de dominio

Modelo **901**

(0) GERENCIA TERRITORIAL DE	CÓDIGO	EXPEDIENTE
MUNICIPIO DE	CÓDIGO	FECHA

A. IDENTIFICACIÓN CATASTRAL DEL BIEN

(1) REFERENCIA CATASTRAL DEL BIEN URBANO — (2) ANTERIOR IDENTIFICACIÓN COMO BIEN RÚSTICO: POLÍGONO — PARCELA — SUBPARCELA

(3) SIGLA — NOMBRE VÍA PÚBLICA O PARAJE — (4) NÚCLEO URBANO

(5) PTO. KM. o MANZANA — (6) LITERAL — NÚMERO — LETRA — BLOQUE O CASA — ESCALERA — PLANTA — PUERTA — (7) NÚMERO FIJO — EJERCICIO

(8) APELLIDOS Y NOMBRE O RAZÓN SOCIAL DEL ANTERIOR TITULAR CATASTRAL — (9) C.P. — (10) N.I.F.

B. TRANSMITENTE

(8) APELLIDOS Y NOMBRE O RAZÓN SOCIAL — (9) C.P. — (10) N.I.F.

(11) DOMICILIO FISCAL — TELÉFONO

C. ADQUIRENTE

(8) APELLIDOS Y NOMBRE O RAZÓN SOCIAL — (9) C.P. — (10) N.I.F.

(12) NACIONALIDAD

(3) SIGLA — NOMBRE VÍA PÚBLICA — (4) NÚCLEO URBANO

(5) PTO. KM. o MANZANA — (6) LITERAL — NÚMERO — LETRA — BLOQUE O CASA — ESCALERA — PLANTA — PUERTA — TELÉFONO

MUNICIPIO — PROVINCIA — CÓD. POSTAL

D. DOCUMENTO ORIGEN DE LA ALTERACIÓN

(13) PÚBLICO ☐ OTROS ☐ — (14) CONCEPTO — (15) EXPRESIÓN ABREVIADA

(16) NOTARIO O ADMINISTRACIÓN AUTORIZANTE — (17) N.° PROTOCOLO O EXPEDIENTE

FECHA DEL DOCUMENTO

E. DECLARANTE

(18) ☐ NUEVO TITULAR ☐ REPRESENTANTE NUEVO TIT. ☐ ANTERIOR TITULAR ☐ REPRES. ANT. TITULAR

(8) APELLIDOS Y NOMBRE O RAZÓN SOCIAL — (9) C.P. — (10) N.I.F.

(3) SIGLA — NOMBRE VÍA PÚBLICA O PARAJE — (4) NÚCLEO URBANO

(5) PTO. KM. — (6) LITERAL — NÚMERO — LETRA — BLOQUE — ESCALERA — PLANTA — PUERTA — MUNICIPIO

PROVINCIA — CÓD. POSTAL — (12) NACIONALIDAD — TELÉFONO

EL FIRMANTE, DE CONFORMIDAD CON LO ESTABLECIDO EN EL ARTÍCULO 77.2 DE LA LEY REGULADORA DE LAS HACIENDAS LOCALES, FORMALIZA LA PRESENTE DECLARACIÓN.

FECHA Y FIRMA DEL DECLARANTE O REPRESENTANTE: ______________________ A ____ DE ______________________ DE 199 ______

EDITADO Y DISTRIBUIDO POR EL COLEGIO DE HUÉRFANOS DE HACIENDA

Esquema 8.11. Impuesto sobre bienes muebles.

UNIDAD DE TRABAJO 9

¿ME DECIDO POR LA FRANQUICIA?

«La franquicia, como fórmula de autoempleo».

Un estudio realizado por Tormo & Asociados revela que la franquicia es una fórmula ideal de autoempleo, ya que el 74 por 100 de ellas exige inversiones inferiores a 10.000.000 de ptas. y el 45 por 100 de las mismas, exige menos de 5.000.000 de ptas. Podemos encontrar ejemplos de estas últimas en los siguientes sectores: agencias inmobiliarias, herboristerías, informática, limpieza y restauración de interiores, productos especializados, revestimientos cerámicos, servicios especializados, servicios de limpieza, telefonía, *vending* y viajes.

De cada 100 comercios que se establecen, al cabo de cinco años permanecen abiertos 23. Cuando el comercio se establece en régimen de franquicia, permanecen abiertos 70. ¿Por qué? Una de las razones principales es la falta de especialización en todas y cada una de las fases del negocio. Por ejemplo, una persona puede entender mucho de cocina y decide montar un restaurante. Los platos estarán maravillosamente cocinados pero el desconocimiento de técnicas de *marketing*, trato con los empleados, imagen, publicidad, contabilidad, gestión de almacenes, informática, etc., hará muy difícil que el negocio triunfe. Sin embargo, si trabaja con una franquicia, el franquiciador se encarga de enseñar al franquiciado a llevar la contabilidad, a tratar a sus empleados, a relacionarse con los clientes, a decorar el local; le suministrará regularmente las mercancías a un precio muy ventajoso, se encargará de investigar nuevos productos, de hacer campañas publicitarias, de sondear las tendencias del mercado, etc. Y, además, le prestará todo tipo de ayuda técnica a lo largo de su relación contractual.

CONTENIDO

9.1. ¿Qué es la franquicia?
9.2. Un par de consejos.
9.3. Ventajas e inconvenientes.
9.4. Régimen legal.
9.5. Ejemplos de franquicias.
9.6. El contrato de franquicia.
9.7. Financiación.
9.8. Hay posibilidad de fraude?
9.9. Causas de extinción del contrato de franquicia.
Anexo: Código deontológico de la franquicia en Europa.

OBJETIVOS

1. Dar a conocer un nuevo sector de reciente aparición
2. Considerar la franquicia como una posible forma de autoempleo.
3. Iniciar al alumno/a en la organización, funcionamiento y características de la franquicia.
4. Indicar las principales fuentes a las que el alumno/a puede acudir en busca de información y asesoramiento.

9.1. ¿Qué es la franquicia?

La franquicia es un contrato entre dos partes, una empresa o profesional (franquiciador) y otra empresa o profesional (franquiciado), mediante el cual el primero cede al segundo el derecho a la explotación de un sistema propio de comercialización de productos o servicios y el segundo, a cambio, entrega una contraprestación económica.

El franquiciador es una persona que ha creado un negocio y ha tenido éxito. Éxito que, sin duda, procede de su experiencia y conocimientos, de corregir los errores cometidos, de perfeccionar el trato con los clientes, de consultar con especialistas en *marketing* para lograr una mejor presentación del producto, de entrar en contacto con diseñadores para que su local ofrezca la imagen adecuada; de elegir un rótulo atractivo para su establecimiento, de inventar y registrar un marca para sus productos, de realizar investigaciones de mercado, de asistir a cursos y asesorarse a través de consultoras sobre la mejor forma de llevar su contabilidad, finanzas, relaciones humanas, programas informativos, etc., de rediseñar, una y otra vez, la forma de presentar el producto, organizar y perfeccionar el método de trabajo, tratando de elegir a los mejores proveedores y decidiendo la mejor forma de gestionar los *stocks*, de investigar la forma de acortar su ciclo de explotación, y un largo etcétera, que le ha costado tiempo, dinero y sacrificios, pero, a cambio, ha conseguido triunfar en su negocio. Todas estas actividades se pueden resumir en tres grupos:

1. **Desarrollar un producto.**
2. **Crear una marca.**
3. **Establecer una forma rigurosa de explotar ese producto bajo esa marca (*know how*).**

El **franquiciador** aporta un producto o servicio (*lo suficientemente rentable, conocido y diferenciado de los demás*), una marca (*en sentido amplio, marca, enseña, razón social, nombre comercial, signos y símbolos; logo, etcétera*) y un *know how* o *saber hacer*, esto es, el modo, la forma y la manera de gestionar y dirigir ese negocio (*lo que hemos visto en el párrafo anterior*).

El **franquiciado** recibe **producto + marca + *know how*** a través de una licencia, para la explotación en exclusiva de ese negocio en una determinada zona geográfica. A cambio entrega una contraprestación económica llamada **canon de entrada** y después, de forma periódica, seguirá entregando otras cantidades de dinero denominadas **royalty** y **canon de publicidad**. Ver Ejemplo 9.1.

Sigamos perfilando el concepto de franquicia.

❑ ¿En qué consiste el *know how* exactamente?

El *know how* o *saber hacer* recoge la experienca y el buen *saber hacer* del franquiciador en lo referente a su negocio. Se materializa en una serie de manuales, y se transmite a través de cursos de carácter teórico, para pasar posteriormente el franquiciado a los centros piloto de la franquicia y poner allí en práctica dichos conocimientos.

Por ejemplo, McDonald's exige a sus futuros franquiciados superar un período de formación que dura entre 9 y 12 meses a tiempo completo.

A lo largo de la relación contractual, el franquiciador mantendrá al día a sus franquiciados mediante nuevos cursos, seminarios, etc., con el fin de que el *know how* no se quede obsoleto. Además, el franquiciador presta su asistencia al franquiciado durante los primeros días de puesta en funcionamiento del negocio.

El contenido del *know how* se puede dividir en cuatro bloques de conocimientos:

- **Plan financiero:** *es un presupuesto previsional a tres años, incluyendo gastos e ingresos mes a mes.*

EJEMPLO 9.1

El franquiciador entrega al franquiciado un producto de éxito (por ejemplo, un determinado tipo de hamburguesa), con una marca lo suficientemente conocida (McDonald's) y además le enseña paso a paso todo lo que tiene que hacer para explotar ese negocio (cómo organizar y dirigir una hamburguesería McDonald's). El franquiciado, a cambio, le entrega inicialmente una cantidad de dinero «canon de entrada» (5.000.000) y periódicamente otras cantidades de dinero «royalty» (5 por 100 de lo que venda) y también un «canon de publicidad» (4 por 100 de lo que venda) para ayudar a sufragar los gastos de publicidad.

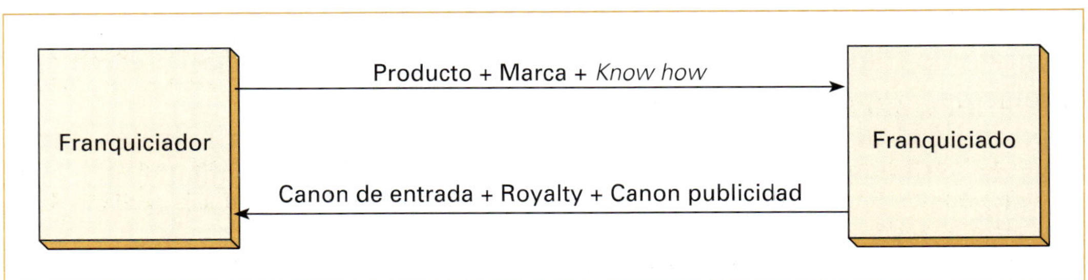

Esquema 9.1.

- **Explotación del negocio:**

  — Concepto del negocio (*descripción del producto, perfil del cliente, demanda potencial, características del mercado local, etc.*).
  — Marketing (*la política comercial que se debe llevar a cabo y cómo hacerlo*).
  — Procedimiento (*horario de funcionamiento, número de trabajadores y funciones de cada uno, gestión del almacén; selección de personal, etc.*).
  — Productos (*descripción detallada de todos y cada uno de los productos o servicios que se ofrecen*).
  — Inspecciones e información al franquiciador (*el tipo de información que periódicamente debemos remitir al franquiciador, así como el tipo de inspecciones y la frecuencia con que se realizarán*).

- **Imagen de la franquicia** (*se describe el logotipo, colores, tamaño y medidas, rótulo, grafismo, uniformes, rótulos de los vehículos, etc.*).
- **Decoración del local** (*fachadas, interiores, mobiliario, iluminación, etc.*).

❑ ¿La empresa del franquiciado está relacionada con la del franquiciador?

La respuesta es **no**, puesto que ambas empresas son totalmente independientes.

❑ ¿El franquiciado tiene la exclusiva de la franquicia?

Efectivamente, el franquiciado puede tener la certeza de que en su zona de influencia no se establecerá ninguna franquicia más del mismo franquiciador. La zona de influencia se pacta en el contrato de franquicia.

❑ ¿El canon de publicidad es en realidad otro canon de entrada encubierto?

En principio no, ya que el destino de ese canon de publicidad es constituir un fondo destinado a inversiones en publicidad que redunden en beneficio de toda la cadena. Por ello se aconseja que el franquiciador utilice cuentas bancarias separadas para recoger los ingresos y gastos publicitarios y facilite una información detallada de los importes recaudados y el destino que se haya dado a dichos fondos.

❑ ¿Cuánto dura un contrato de franquicia?

Lo determinan las partes en el contrato. Pero siempre ha de ser por un período de tiempo que permita al franquiciado amortizar la inversión realizada.

Además, el contrato, en la mayoría de los casos, suele tener una cláusula de renovación automática por un período de tiempo determinado. Por ejemplo, en el caso de Pizza Hut, la duración del contrato es de 10 años y tiene una cláusula de renovación automática por períodos de cinco años.

❑ ¿El franquiciado tiene libertad para dirigir su empresa?

Rotundamente **no**. El franquiciado tiene que ajustarse al *know how* que le ha comunicado el franquiciador. Es decir, deberá decorar el local, contratar el número de empleados, adquirir el software, disponer el mobiliario, adoptar el uniforme, seguir el método de fabricación, adquirir el rótulo, hacer las promociones y ofertas, etc., que se recojan en el *know how*, sin que pueda desviarse en ningún momento. El *know how* es obligatorio para el fraquiciado y no debe tomarse como un simple manual orientativo, ya que esa forma de actuar de todos los franquiciados es lo que crea imagen de marca. Para comprenderlo basta imaginar que cada franquiciado de McDonald's pusiera el rótulo que mejor le pareciese, la decoración que más le gustase, los uniformes que quisiera, que en unos establecimientos se sirviese mediante camareros y en otros hubiera que ir a la barra a buscar las hamburguesas. ¿En qué se distinguiría McDonald's de una hamburguesería cuaquiera?

❑ ¿Puede el franquiciador inspeccionar la empresa de su franquiciado?

Rotundamente **sí**, por dos razones. Primera, para comprobar que está siguiendo el método y las instrucciones contenidas en el *know how*. Segunda, para comprobar que la facturación que el franquiciado ha comunicado al franquiciador es la correcta, pues no olvidemos que el royalty y el canon de publicidad se pagan en función de la facturación.

Así pues, el franquiciador tiene pleno derecho a revisar la contabilidad y los locales del franquiciado.

❑ ¿Puede el franquiciado, una vez finalizado el contrato de franquicia, crear por su cuenta un negocio de parecidas características?

La respuesta es **no**. Ello se pacta en contrato y, además, es lógico, pues el antiguo franquiciado se aprovecharía de lo aprendido y aplicaría a su nueva empresa el *know how* del franquiciador, lo cual puede catalogarse como competencia desleal. Otra cuestión distinta es ¿durante cuánto tiempo?, indudablemente depende de cada tipo de negocio y, por tanto, se determinará en el contrato.

❑ ¿El franquiciador somete a sus futuros franquiciados a un sistema de selección?

Naturalmente que **sí**, pues el éxito de la franquicia depende del perfecto entendimiento entre el franquiciador y el franquiciado.

¿Qué perfil se le exige al franquiciado? En términos generales, que sea muy trabajador, que esté dispuesto a seguir las instrucciones marcadas, que disfrute trabajando en un tipo de negocio en particular, que cuente con recursos financieros suficientes (entre un 30-40 por 100 de la inversión total), que su familia apoye la nueva empresa, que sea capaz de seguir órdenes, y es preferible que tenga experiencia en el mismo sector o en otro sector diferente.

❑ ¿Qué debo saber con respecto a los diferentes cánones que tengo que pagar?

Si el canon de entrada sobrepasa el 10 por 100 de la inversión total, habrá que tener cuidado e investigar lo que ofrecen a cambio y comprobar si vale lo que piden. Existen algunas franquicias que aportan una metodología muy compleja o incluyen cursos de formación muy largos, impartidos por especialistas de alto prestigio, que pueden justificar el canon.

Al terminar el contrato, no permita que le exijan pagar de nuevo el canon de entrada por la renovación del mismo; se considera una práctica abusiva.

Veamos algunos ejemplos de canon de entrada en el Ejemplo 9.2.

En cuanto al royalty, lo habitual es exigir un porcentaje entre el 2 y el 6 por 100 de la facturación. No hay que aceptar un contrato en el que no se determine con claridad el importe de este concepto con cláusulas como «A partir del tercer año se revisarán los royaltys».

En cuanto al canon de publicidad, deberá constar en el contrato que su fin es dedicarlo a la promoción de la franquicia.

9.2. Un par de consejos

9.2.1. ¿Reúno las condiciones necesarias para ser franquiciado?

- ¿Conozco cómo funciona la franquicia?
- Qué riesgos estoy dispuesto a asumir:
  - — De qué capital dispongo.
  - — Hasta qué cantidad puedo endeudarme como máximo.
- ¿Seré capaz de seguir las instrucciones y órdenes marcadas por el franquiciador?
- Por otro lado, existen aspectos del negocio que el *know how* no puede solucionar, como por ejemplo:
  - — Dotes para la venta.
  - — Trato amable.
  - — Capacidad para motivar y dirigir al personal.
  - — Facilidad para tomar decisiones en condiciones de riesgo.
  - — Habilidad de negociación, etc.
- ¿Poseo estas capacidades?

Responde a estas preguntas y asegúrate de que tus circunstancias particulares son las idóneas, sobre todo las económicas.

9.2.2. Infórmate

Decide qué sector te interesa y después estudia todas las franquicias que se ofrecen en él, pero no acudas a una sola fuente, contrasta informaciones de diferentes fuentes.

❑ ¿Sobre qué puntos debo informarme?

- La inversión que hay que realizar.
- Los metros cuadrados del local.
- La ubicación que se exige.
- El personal que se debe contratar.
- El producto o servicio que ofrecen. Comprueba que sea un producto realmente competitivo y que se diferencia claramente de sus competidores.
- Los años que lleva funcionando la franquicia.
- El número de establecimientos que están en funcionamiento, tanto propios como franquiciados.
- Cómo han evolucionado los beneficios y la facturación en los últimos años.
- La importancia que concede el franquiciador a la formación y reciclaje de sus franquiciados.
- El número de franquiciados que ha abandonado la franquicia.

EJEMPLO 9.2

Franquiciador	Canon de entrada	Inversión total	Canon en %
McDonald's	5.000.000	65 a 85 millones	5 a 7
Don Algodón	450.000	8 millones	5,6
Yves Rocher	500.000	10 a 12 millones	4 a 5
TelePizza	2.500.000	30 millones	8

- Debes acudir a la empresa franquiciadora para que facilite la siguiente información:

  — Contrato de franquicia.
  — Dossier sobre características de la franquicia.
  — Relación completa de otros franquiciados.
  — Información económica (inversión inicial, cuenta tipo de explotación, plan previsional de explotación para los tres primeros años, estado de tesorería).
  — Servicios y formación que aporte el franquiciador.
  — Obligaciones financieras del franquiciado.
  — Referencias bancarias del franquiciador.
  — Plan de *marketing* con inclusión de calendario de acciones publicitarias.

Acude al Registro Mercantil Central para obtener información de la empresa franquiciadora. Te servirá de ayuda acudir a la Asociación Española de Franquiciadores, donde tienen información exhaustiva sobre sus asociados, y a la Oficina de Patentes y Marcas. Sobre todo acude a otro franquiciado de la misma franquicia en otra provincia; te podrá ofrecer una información muy valiosa. Es importante que acudas a una consultora especializada en franquicias, ella te podrá aconsejar. Desconfía de aquellas franquicias que no tienen centros propios, pues si el negocio es un éxito, ¿por qué no tienen ningún centro propio? Lógicamente, la franquicia que tiene centros propios da cierta seguridad, ya que muestra la confianza que el franquiciador tiene en su empresa. Las franquicias que tienen acuerdos con los bancos para financiar a sus franquiciados ofrecen cierta garantía, puesto que el banco, antes de firmar el acuerdo, habrá realizado un estudio exhaustivo de la misma.

9.3. Ventajas e inconvenientes de la franquicia

9.3.1. Ventajas

- Disminuir el riesgo, puesto que el negocio ya está probado y se ha demostrado su éxito.
- Iniciar una actividad sin experiencia previa, aprovechando la experiencia y el saber hacer del franquiciador, ya que desde el primer momento el franquiciado recibe asesoramiento para poder gestionar su franquicia.
- Conocer *a priori* los ingresos y beneficios estimados del negocio que se pretende acometer.
- Participar de campañas publicitarias y de promoción que serían imposibles de realizar desde un negocio pequeño.
- Acceder al mercado respaldado por una marca conocida y de prestigio
- Ser tu propio jefe.
- Obtener, en determinados casos, facilidades financieras, tanto por parte del franquiciador como por parte de las entidades de crédito.
- Tener la exclusiva del producto o servicio en una determinada zona geográfica
- Frente a otro tipo de negocio, la franquicia aporta inmediatamente un concepto de negocio, una imagen de marca, un producto y un público. Un comerciante autónomo lo consigue en dos años como mínimo si todo va bien.

9.3.2. Inconvenientes

- Hay que pagar al franquiciador un canon de entrada y, periódicamente, un royalty y un canon de publicidad
- No se es propietario de la marca ni del nombre comercial.
- Se prohíbe crear otro negocio de similares características cuando se deja de ser franquiciado.
- Hay que ceñirse, escrupulosamente, al *know how* que marque el franquiciado, con lo que la autonomía empresarial queda muy reducida.
- El franquiciador inspeccionará periódicamente el negocio del franquiciado con un doble objetivo, verificar que cumple escrupulosamente el *know how* y comprobar que la contabilidad coincide con los datos comunicados por el franquiciado.
- El franquiciado está ligado a la suerte del franquiciador. Si la franquicia quiebra, el franquiciado corre la misma suerte.

9.4. Régimen legal

En principio, en nuestro ordenamiento jurídico no existe una normativa específica referida a la franquicia, salvo el artículo 62 de la Ley de Ordenación del Comercio Minorista (Ley 7/96). Ver Texto de Apoyo en la página siguiente.

9.4.1. Por qué normas se rige la franquicia

❑ Normativa europea

- Reglamento 4087/88 de la Comisión, de 30 de noviembre de 1988, relativo a la aplicación del apartado 3 del artículo del Tratado a categorías de acuerdos de franquicia.
- Reglamento 240/96 de la Comisión, de 31 de enero de 1996, relativo a la aplicación del apartado 3 del artículo 85 del Tratado a determinadas categorías de acuerdos de transferencia de tecnología.
- Tribunal de Justicia de las Comunidades Europeas: el caso *Pronuptia* trata por primera vez las cuestiones relacionadas con el contrato de franquicia.

❑ Normativa nacional

- Código Civil: artículos 1.088 y ss., 1.254 y ss. y 1.278 y ss.

- Código de Comercio: artículos 50 a 63.
- Ley 7/96, de 15 de julio: «Ley de Ordenación del Comercio Minorista».
- Ley 3/91, de 10 de enero, sobre Competencia Desleal.
- Ley 16/89, de 17 de julio, sobre Defensa de la Competencia.
- Ley 32/88, de 10 de noviembre, sobre Marcas.
- Ley 22/87, de 11 de noviembre, sobre Propiedad Industrial.
- Ley 11/86, de 20 de marzo, sobre Patentes.

Sin valor normativo

- Código Deontológico Europeo de la Franquicia (véase Anexo).

9.5. Ejemplos de franquicias

A continuación estudiaremos un cuadro resumen con el número de enseñas por sector, número de establecimientos por enseña, así como inversión, canon de entrada y duración media del contrato por enseña.

Clasificación de los sectores de mayor a menor inversión

Sector	N.º de enseñas	Establecimientos en España	Inversión media	Canon de entrada	Duración contrato
Ocio	6	59	39.000.000	2.625.000	7
Hostelería y restauración	77	2.401	28.033.730	2.544.097	11
Alimentación y panadería	12	2.103	17.950.000	687.500	9
Oficina y papelería	6	291	12.550.000	1.508.333	4
Enseñanza	15	440	12.140.000	2.996.429	29
Tintorerías	14	846	11.496.071	828.571	7
Imprenta y rotulación	7	58	11.300.000	3.333.333	8
Café, helados y chocolaterías	15	288	10.566.668	1.357.143	7
MENOS DE DIEZ MILLONES					
Aventura	3	86	9.666.667	1.750.000	5
Tiendas especializadas	44	723	9.305.054	1.370.385	8
Joyería y bisutería	7	211	8.500.000	1.250.000	21
Belleza y cuidado personal	15	477	8.716.667	1.381.818	12
Servicios automóviles	14	507	7.856.767	1.850.000	20
Peluquería	5	181	7.812.500	560.000	5
Lencería y mercería	10	152	7.561.111	561.111	3
Mobiliario y decoración	20	416	7.350.000	1.228.947	5
Deportes	6	258	7.140.000	583.333	4
Fotografía	7	347	7.000.000	1.366.667	5
Textiles	8	265	7.000.000	1.335.714	5

(*Continúa*)

TEXTO DE APOYO

Texto íntegro del artículo 62 de la LOCM:

1. La actividad comercial en régimen de franquicia es la que se lleva a efecto en virtud de un acuerdo o contrato por el que una empresa, denominada franquiciadora, cede a otra, denominada franquiciada, el derecho a la explotación de un sistema propio de comercialización de productos o servicios.
2. Las personas físicas o jurídicas que pretendan desarrollar en España la actividad de franquiciadores a que se refiere el apartado anterior deberán inscribirse, en su caso, en el Registro que puedan establecer las Admnistraciones competentes.
3. Asimismo, con una antelación mínima de 20 días a la firma de cualquier contrato o precontrato de franquicia o entrega por parte del futuro franquiciado al franquiciador de cualquier pago, el franquiciador deberá haber entregado al futuro franquiciado por escrito la información necesaria para que pueda decidir libremente, y con conocimiento de causa, su incorporación a la red de franquicia y, en especial, los datos principales de identificación del franquiciador, descripción del sector de actividad del negocio objeto de franquicia, contenido y características de la franquicia y de su explotación, estructura y extensión de la red y elementos esenciales del acuerdo de franquicia. Reglamentariamente se establecerán las demás condiciones básicas para la actividad de cesión de franquicias.

(*Continuación*)

Confecciones y moda	52	1.912	6.618.023	869.231	11
Cosmética	14	488	6.552.308	1.008.333	19
Parafarmacias	12	144	6.416.667	2.018.182	24
Agencias inmobiliarias	8	353	5.712.500	2.112.500	5
Consultoría y afines	16	416	5.360.000	3.341.071	26
Servicios especializados	37	435	5.267.188	1.083.333	11
Servicios de transporte	9	577	5.166.667	1.700.000	30
MENOS DE CINCO MILLONES					
Productos especializados	6	181	4.950.00	1.041.667	29
Viajes	11	325	4.544.000	1.865.000	24
Telefonía	4	67	3.803.750	1.025.000	7
Servicios de limpieza	6	104	3.564.551	1.081.250	24
Informática	11	343	3.250.000	1.388.889	16
Limpieza y restauración de interiores	5	75	3.190.000	1.800.000	24
Herboristería	6	547	3.133.333	1.275.000	6
Vending	5	76	2.760.000	900.000	5
Revestimientos cerámicos	3	43	2.000.000	1.616.667	68
Ediciones personalizadas	8	531	1.885.000	1.107.143	36
Total	**503**	**16.720**			

Fuente: *Franquicias '97*. Tormo & Asociados.

Franquicias relacionadas con los servicios del automóvil					
Franquicia	Establec. en España	Inversión mínima	Canon de entrada	Royalty	Canon publicidad
Midas	50	18.000.000	2.500.000	5 %	5 %
Boxes	24	17.254.000	5.000.000	3 %	5 %
Elephant Bleu	22	15.000.000	3.000.000	NO	10.000
Europcar	200	15.000.000	500.000	7 %	3 %
G. B. Centros	23	10.000.000	1.000.000	5 %	NO
Oilnera	8	8.800.000	8.100.000	93.000	5 %
Tac	2	8.500.000	1.500.000	—	—
Aralcar	18	6.000.000	1.000.000	5 %	NO
Ballena Azul	14	4.000.000	1.500.000	NO	NO
Movil Car	7	2.000.000	1.200.000	5 %	NO
System Pro-Tech	98	1.500.000	NO	—	—
Superglass	2	700.000	600.000	10 %	NO
Lavasin	4	240.000	NO	NO	NO

EJEMPLO DE UNA FRANQUICIA DE RESTAURACIÓN

Nombre franquicia: A HUEVO
Actividad: restauración mediterránea
Constitución de la empresa:
Número de establecimientos en España: 13

- Propios: 8
- Franquiciados: 5

Canon de entrada: 5.000.000
Royalty: 5 %
Canon de publicidad: 1 %
Duración del contrato: 10-15 años
Dimensión mínima del local: 300 m^2
Población mínima: 100.000 habitantes

Inversión total, incluido canon de entrada: 45.000.000

	Facturación prevista	Beneficios estimados
Año 1	16.000.000	2.785.588
Año 2	20.800.000	5.878.688
Año 3	24.960.000	8.417.263

Fuente: *Franquicias '97*. Tormo & Asociados.

EJEMPLO DE UNA FRANQUICIA DE INFORMÁTICA

Nombre franquicia: FAMILY SOFTWARE
Actividad: venta productos informáticos
Constitución de la empresa: 1992
Número de establecimientos en España: 5
- Propios: 3
- Franquiciados: 2

Canon de entrada: 2.000.000
Royalty: 3 por 100
Canon de publicidad: 25.000
Duración del contrato: 20 años
Dimensión mínima del local: 30 m^2
Población mínima: 150.000 habitantes

Inversión total, incluido canon de entrada: 8.000.000 a 10.000.000

	Facturación prevista	Beneficios estimados
Año 1	50.000.000	
Año 2	130.000.000	
Año 3	200.000.000	10.000.000

Fuente: *Franquicias'97.* Tormo & Asociados.

EJEMPLO DE UNA FRANQUICIA DE UNA EMPRESA DE TRABAJO TEMPORAL

Nombre franquicia: TRABATEMETT
Actividad: TRABAJO TEMPORAL
Constitución de la empresa: 1994
Número de establecimientos en España: 16
- Propios: 6
- Franquiciados: 10

Canon de entrada: 4.000.000
Royalty: 4 por 100
Canon de publicidad: 2 por 100
Duración del contrato: indefinida
Dimensión mínima del local: 60 m^2
Población mínima: 50.000 habitantes

Inversión total, incluido canon de entrada: 8.000.000

	Facturación prevista	Beneficios estimados
Año 1	80.000.000	8.000.000
Año 2	140.000.000	14.000.000
Año 3	200.000.000	20.000.000

Fuente: *Franquicias '97.* Tormo & Asociados.

EJEMPLO DE UNA FRANQUICIA DE VENTA DE GOLOSINAS

Nombre franquicia: TIENDAS K
Actividad: venta de golosinas
Constitución de la empresa: 1989
Número de establecimientos en España: 16
- Propios: 7
- Franquiciados: 9

Canon de entrada: 1.000.000
Royalty: no hay
Canon de publicidad: 2 por 100
Duración del contrato: 10 años
Dimensión mínima del local: 25-50 m^2
Población mínima: 3.000 habitantes

Inversión total, incluido canon de entrada: 5.000.000 a 8.000.000

	Facturación prevista	Beneficios estimados
Año 1		
Año 2		
Año 3		

Fuente: *Franquicias '97.* Tormo & Asociados.

EJEMPLO DE UNA FRANQUICIA DE SERVICIO RÁPIDOS PARA EL HOGAR

Nombre franquicia: OK SERVICE
Actividad: asistencia técnica urgente a domicilio
Número de establecimientos en España: 4

- Propios: 0
- Franquiciados: 4

Canon de entrada: 1.650.000
Royalty: 4 por 100
Canon de publicidad: no hay
Duración del contrato: 5 años
Dimensión mínima del local: 40 m^2
Población mínima: 80.000 habitantes

Inversión total, incluido canon de entrada: 5.000.000

	Facturación prevista	Beneficios estimados
Año 1	30.000.000	
Año 2	40.000.000	
Año 3	46.000.000	

Fuente: *Franquicias '97*. Tormo & Asociados.

9.6. El contrato de franquicia

9.6.1. El precontrato

Antes de hablar del contrato haremos una breve referencia al precontrato u opción de compra, que no es más que un documento en el que se asegura al futuro franquiciado que durante un determinado período (unos 60 días) tiene preferencia sobre cualquier otro a instalar la franquicia objeto del precontrato en una determinada zona geográfica.

9.6.2. El contrato

Aunque el contrato es necesario, lo ideal es no tener que recurrir a él. Es decir, las partes deben intentar siempre arreglar sus diferencias, y sólo en caso extremo se recurrirá a la exigencia del cumplimiento del contrato.

El franquiciado no tiene prácticamente posibilidad de intervenir en la redacción del contrato, que le viene impuesto por el franquiciador. Es un contrato tipo para todos los futuros franquiciados.

Deberá estar redactado de acuerdo con la normativa nacional, la normativa comunitaria y el Código Deontológico Europeo de la Franquicia.

Los aspectos mínimos que debe recoger el contrato son:

- Los derechos del franquiciador y del franquiciado.
- Los bienes y/o servicios proporcionados al franquiciado.
- Las obligaciones del franquiciador y del franquiciado.
- Las condiciones financieras para el franquiciado.
- La duración del contrato, fijada de modo que permita al franquiciado amortizar las inversiones realizadas.
- Las condiciones de renovación del contrato.
- Las condiciones en que podrán efectuarse la cesión o la transferencia de los derechos derivados del contrato y las condiciones de prioridad del franquiciador.
- Las normas de utilización por parte del franquiciado de los símbolos pertenecientes al franquiciador: marca, distintivo, logotipo, marca de servicios, etcétera.
- El derecho del franquiciador de hacer evolucionar su concepto de franquicia.
- Las cláusulas de rescisión del contrato: ¿en qué casos puede ser rescindido?, ¿cuáles serían las obligaciones por ambas partes?, ¿qué pasaría si el propio franquiciador vende su empresa?
- Las cláusulas que prevean la recuperación, por el franquiciador, de cualquier elemento material o inmaterial que le pertenezca en caso de finalización del contrato antes del plazo previsto.

Es recomendable acudir a una consultora especializada en franquicias.

9.7. Financiación de la franquicia

No existen subvenciones o ayudas a las franquicias como tales, sino ayudas a la creación de empresas que son aplicables a una franquicia. Cada comunidad autónoma tiene sus propias ayudas, infórmate.

El franquiciador también suele conceder facilidades financieras al franquiciado; para ello existen convenios entre franquicias y entidades bancarias que otorgan un trato preferencial a los futuros franquiciados. Las entidades de crédito solicitan garantías personales o reales a la hora de conceder un préstamo al franquiciado. Pero la política crediticia, al menos de ciertos bancos o cajas, está cambiando; parece que actualmente se están centrando más en el franquiciador, esto es, en la viabilidad de la franquicia. Si ésta merece la confianza del banco, el préstamo solicitado se puede conceder, pese a no ofrecer el franquiciado las garantías requeridas, siempre que muestre una solvencia moral y profesional.

¿Qué franquicias merecen la confianza de estas entidades? Pues aquellas que pasen un exhaustivo estudio de sus principales aspectos, entre los que podemos destacar: el proceso de selección y formación de los franquiciados, los apoyos y controles que reciba el franquiciado en la gestión diaria del negocio, que la franquicia disponga de los recursos y las estructuras necesarias, que sus planes de negocio sean fiables y contrastados, que el mercado haya aceptado institucionalmente la marca; etc. En la actualidad son pocas las franquicias que pasan este examen, unas por no tener suficiente posicionamiento, otras por no tener suficiente estructura y la mayoría por no tener planes de negocio fiables ni contrastados.

En cualquier caso se exige que el franquiciado aporte entre el 30 y el 40 por 100 de la inversión. Algunas entidades de crédito que trabajan en esta línea son Banco Central Hispano (*Hispamer Banco Financiero*); BBV; Banco Santander; Caja de Madrid, etc.

9.8. ¿Hay posibilidad de fraude?

En España, la franquicia representa en torno al 4 por 100 de la facturación del pequeño comercio, mientras que en la UE esta cifra llega al 20 por 100 y en Estados Unidos al 40 por 100; así pues, la franquicia en España está en pleno desarrollo. Este desarrollo se está produciendo de modo vertiginoso, según Tormo & Asociados, a comienzos de 1997 son 503 franquicias las que operan en nuestro país, lo que supone un crecimiento del 41,3 por 100 con respecto a 1996.

Por otro lado, y como ya hemos visto, apenas existe regulación legal.

Ambas circunstancias son un excelente caldo de cultivo para el fraude.

¿Cómo puede verificar el franquiciado la veracidad de los datos proporcionados por el franquiciador sobre facturación, margen de beneficio, asistencia, etc.?

Ya hemos visto dónde puede acudir a informarse, pero vamos a insistir y destacar dos fuentes de información importantísimas la primera consiste en preguntar a otros franquiciados y la segunda es acudir a una consultora especializada en franquicias. Una vez que se haya conseguido información por cuenta propia y comiencen las dudas, es el momento de decidirse por una buena consultora y plantearle esas dudas. Hay muchas consultoras especializadas en franquicias, y están apareciendo muchas más, las Cámaras de Comercio y la Asociación Española de Franquiciadores pueden ayudarnos a elegir una buena consultora.

9.9. Causas de extinción del contrato de franquicia

La consultora especializada en franquicia Barbadillo & Asociados ha realizado un estudio sobre las principales causas que dan lugar a la extinción del contrato de franquicia; las principales son las siguientes:

Causas de la extinción del contrato	Porcentaje
Falta de pago	35,3
No aplicar el método operativo	5,8
Obligaciones legales	5,8
Baja rentabilidad	5,8
Competencia desleal	5,8
Mala ubicación del establecimiento	5,8
No encaja el perfil del franquiciado	3,1
Exclusividad del producto	3,1
No seguir la imagen de la central	3,1
No ceñirse sólo a su zona de exclusividad	3,1
Falta de dedicación	3,1
NS/NC	17,1

Fuente: Barbadillo & Asociados.

Actividades de Enseñanza – Aprendizaje

1 A partir de una guía de franquicias, calcula qué canon de entrada exigen aquellas franquicias que puedan ser afines a tu perfil profesional.

2 Partiendo del cuadro del Apartado 9.5, calcula el número de enseñas cuya inversión sea inferior a 6.000.000 de pesetas.

3 A partir de los datos de la actividad anterior, comenta si las franquicias son una posible vía de autoempleo con riesgo moderado.

4 De las franquicias existentes, ¿cuáles crees que podrías llevar a cabo en función de tu perfil profesional? Realiza una selección y comenta por qué las has elegido.

5 Partiendo de una guía de franquicias, determina qué productos o servicios comercializan las franquicias incluidas en los siguientes sectores: *vending*, servicios especializados, productos especializados.

6 Elige el sector que más se ajuste a tu perfil profesional y, dentro de él, realiza un estudio en profundidad y elige la enseña que a tu juicio sea la mejor.

7 Ponte en contacto, mediante una carta, con la franquicia que has elegido en el caso anterior y pide información sobre la misma al franquiciador. Comenta en el aula la información que has obtenido.

8 Invita a un franquiciador al aula para dar una charla (si no existe ninguno en la provincia se puede invitar a un franquiciado o bien a una consultoría especializada en franquicias).

Actividades de Evaluación

1 Definir el *know how.*

2 ¿Cuáles son los destinos del canon de entrada, del canon de publicidad y del royalty?

3 La empresa del franquiciado y la del franquiciador, ¿son la misma?

4 ¿Con qué antelación y sobre qué temas debe informar el franquiciador al franquiciado antes de firmar el contrato?

5 ¿Cuál es la principal causa de extinción de contratos de franquicia?

6 Cita algunas ventajas de las franquicias.

7 ¿Puede inspeccionar el franquiciador la empresa del franquiciado?

8 ¿Tiene libertad para dirigir su empresa el franquiciado?

ANEXO 1
CÓDIGO DEONTOLÓGICO DE LA FRANQUICIA EN EUROPA

Introducción

La franquicia es un método de colaboración contractual entre dos partes jurídicamente independientes e iguales: de una parte, una empresa franquiciadora y, de otra, la empresa franquiciada.

En lo relacionado con la empresa franquiciadora, esto implica:

1.º La propiedad de una razón social, de un nombre comercial, un emblema o símbolo, también, a veces, una marca de fábrica, de distribución o de servicio, así como una técnica, sistema o procedimiento, puestos a disposición del franquiciado;

2.º El control de una serie de productos o servicios, presentados de forma original y específica, y que deben ser, obligatoriamente, adoptados y utilizados por el franquiciado, sistema dependiente de un sistema de técnicas comerciales específicas que han sido experimentadas con antelación y que son continuamente desarrolladas y verificadas en lo que concierne a su valor y eficacia.

El objetivo principal, al establecer un contrato de franquicia entre las dos partes, es que se beneficien de él tanto franquiciador como franquiciado, gracias a la combinación de los recursos humanos y financieros, sin afectar, en absoluto, a la independencia de las partes.

Todo contrato de franquicia implica un pago, efectuado de la forma que sea, al franquiciador por parte del franquiciado, por los servicios que él ofrece al aportar nombre, sistema y procedimientos.

La franquicia es, pues, más que un contrato de venta o de concesión: es un contrato de licencia en el que ambas partes aceptan importantes obligaciones mutuas más allá de las que supondría una relación comercial convencional.

Un contrato de franquicia descansa en la confianza mutua, por lo que las partes tratan de evitar en todo momento malentendidos en sus recíprocas relaciones y con el público en general.

El franquiciador garantiza la validez de sus derechos de marca, emblema, sigla o logotipo, asegurando a las empresas franquiciadas la pacífica utilización de todos estos elementos puestos a su disposición.

Normas sobre la publicidad de selección

La publicidad de selección deberá ser honesta y sincera. No contendrá ambigüedades ni, menos aún, será engañosa. Toda la publicidad será conforme, tanto en la forma como en el fondo, con las leyes y normas en vigor.

Toda publicidad de reclutamiento que contenga alusiones, directas o indirectas, a resultados, cifras y datos referentes a ingresos o beneficios que puedan afectar a las empresas franquiciadas, será objetiva, completa y verificable, especialmente en lo referente a la zona geográfica y al período de tiempo a que se refiera.

Toda información sobre los aspectos financieros será detallada en todas sus partes, indicando claramente la suma total de inversión necesaria.

Selección de franquiciados

El franquiciador seleccionará y aceptará solamente a los candidatos franquiciados que posean las cualificaciones exigidas para la franquicia.

Se excluirá de estas cualificaciones cualquier discriminación por razón política, racial, idiomática, religiosa o sexual.

Reglas sobre el contrato

Es necesario que la transacción de base entre franquiciador y franquiciado adopte la forma de un contrato escrito. El contrato de franquicia definirá los derechos y obligaciones de las partes, será leal y tenderá a asegurar una buena gestión de los negocios para franquiciador y franquiciado por igual.

El contrato estará redactado en términos claros y comprensibles.

El contrato de franquicia especificará los puntos mencionados más abajo, bien entendido que las disposiciones sean compatibles con el derecho nacional o comunitario:

- Las modalidades y condiciones de pago de la cuota de entrada y del canon de ventas.
- La duración del contrato y su base de renovación, momento y duración del preaviso.
- Los derechos del franquiciador, anteriores a la cesión al franquiciado.
- La definición de los «derechos territoriales libres» otorgados al franquiciado, incluidos los posibles derechos sobre los sectores vecinos.
- Una base para el reparto de los bienes afectados por el contrato, si éste terminara.
- Las disposiciones sobre libertad o exclusividad de aprovisionamiento, incluidos responsabilidad y coste de las partes.
- Condiciones de pago.
- Los servicios suministrados por el franquiciado, como ayuda en el *merchandising*, promoción, publicidad, tecnología y procedimientos, asesoramiento en la gestión-administración-comercio, consultoría financiero-fiscal, formación y condiciones de suministro de estos servicos y su posible coste.

Es, a su vez, obligación del franquiciado suministrar cuentas y datos de explotación, recibir una adecuada formación y aceptar procedimientos de inspección.

Notas suplementarias

El franquiciador se asegurará, antes de la firma del contrato, de que el franquiciado posee la formación necesaria, ayudándole a adquirirla en caso contrario. La formación del franquiciado deberá comprender, normalmente, varios cursillos preliminares de capacitación en un negocio similar con una estancia en una unidad piloto.

El franquiciador garantizará al franquiciado, durante todo el período de vigencia del contrato, asistencia e información adecuadas y establecerá un contrato estrecho y continuo con él, normalmente a través de promotores o delegados competentes.

El franquiciador se mostrará fácilmente asequible y sensible a las llamadas del franquiciado. Se intercambiarán puntos de vista y se discutirán los asuntos importantes para mejorar la mutua comprensión y la identidad de intereses entre ambos.

El franquiciador facilitará al candidato franquiciado los detalles exactos, completos y verificables a partir de una o varias experiencias reales anteriores con relación al emplazamiento y mercado, así como toda la actividad empresarial propuesta al futuro franquiciado.

Estos datos se basarán en el valor del mercado y cuentas comerciales de negocios similares.

El franquiciado suministrará al franquiciador sus datos de explotación para facilitar la determinación de resultados y ratios financieros y permitir un buen control de gestión. A este efecto es esencial que permita en todo momento al franquiciador el acceso directo a sus locales y documentos.

El franquiciador dará al franquiciado toda la asistencia precisa para obtener y practicar la tecnología de la franquicia.

El franquiciador estudiará, prudente y cuidadosamente, la inversión en equipo, material, existencias iniciales, así como de lanzamiento, y cuota de entrada, y lo comunicará al franquiciado candidato antes de la firma del contrato.

En caso de ruptura o cese de contrato, el franquiciado retirará inmediatamente el emblema, señalización y material de todo tipo relacionado con la cadena.

El franquiciador y franquiciado deberán respetar escrupulosamente la política general de la franquicia en temas comerciales y administrativos, tanto hacia dentro como hacia fuera, en relación con el público en general.

Fanquiciador y franquiciado no realizarán jamás, en los campos penal, fiscal o comercial, acción alguna negativa que pueda dañar la reputación de la fraquicia y de la marca.

El franquiciador empleará los medios necesarios que aseguren un suministro regular de aprovisionamiento y unos servicios empresariales serios, leales y de calidad.

En el caso de existir algún otro documento sobre condiciones y sistemas, el franquiciador entregará estas condiciones al franquiciado antes de la firma del contrato.

Si el franquiciador, en la forma que sea, cediera a terceros la empresa de franquicia, garantizará, no obstante, al franquiciado la continuidad del contrato inicial en su totalidad.

Toda posible cláusula de «no competencia» aplicable al franquiciado tras la terminación del contrato deberá especificarse y definirse con exactitud en el propio contrato por lo que respecta a su duración y zona de aplicación.

El franquiciador hará todo lo posible para resolver las quejas y conflictos con sus franquiciados de buena fe y por propia voluntad, con contactos y negociaciones honestas y directas, concediendo al franquiciado plazos razonables para reparar las omisiones, y viceversa.

Si el contrato prevé la atribución de competencia en caso de litigio, es conveniente que se haga en los tribunales situados en la sede del franquiciador.

UNIDAD DE TRABAJO 10

¿QUÉ HACEMOS CON HACIENDA?

En esta Unidad de Trabajo vamos a estudiar qué impuestos tienen que pagar los distintos tipos de empresa y en qué consiste cada uno de ellos. ¿Por qué estudiar los impuestos? Simplemente para conocer, como futuros empresarios, los impuestos a los que estaremos sometidos y en qué consiste cada uno de ellos.

El objetivo de esta Unidad de Trabajo no es que seamos capaces de hacernos cargo del sistema fiscal de la empresa, se da por sentado que dicha gestión la realizará un profesional experto en dicho campo. Pero esto no impide que tengamos un conocimiento general del sistema impositivo que afecta a nuestra empresa.

CONTENIDO

- 10.1. Impuestos a los que están sometidos los diferentes tipos de empresas.
- 10.2. Impuesto sobre actividades económicas.
- 10.3. Impuesto sobre sociedades.
- 10.4. Impuesto sobre la Renta de las Personas Físicas.
  - 10.4.1. Estimación directa normal.
  - 10.4.2. Estimación directa simplificada.
  - 10.4.3. Estimación objetiva.
- 10.5. Impuesto sobre el Valor Añadido.
  - 10.5.1. Régimen general.
  - 10.5.2. Régimen especial.
- 10.6. Otras cuestiones referentes al Fisco.

OBJETIVOS

1. Tener una idea básica y general de todos y cada uno de los impuestos a los que está sometida la empresa en España
2. Relacionar la forma jurídica de la empresa con sus obligaciones fiscales.
3. Ser capaz de describir, de forma general, en qué consiste el Impuesto de Sociedades, el Impuesto sobre el Valor Añadido y el Impuesto de Actividades Económicas.
4. Describir, de forma general, en qué consiste el Impuesto sobre la Renta de las Personas Físicas, en lo que se refiere al rendimiento de las actividades empresariales.

10.1. Impuestos a los que están sometidos los diferentes tipos de empresa

Las empresas estarán sometidas a distintos tipos de impuestos en función de la forma jurídica que adopten. En este apartado vamos a citar los tipos de impuestos a los que está sometido cada tipo de empresa y en los siguientes apartados explicaremos en qué consisten estos impuestos.

Empresario individual
• Impuesto sobre Actividades Económicas (IAE). • Impuesto sobre la Renta de las Personas Físicas (IRPF). • Impuesto sobre el Valor Añadido (IVA).

Comunidad de Bienes (y Sociedades Civiles)
• Impuesto sobre Actividades Económicas (IAE), al que está sometido la CB. • Impuesto sobre la Renta de las Personas Físicas (IRPF), al que está sometido cada socio (no la CB). • Impuesto sobre el Valor Añadido (IVA), al que está sometido la CB.

Sociedades Mercantiles (S. A., S. L., S. COOP., etc.)
• Impuesto sobre Actividades Económicas (IAE). • Impuesto sobre Sociedades. • Impuesto sobre el Valor Añadido (IVA).

No hacemos referencia a aquellos impuestos que se han generado como consecuencia y en el momento de la constitución de la empresa, puesto que ya han sido comentados en la U. T. 8.

10.2. Impuesto sobre actividades económicas (IAE)

Este impuesto se paga, única y exclusivamente, por el hecho de ejercer una actividad empresarial, profesional o artística. Se puede decir que es un impuesto que se paga para poder ejercer la profesión de empresario, independientemente de si se gana o se pierde dinero.

La declaración del IAE hay que hacerla dentro de los 10 días anteriores a la apertura del negocio, se paga todos los años, entre el 1 de octubre y el 30 de noviembre, según los modelos 845-846-847, y el importe de este impuesto se destina a los Ayuntamientos y, en su caso, a las Diputaciones, si éstas optaron por establecer el recargo que permite la Ley.

¿Cuánto hay que pagar por este impuesto?

Su importe se calcula en función de los siguientes elementos:

- Potencia eléctrica instalada.
- Número de obreros.
- Población de derecho.
- Aforo de los locales de espectáculo.
- Superficie de los locales.

La cuota varía en función de su ámbito espacial. Así, tenemos **cuotas municipales**, que habilitan para ejercer la actividad en el municipio respectivo; **cuotas provinciales**, que facultan para el ejercicio de las actividades correspondientes en el ámbito territorial de la provincia de que se trate, y **cuota nacional**, que permite desarrollar las actividades correspondientes en todo el territorio nacional. Cuanto mayor sea el ámbito, más alta será la cuota.

A tener en cuenta

Supón que eres instalador eléctrico y decides, cuando te das de alta en el IAE, pagar la matrícula municipal para la capital de tu provincia, pues crees que no realizarás trabajos en la provincia. Sin embargo, surge una serie de trabajos en la provincia, ¿qué puedes hacer?, muy sencillo, darte de alta en el IAE provincial. Ahora imagina que tardas dos meses y veinte días en acabar esos trabajos. Pues bien, una vez terminados, solicitas la baja en el IAE provincial y te devolverán la parte proporcional a los tres trimestres que no has hecho uso de la licencia. Si te surge un trabajo **únicamente en un pueblo** de la provincia, no merece la pena que solicites la provincial, bastará con que solicites la municipal para dicho pueblo.

¿Podríamos ver algún ejemplo de IAE real?

Para que podamos hacernos una idea de lo que supone este impuesto, a continuación veremos unos ejemplos cuyo cálculo se ha hecho de forma aproximada:

- Un **comercio al por menor** de artículos de deporte, con un establecimiento de 170 m^2 y 40 m^2 más de almacén, pagaría unas 138.000 ptas. en una población de 160.000 habitantes.
- Un **economista** con un despacho de 80 m^2 en una ciudad de 160.000 habitantes pagaría unas 112.000 ptas.
- Un **bar**, en un pueblo de 7.000 habitantes, con una superficie de 200 m^2 más 60 m^2 de terraza, pagaría unas 32.000 ptas.

Una vez que me he dado de alta en el IAE, ¿puedo dedicarme a todas las actividades que yo quiera?

La respuesta es **no**, hay que darse de alta en el IAE **para cada una de las actividades** que se desee ejercer.

(Zaragoza) 15 sep a 20 Nov

Cuando [illegible] 25 días después aprueban cuentas del 1 al 20 abril octubre y diciembre 20%

EJEMPLO 10.1

Una persona abre un bar y se da de alta en el IAE. También quiere ofrecer servicio de restaurante, lo que supone que debe darse de alta en el IAE para la actividad de restaurante. Quiere vender tabaco en su establecimiento, también deberá darse de alta en el IAE por ese epígrafe (*Comercio al por menor de labores de tabaco en régimen de autorización de venta con recargo*). Resumiendo solicitar tantas altas como actividades se vayan a ejercer, en este caso: «bar + restaurante + venta de tabaco».

❑ ¿Debo comunicar las variaciones que se produzcan en los elementos tributarios?

(*Recuerde que los elementos tributarios son: potencia instalada, número de obreros, población de derecho, aforo de los locales de espectáculo, superficie de los locales.*)

La respuesta es **sí**, siempre que esta variación suponga un 20 por 100 aproximadamente del elemento tributario.

EJEMPLO 10.2

Imaginemos un negocio cuyo local se amplía de 100 a 150 m^2; como el cambio ha supuesto una variación superior al 20 por 100, habrá que comunicar dicho cambio a la Agencia Tributaria. Ahora bien, si el cambio es inferior al 20 por 100 y supone una disminución del elemento tributario, pese a que no está obligado, le interesa comunicarlo para que le rebajen la cuota.

Siguiendo con el caso que nos ocupa, al cabo de cuatro años decide vender 20 m^2 del local; la disminución no supera el 20 por 100, pero debe comunicárselo a la Agencia Tributaria para que le ajusten su cuota a 130 m^2 y, por tanto, pague una cuota menor.

Los cambios en el importe de las cuotas se producirán siempre en el ejercicio siguiente al de la comunicación. El plazo para comunicar las variaciones es de 30 días a partir de la fecha en que se produjo el cambio.

❑ Un consejo

La mejor manera de conocer el importe del IAE que habrá que pagar es dirigirse a la Delegación de Hacienda y preguntar. Allí informarán con todo detalle y de forma gratuita.

❑ Nota

En las Comunidades de Bienes es la propia CB quien debe pagar el impuesto y no cada uno de los socios.

10.3. Impuesto sobre sociedades

❑ ¿Qué empresas están obligadas a tributar por el Impuesto de Sociedades?

Todas las sociedades y entidades que tengan personalidad jurídica propia, concretamente:

- Sociedad Anónima.
- Sociedades Laborales.
- Sociedades Limitada.
- Sociedad Cooperativa.
- Sociedad Colectiva.
- Sociedad Comanditaria.

Nunca tributarán por este impuesto:

- Comunidades de Bienes.
- Sociedades Civiles, tengan o no personalidad jurídica.

❑ ¿Qué tributa en este impuesto?

El objeto del tributo son los **beneficios** obtenidos por la empresa. Es decir, la cantidad que nos indica el saldo de la cuenta de pérdidas y ganancias (*como es lógico, siempre que indique beneficios*).

❑ ¿Qué parte de los beneficios se debe pagar a la Hacienda Pública?

Generalmente el 35 por 100. No obstante, existen excepciones, de las cuales destacaremos, por su interés, las siguientes:

- Sociedades Cooperativas, **fiscalmente protegidas**, cuyo tipo es el 20 por 100.
- Las sociedades consideradas de **«reducida dimensión»**, de acuerdo con el artículo 122 bis de la Ley de Sociedades, tributarán al 30 por 100 por los 15 primeros millones de base imponible y el resto al 35 por 100. Se consideran empresas de «reducida dimensión» las que tienen un volumen de ventas inferior a 250 millones de ptas./año.

CASO PRÁCTICO 1

Una sociedad considerada de «reducida dimensión» tiene una base imponible de 22.000.000 de pesetas. Tributará de la siguiente forma: al 30 por 100 por los 15.000.000 de pesetas y al 35 por 100 por los 7.000.000 de pesetas restantes.

❑ ¿Cómo se halla la cantidad que hay que ingresar en la Agencia Tributaria?

El saldo de la cuenta de pérdidas y ganancias nos informa del beneficio (o pérdida) obtenido durante el presente ejercicio. Esta cantidad se corrige con las pérdidas que pudieran haberse producido en los siete ejercicios anteriores. Dicho de otra forma, si tenemos pérdidas un año, podemos compensarlas con los beneficios que obtengamos en los siete próximos años. Ver Caso Práctico 2.

Una vez corregidos los beneficios con las pérdidas de los siete últimos años, se halla el 35 por 100 de los beneficios, y ésa es la cantidad que habrá que pagar.

De esta cantidad, se pueden restar ciertas bonificaciones y deducciones, entre las que destacamos:

- 20 por 100 de los gastos en I+D.
- 5 por 100 de los gastos destinados a formación del personal.
- 700.000 ptas. por cada minusválido contratado por tiempo indefinido.

CASO PRÁCTICO 2

En 1991 se obtienen pérdidas por 9.000.000 de pesetas.
En 1992 beneficios por 3.000.000 de pesetas.
En 1993 beneficios por 5.000.000 de pesetas.
En 1994 beneficios por 4.000.000 de pesetas.
En 1995 beneficios por 8.000.000 de pesetas.
En 1996 beneficios por 6.000.000 de pesetas.
En 1997 beneficios por 9.000.000 de pesetas.
En 1998 beneficios por 5.000.000 de pesetas.

Para compensar las pérdidas de 1991 se dispone de los siete años siguientes, compensación que se llevará a cabo como sigue:

En 1991 se obtienen pérdidas por 9.000.000 de pesetas.

En 1992: 3.000.000 − 3.000.000 = 0	B.º = 0
En 1993: 5.000.000 − 5.000.000 = 0	B.º = 0
En 1994: 4.000.000 − 1.000.000 = = 3.000.000	B.º = 3.000.000
En 1995: 8.000.000	B.º = 8.000.000
En 1996: 7.000.000	B.º = 7.000.000
En 1997: 9.000.000	B.º = 9.000.000
En 1998: 5.000.000	B.º = 5.000.000

Como puede apreciarse, se han compensado las pérdidas de 1991 con los beneficios de 1992, de 1993 y con parte de 1994. No es necesario utilizar los beneficios de 1995, 1996, 1997, 1998, ya que la pérdida quedó compensada.

La cantidad resultante será la definitiva. Ahora bien, para que esta cantidad no resulte especialmente gravosa para la empresa en el momento de ingresar la cuota, se ha establecido una serie de ingresos a cuenta, a lo largo del año, concretamente en abril, octubre y diciembre, por un importe igual al 20 por 100 del impuesto que se ingresó el año pasado. Es decir, se puede pagar a plazos el Impuesto de Sociedades, cada plazo equivale al 20 por 100 de lo pagado el año anterior por este concepto. Con ello se pretende que el pago final resulte menos gravoso. Ver Caso Práctico 3.

❑ ¿Cada cuánto tiempo se debe pagar el impuesto?

Cada ejercicio económico, esto es, cada 12 meses. En la mayoría de las empresas, su ejercicio económico coincide con el año natural.

CASO PRÁCTICO 3

Supongamos que el año pasado se pagó en concepto de Impuesto de Sociedades 2.000.000 de pesetas. ¿Qué cantidad deberé ingresar a cuenta? En los 20 primeros días de abril, octubre y diciembre se ingresará a cuenta del impuesto de este año, el 20 por 100 de 2.000.000 de pesetas, esto es, 400.000 ptas. en cada uno de los meses citados.

Si al finalizar el ejercicio nos corresponde ingresar por el Impuesto de Sociedades 1.500.000 ptas., como ya hemos pagado a cuenta de este ejercicio 400.000 en abril + + 400.000 en octubre + 400.000 en diciembre = 1.200.000 ptas., ahora sólo pagaremos el resto, es decir, 1.500.000 − 1.200.000 = 300.000 ptas.

10.4. El Impuesto sobre la Renta de las Personas Físicas

❑ ¿Sobre qué recae este impuesto?

El objeto de este impuesto son las rentas obtenidas por las personas físicas. Estas rentas se clasifican en cinco grupos que, sumados, nos proporcionarán la renta total obtenida durante el año natural, esto es, la Base Imponible:

- **Rendimiento neto del trabajo dependiente**: ingresos íntegros − gastos deducibles.
- **Rendimiento neto del capital mobiliario**: ingresos íntegros − gastos deducibles.
- **Rendimiento neto del capital inmobiliario**: ingresos íntegros − gastos deducibles.
- **Rendimientos de actividades profesionales o empresariales**: este apartado tiene como finalidad estudiar el cálculo de los rendimientos de actividades profesionales o empresariales.
- **Incremento y disminuciones patrimoniales.**

❑ ¿Qué empresas están obligadas a declarar sus beneficios a través del IRPF?

En general, todas aquellas que **no** lo están por el Impuesto de Sociedades:

- Empresarios individuales.
- Comunidades de Bienes (cada uno de los integrantes, no la CB).
- Sociedades Civiles, tengan o no personalidad jurídica.

❑ ¿Qué sistemas existen para calcular el rendimiento neto?

Son los siguientes:

- Los grandes empresarios individuales tributan por el régimen de ESTIMACIÓN DIRECTA NORMAL, que supone, básicamente, calcular el beneficio de la empresa de acuerdo con lo convenido para el Impues-

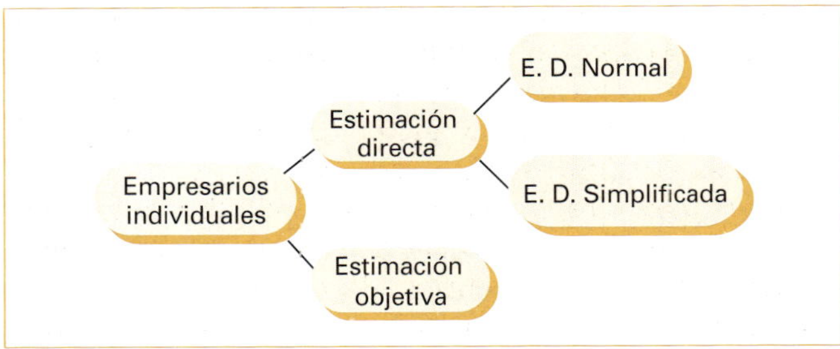

Esquema 10.1. Tipos de estimación.

to de Sociedades y llevar una contabilidad ajustada a lo estipulado en el Código de Comercio.

- Los pequeños empresarios pueden tributar por el régimen de ESTIMACIÓN DIRECTA NORMAL, pero se les ofrece la posibilidad de hacerlo a través de la ESTIMACIÓN DIRECTA SIMPLIFICADA, que es más sencilla de calcular y no exige tantos requisitos formales. También se ofrece, a determinadas actividades empresariales y profesionales, el método de ESTIMACIÓN OBJETIVA cuyo cálculo es más sencillo aún que la estimación directa simplificada.

10.4.1. Estimación directa

❑ ¿Quiénes pueden acogerse a estimación directa normal?

Quienes superen los límites establecidos para la modalidad de estimación directa simplificada (cifra de ventas no superior a 100 millones) o bien quienes, sin superarlos, renuncien a la estimación directa simplificada o, en su caso, a la estimación objetiva. (Véase Esquema 10.2.) La renuncia deberá hacerse en el mes de diciembre (Modelo 036 o 037).

❑ ¿Qué obligaciones contables y registrales tiene la estimación directa normal?

Tendrán que llevar una contabilidad ajustada a lo dispuesto en el Código de Comercio, razón por la cual, obviamos el cálculo del rendimiento neto, pues su complejidad rebasa los límites de esta obra.

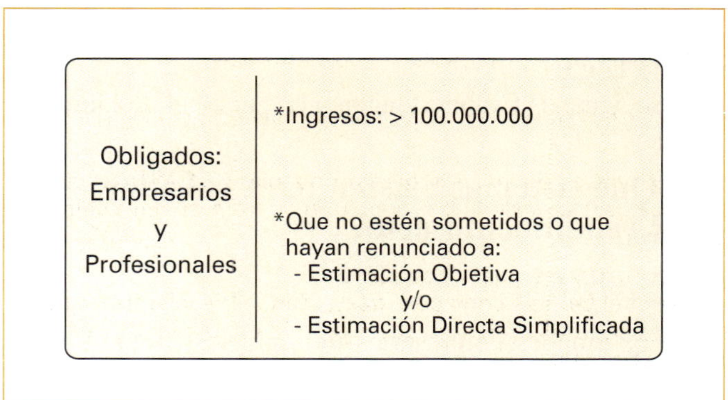

Esquema 10.2. Estimación directa normal.

❑ Grosso modo, ¿cómo se calcula el rendimiento neto?

Se calcula restando de los ingresos computables los gastos deducibles, ± incrementos o disminuciones patrimoniales. Determinados unos y otros según las normas del Impuesto sobre Sociedades.

10.4.2. Estimación directa simplificada

❑ ¿A qué tipo de empresarios se aplica este sistema?

En principio esta modalidad se aplica por defecto, esto es, se les aplicará a todos aquellos empresarios que desarrollen actividades que no estén incluidas en la modalidad de estimación objetiva y que además cumplan los siguientes requisitos:

- Su volumen de ingresos, en el año anterior, no puede superar los 100 millones.
- Ninguna de las actividades que ejerza el contribuyente, se puede encontrar en estimación directa normal.
- No haya renunciado a su aplicación. (Véase Esquema 10.3.)

❑ La estimulación directa simplificada, ¿disfruta de algún beneficio fiscal?

Efectivamente, goza de los mismos beneficios fiscales que el Impuesto sobre Sociedades reconoce a las sociedades de «reducida dimensión». Para conocer cuáles son estos beneficios fiscales y qué requisitos deben cumplir las empresas para poder acceder a ellos. (Véase Esquema 10.4.)

❑ ¿Cómo se calcula el rendimiento neto?

Ingresos computables
− Gastos justificados
− Coeficiente de gastos [5 % de (IC − GJ)]
= Rendimiento neto previo
± Incremento/disminuciones patrimoniales
= Rendimiento neto

- **Ingresos computables**, además de los ingresos corrientes incluimos dentro de este apartado: el autoconsumo; las entregas de bienes a título gratuito valoradas a precio de mercado; la diferencia entre lo realmente facturado y el precio de mercado cuando se entreguen bienes a precios notoriamente inferiores a los normales.
- **Gastos justificados**: por gastos justificados se entienden todos aquellos gastos realizados para obtener los ingresos (gastos de personal; seguridad social; alquiler

Obligados: Empresarios y Profesionales	- Actividad no acogida a E. Objetiva - Ingresos: < 100.000.000 - No haya renunciado - Ninguna actividad en E. D. Normal

Esquema 10.3. Estimación directa simplificada.

del local; tributos no estatales; recibo de agua, luz y teléfono; material de oficina; asistencia a un curso de perfeccionamiento; gastos financieros; materias primas consumidas; reparaciones; amortizaciones; etc.). La gran novedad son las **amortizaciones**, que a partir de ahora podrán deducirse como gasto. Sin embargo no pueden incluirse como gastos las **provisiones** (*provisiones por insolvencia; por depreciación de existencias; para riesgo y gastos; etc.*), puesto que las mismas quedan incluidas dentro del apartado «coeficiente de gastos» que a continuación comentamos.

- **Coeficiente de gastos**: incluye los gastos de difícil justificación, incluidas las provisiones y equivale a un 5 por 100 de la *diferencia* entre ingresos computables menos gastos deducibles.
- **Rendimiento neto previo**: es el resultado de restar a los ingresos computables los gastos deducibles y el coeficiente de gastos.
- **Incrementos y disminuciones patrimoniales**: se incluyen todos los incrementos y disminuciones de pa-

BENEFICIOS FISCALES EN LA ESTIMACIÓN DIRECTA SIMPLIFICADA

Podrán acogerse a estos beneficios fiscales todas aquellas empresas cuya cifra de negocios en el ejercicio inmediato anterior no haya superado los 250 millones de pesetas.

Beneficios fiscales:

1. **Libertad de amortización para inversiones generadoras de empleo:**

Requisitos:

a) La inversión se realizará en elementos de inmovilizado material nuevos.
b) La plantilla de la empresa se incrementará y dicho incremento se mantendrá al menos durante 24 meses.
c) La cuantía máxima de la inversión que se amortice libremente (por libremente deberemos entender, en el año en que entran en funcionamiento dicho bien de inversión), no supere el importe resultante de multiplicar la cifra de 15 millones por el incremento de la plantilla, calculado con dos decimales.

Ejemplo: una empresa compra en 1998 una máquina por valor de 30.000.000 ptas., para trabajar en ella contrata a un trabajador a jornada completa y a un segundo trabajador a media jornada.

Incremento de plantilla 1,50.

Cantidad que se permite amortizar libremente en el año 1998: 15.000.000 × 1,50 = 22.500.000. Luego podrá amortizar en el año 1998, 22,5 millones y el resto 7,5 en la forma que le indica la tabla de amortización.

2. **Libertad de amortización para inversiones de escaso valor**: podrán amortizarse libremente (el importe total en el mismo año en que ha entrado en funcionamiento) las inversiones de escaso valor si cumplen los siguientes requisitos.

Requisitos:

a) La inversión se realizará en elementos nuevos de inmovilizado material.
b) Que el valor de cada uno de estos elementos no exceda de 100.000 ptas.
c) Que la invesión total realizada no supere 2.000.000 ptas. por período.

3. **Amortización acelerada de elementos nuevos de inmovilizado material:** podrán amortizarse en función del coeficiente que resulte de multiplicar por 1,5 el coeficiente lineal máximo previsto en las tablas de amortización oficialmente aprobadas, siempre que la inversión se realice en elementos nuevos de inmovilizado material.

4. **Exención por reinversión:** los incrementos de patrimonio, no se incluirán en el cálculo del rendimiento neto si cumplen los siguientes requisitos:

Requisitos:

a) Que el elemento transmitido pertenezca al inmovilizado material afecto a la explotación económica.
b) Que el importe del incremento no supere los 50 millones.
c) Que el importe del incremento se reinvierta en otro activo afecto a la explotación en un plazo máximo de tres años y que permanezcan en la empresa al menos siete años.

5. **Contratos de arrendamiento financiero: cuotas deducibles**: los contratos de arrendamiento financiero (LEASING) que tengan una duración mínima de 2 años cuando tengan por objeto bienes muebles y de 10 años cuando se trate de inmuebles, celebrados a partir del 1 enero de 1996, tienen el siguiente régimen fiscal.

a) La parte de la cuota que corresponde a la carga financiera se considerará gasto deducible.
b) La parte de la cuota que corresponde a la recuperación del coste del bien se considera gasto deducible, siempre que el bien sea amortizable y la cantidad deducible no supere el resultado de aplicar al coste del bien el triple del coeficiente de amortización lineal según las tablas de amortización oficiales.

Esquema 10.4. Beneficios fiscales en la estimación directa simplificada.

trimonio provenientes de elementos afectos a la actividad empresarial *(por ejemplo, se compra un ordenador para la empresa por 240.000 ptas. y a los tres meses se queda pequeño y lo vendemos por 200.000 ptas., hemos sufrido una disminución de patrimonio de 40.000 ptas.).*

- **Rendimiento neto**: es el resultado de efectuar la siguiente operación algebraica:

  Rendimiento neto = Ingresos computables – Gastos deducibles – Coeficiente de gastos ± Incrementos o disminuciones patrimoniales. (Véase Caso Práctico 4.)

❑ ¿Qué libros se han de llevar?

- **Los empresarios:**
  - — Libro de registro de ventas e ingresos.
  - — Libro de registro de compras y gastos.
  - — Libro de registro de bienes de inversión.
- **Los profesionales:**
  - — Libro de registro de ingresos.
  - — Libro de registro de gastos.
  - — Libro de registro de bienes de inversión.
  - — Libro de provisiones de fondos y suplidos.

❑ ¿Deben realizarse pagos fraccionados?

Efectivamente, deberán hacer pagos fraccionados todos los trimestres iguales al 2 por 100 (20 por 100 para actividades agrícolas, ganaderas, forestales y pesqueras) de los beneficios obtenidos desde el primer día del año hasta el final del trimestre de que se trate, deduciendo los pagos fraccionados realizados los trimestres anteriores. Los profesionales descontarán, además, las retenciones de las que hayan sido objeto (véase Caso Práctico 5 en página siguiente). Los pagos fraccionados deben hacerse en los veinte primeros días de los meses de abril, julio, octubre, y en los treinta primeros días de enero (modelo 130).

> *NOTA*: Los contribuyentes que desarrollan actividades agrícolas o ganaderas y los profesionales no están obligados a efectuar pagos fraccionados, si en el año natural anterior al menos el 70 por 100 de los ingresos procedentes de la actividad fueron objeto de retención.

10.4.3. Estimación objetiva

❑ ¿A qué tipo de empresarios se aplica este sistema?

El Ministerio de Economía determina qué actividades pueden acogerse a este tipo de estimación y los requisitos que deben cumplir para poder hacerlo. Por tanto si queremos

CASO PRÁCTICO 4

Una empresa individual, ha realizado las siguientes operaciones comerciales: ingresos integros = 18.000.000. Se vendió un elemento afecto a la explotación del negocio (un ordenador) que supuso un incremento patrimonial de 85.000 ptas., el cual se reinvierte en la empresa.

Gastos:

— Compras consumidas	2.500.000
— Sueldos y salarios:	1.500.000
— Seguridad Social:	290.000
— Consumo de agua y luz:	60.000
— Teléfono:	120.000
— Alquiler del local:	400.000
— Tributos no estatales:	40.000
— Material de oficina:	65.000
— Amortizaciones:	750.000
— Provisión por saldos de dudoso cobro:	370.000
— Gastos financieros:	150.000
— Reparaciones y mantenimiento:	400.000

Solución:

Aplicamos la fórmula:

+ Ingresos computables
– Gastos justificados
– Coeficiente de gastos [5 % de (IC – GJ)]
= Rendimiento neto previo
± Incremento/disminuciones patrimoniales
= Rendimiento neto

Rendimiento neto previo

A) Ingresos computables: 18.000.0000.
B) Gastos justificados: en principio todos menos «Provisión por saldos de dudoso cobro».

— Compras consumidas	2.500.000
— Sueldos y salarios:	1.500.000
— Seguridad Social:	290.000
— Consumo de agua y luz:	60.000
— Teléfono:	120.000
— Alquiler del local:	400.000
— Tributos no estatales:	40.000
— Material de oficina:	65.000
— Amortizaciones:	750.000
— Gastos financieros:	150.000
— Reparaciones y mantenimiento:	400.000
Total gastos justificados	6.275.000

C) Coeficiente de gastos: 5 % (18.000.000 – 6.275.000) = = 586.250

Rendimiento neto previo: 18.000.000 – 6.275.000 – 586.250 = = **11.138.750**

Rendimiento neto

Incrementos y disminuciones patrimoniales: se ha producido un incremento patrimonial por valor de 85.000 ptas.

A este incremento patrimonial se le puede aplicar los BENEFICIOS FISCALES EN LA ESTIMACIÓN DIRECTA SIMPLIFICADA, concretamente el denominado EXENCIÓN POR REINVERSIÓN según el cual, las 85.000 no se computarán como incremento patrimonial. ± Incrementos/disminución patrimoniales = 0.

Rendimiento neto = 11.138.750 ± 0 = 11.138.750

CASO PRÁCTICO 5

Cálculo de los pagos a cuenta en estimación directa simplificada:

Primer trimestre:

Ingresos = 100.
Gastos = 40.
Beneficios = 60.
20 por 100 de 60 = 12 esta cantidad será la que se debe ingresar a cuenta.

Segundo trimestre:

Ingresos obtenidos en los primeros seis meses = 240.
Gastos de los seis primeros meses = 130.
Beneficios = 110.
20 por 100 de 110 = 22.
22 − 12 que se pagaron el primer trimestre = 10; esta cantidad se deberá ingresar a cuenta el segundo trimestre.

Tercer trimestre:

Ingresos = 600.
Gastos = 280.
Beneficios = 320.
20 por 100 de 320 = 64.
64 menos 12 que se pagaron el primer trimestre, menos 10 que se pagaron el segundo trimestre = 42 64 – 12 – 10 = 42) tendremos que ingresar a cuenta el tercer trimestre. De igual forma el cuarto trimestre.

saber si nuestra actividad puede optar a este tipo de estimación, lo más directo es dirigirse a la Agencia Tributaria y preguntar.

❑ ¿Se puede renunciar a este sistema?

Naturalmente que sí, pero si se renuncia no se podrá volver a este sistema, hasta transcurridos tres años. Una vez haya renunciado, deberá acogerse a estimación directa simplificada, a no ser que también renuncie a este sistema, en cuyo caso deberá acogerse a estimación directa normal.

La renuncia a este sistema lleva implícita la renuncia al régimen especial simplificado de IVA y, en su caso, al régimen especial de la agricultura de IVA.

❑ ¿Cómo se calcula el rendimiento neto en esta modalidad?

Para cada actividad se ha determinado una serie de índices, signos o módulos, y se ha fijado un valor para cada uno de ellos. (Véase ejemplos en los recuadros de la página siguiente.)

Una vez conocidos los módulos y sus respectivos valores, se procede a cálculo, esto es, se multiplica el número de personas asalariadas por su valor, e igual se hace con el número de metros, número de Kw, etc. A continuación se suman los anteriores productos y así obtenemos el rendimiento neto previo (véase Caso Práctico 6).

NOTA ACLARATORIA:

Personal no asalariado: se entiende, el empresario, su cónyuge y los hijos menores de edad, siempre que convivan con el empresario, no tengan contrato de trabajo y no estén afiliados al Régimen General de la Seguridad Social.
Personal asalariado: dentro de este grupo, los menores de 19 años y los que trabajen con contrato de aprendizaje computarán al 0,60.

CASO PRÁCTICO 6

Calcular el rendimiento neto previo de un taller de reparaciones de artículos eléctricos para el hogar, en el que trabaja únicamente su dueño, el local mide 40 m^2 y dispone de un vehículo.

Los signos, índices o módulos establecidos para esta actividad son:

• Personal asalariado	Por persona	685.000
• Personal no asalariado	Por persona	2.467.000
• Superficie del local	Por m^2	2.700.

Solución:

1 persona no asalariada × 2.467.000 = 2.467.000.
40 m^2 × 2.700 ptas./m^2 = 108.000.
2.467.000 + 108.000 = **2.575.000 ptas. es el rendimiento neto previo.**

Del rendimiento neto previo **se deducirán**, en su caso, una serie de incentivos que se conceden por motivos muy concretos:

a) Contratar trabajadores (**incentivos al empleo**).
b) Realizar nuevas inversiones en la empresa (**incentivos a la inversión**). Al nuevo rendimiento neto así obtenido lo llamaremos rendimiento **neto minorado** (véase Orden de 13 febrero de 1998).

A continuación sobre el rendimiento neto previo minorado se aplica una serie de **índices correctores**, que tratan de ajustar el **rendimiento neto minorado** a las circunstancias particulares de cada empresa. Estos índices tratan de corregir circunstancias muy concretas, como por ejemplo el **índice corrector para *empresas de pequeña dimensión***; o el **índice corrector por *inicio de nuevas actividades***; o bien el **índice corrector de *temporada,*** etc. Después de la aplicación de estos índices correctores el rendimiento neto minorado pasará a denominarse **rendimiento neto corregido** (véase Orden de 13 febrero de 1998).

Ya sólo queda aplicar una última deducción (Ley 66/97) conocida por **índice reductor general** *(de aplicación a todas las actividades que tributen en estimación objetiva y consiste en reducir el rendimiento neto corregido en un 15 por 100).* Después de aplicar esta reducción legal, el rendimiento neto corregido pasa a denominarse **rendimiento neto reducido**.

Talleres de reparación de vehículos automóviles, bicicletas y otros vehículos

Módulo	Unidad	Valor
• Personal asalariado	Por persona	660.000
• Personal no asalariado	Por persona	2.714.000
• Superficie del local	Por m^2	4.300

Servicios de peluquería de señora y caballero

Módulo	Unidad	Valor
• Personal asalariado	Por persona	502.000
• Personal no asalariado	Por persona	1.532.000
• Superficie del local	Por m^2	15.000
• Potencia eléctrica	Kw contratado	130

Una vez que hemos llegado hasta aquí, sólo nos queda sumar o restar los incrementos (si son superiores a las 500.000 ptas.) o disminuciones patrimoniales en las mismas condiciones que en estimación directa simplificada. Y de esta manera habremos obtenido el **rendimiento neto total**.

❑ Importante

Cuando se produzca un siniestro (incendios, inundaciones, hundimientos, grandes averías en el equipo industrial) se dará parte, en un plazo máximo de 30· días, a la Agencia Tributaria, la cual, una vez comprobado, procederá a reducir el valor de los módulos. Asimismo, cuando dichos siniestros ocasionen gastos extraordinarios, podrán deducirse del rendimiento neto. Igualmente se notificará a la Agencia Tributaria cuando el titular de la actividad se encuentre en situación de incapacidad temporal y no tenga empleados.

❑ ¿Qué obligaciones formales se han de cumplir?

1. Se deben conservar las facturas emitidas y las recibidas.
2. Conservar los justificantes de los módulos aplicados. Por ejemplo si usted tiene que pagar por Kw consumido, deberá guardar los recibos de la luz.
3. Libro-registro de bienes de inversión, en el caso de que usted deduzca amortizaciones.

❑ ¿Deben realizarse pagos a cuenta?

Sí, concretamente deberá hacer el pago en los 20 primeros días de abril, julio, octubre y en los 30 primeros de enero del año siguiente.

La cuantía de los pagos se determina como sigue:

1. Actividades empresariales:
   - Del 2,5 por 100 de los rendimientos netos que resulten de aplicar los módulos, si no se tiene empleados.
   - Del 4 por 100 de los rendimientos netos que resulten de aplicar los módulos, si se tiene un empleado.
   - Del 5 por 100 de los rendimientos netos que resulten de aplicar los módulos, si se tiene dos o más empleados.
2. Actividades agrícolas y ganaderas:
   - Del 2 por 100 de los ingresos del trimestre sin incluir subvenciones, ni indemnizaciones se deducirán las retenciones correspondientes al trimestre.

NOTA: Los contribuyentes que desarrollan actividades agrícolas o ganaderas y los profesionales no están obligados a efectuar pagos fraccionados si en el año natural anterior al menos el 70 por 100 de los ingresos procedentes de la actividad fueron objeto de retención

10.5. El Impuesto sobre el Valor Añadido

El IVA es un impuesto que grava el consumo y recae sobre el consumidor final. Son los empresarios los encargados de ingresarlo en Hacienda, debiendo cargarlo a sus clientes cuando facturan las operaciones. Por tanto, el IVA no afecta a los empresarios como impuesto, ya que ellos no están sometidos a él; les afecta en cuanto que son los encargados de cargarlo a sus clientes e ingresarlo en Hacienda.

Se aplica en todo el territorio nacional, excepto en Ceuta, Melilla y Canarias.

Se divide en dos regímenes, el régimen general y los regímenes especiales.

10.5.1. Régimen general

¿Cómo se calcula?

Cuando un empresario compra mercaderías debe pagar el IVA que le carga su proveedor, a este IVA se le conoce como **IVA soportado**.

Cuando este empresario vende sus productos, carga a sus clientes el IVA correspondiente, es el **IVA repercutido**.

Para su cálculo se aplica la siguiente fórmula:

- **IVA repercutido-IVA soportado** = si la cantidad resultante es positiva, se ingresa en Hacienda la diferencia.
- **IVA repercutido-IVA soportado** = si la cantidad resultante es negativa, Hacienda abonará la diferencia.

Como se puede observar, el empresario no soporta este impuesto, ya que el IVA que él ha soportado lo descuenta del IVA que ha repercutido a sus clientes; si le sobra, ingresa el exceso en Hacienda y, si no resulta suficiente, le pide el resto Hacienda.

El precio del producto o servicio sirve de Base Imponible para el cálculo del IVA, y en él se incluirán: comisiones, portes, seguros, primas, intereses de pagos aplazados, subvenciones, tributos (*sin incluir el propio IVA*), importe de los envases, embalajes, etc. Si se hace descuento, el IVA se cargará después de realizar el descuento.

¿Cuáles son los tipos impositivos?

- **General:** 16 por 100.
- **Reducido:** 7 por 100. Algunos productos o servicios que soportan este impuesto son:
  - — Productos utilizados para la nutrición humana o animal.
  - — Semillas.
  - — Aguas aptas para la alimentación humana o animal.
  - — Medicamentos para uso animal.
  - — Prótesis de carácter ortopédico.
  - — Viviendas.
  - — Los siguientes servicios:
    - ◊ Transporte de viajeros.
    - ◊ Servicios de hostelería.
    - ◊ Entradas a teatros, circos, museos.
    - ◊ Servicios funerarios, etc.
- **Superreducido:** 4 por 100. En este tipo se incluyen:
  - — Pan.
  - — Leche.
  - — Quesos.
  - — Huevos.
  - — Frutas, verduras y hortalizas.
  - — Libros, revistas, periódicos.
  - — Medicamentos de uso humano, etc.

Operaciones exentas de IVA

- Servicios de correos.
- Servicios de hospitales.
- Servicios médicos.
- Seguros.
- Loterías estatales.
- La venta de viviendas de segunda mano, etc.

¿Cuáles son las obligaciones formales en cuanto al IVA?

- Darse de alta en el censo de etiquetas y opciones de IVA.
- Hacer la declaración previa del IVA.
- Exigir y entregar factura y conservar copia durante cinco años.
- Libros registro:
  - — Libro registro de facturas emitidas.
  - — Libro registro de facturas recibidas.
  - — Libro registro de bienes de inversión.
  - — Libro registro de determinadas operaciones intracomunitarias.

10.5.2. Regímenes especiales

Los regímenes especiales de IVA son:

- Régimen simplificado.
- Régimen especial de agricultura, ganadería y pesca.
- Régimen especial de objetos usados, objetos de arte, antigüedades y objetos de colección.
- Régimen especial de agencias de viaje.
- Régimen especial del comercio minorista.

Por su importancia, desarrollaremos el régimen simplificado y el régimen especial del comercio minorista:

Régimen simplificado

- **¿Qué requisitos hay que cumplir para pertenecer a este régimen?**
  - — Ser persona física.
  - — No realizar ninguna actividad fuera del régimen simplificado.
  - — No haber renunciado al mismo.
  - — Determinar el rendimiento neto de la actividad empresarial por estimación objetiva. *(Recuerde, si se renuncia a uno hay que renunciar al otro).*
- **Cálculo del rendimiento neto:**
  - — El IVA simplificado solamente podrá aplicarse a aquellas actividades que incluye la Orden de 13 de febrero de 1998.

Talleres de reparación de automóviles

691.2. Talleres de reparación de automóviles	Unidad	Valor
• Personal asalariado y no asalariado	Por persona	422.000
• Superficie del local	Por m^2	810

Talleres de reparación de artículos eléctricos para el hogar

691.1. Talleres de reparación de electrodomésticos	Unidad	Valor
• Personal asalariado y no asalariado	Por persona	419.000
• Superficie del local	Por m^2	410

Peluquerías

972.1. Peluquerías	Unidad	Valor
• Personal asalariado y no asalariado	Por persona	419.000
• Superficie del local	Por m^2	4.700
• Potencia eléctrica	Kw contratado	23

Esta orden contiene *por cada actividad* los siguientes datos

⇒ Requisitos que debe cumplir la actividad para liquidar el impuesto a través de este sistema.
⇒ Los módulos de esta actividad y su valor correspondiente. En el módulo «personal empleado» se incluyen tanto el personal asalariado como el no asalariado. El personal menor de 19 años se computa a un 60 por 100.
⇒ El coeficiente correspondiente al pago fraccionado.
⇒ La denominada cuota mínima.
⇒ Coeficiente a deducir en concepto de «cuotas soportadas de difícil justificación».
⇒ Los índices correctores para el caso de actividad de temporada.

Veamos por ejemplo, los datos que la Orden 13/II/98 establece para los **«talleres de reparación de vehículos, bicicletas y otros vehículos»:**

Talleres de reparación de vehículos, bicicletas y otros vehículos

⇒ Límite: cinco personas empleadas como máximo.
⇒ Módulos:

Módulo	Valor por unidad
— Personal asalariado	1.035.000 ptas./persona
— Superficie del local	2.000 ptas./m^2

⇒ Coeficiente pago fraccionado: 9 por 100.
⇒ Cuota mínima: 30 por 100.
⇒ Coeficiente a deducir por «cuotas soportadas de difícil justificación» 1 por 100.
⇒ Índices correctores para el caso de actividades de temporada:

— Hasta 60 días	1,50
— De 61 a 120 días	1,35
— De 121 a 180 días	1,25

• ¿Como se calcula el rendimiento neto?

— Lo veremos a través del Caso Práctico 7.

• ¿En qué fechas deben realizarse los pagos fraccionados?

— Se realizarán entre los días 1 al 20 de abril, julio y octubre.
— La declaración-liquidación final se realizará entre los días 1 al 30 de enero del año siguiente.

• ¿Cuáles son las obligaciones registrales?

— Libro de registro de facturas.
— Conservar los justificantes de los módulos aplicados.
— Conservar numeradas por orden de fechas, las facturas recibidas y los documentos que contengan la liquidación del impuesto correspondiente a las importaciones, las adquisiciones intracomunitarias y las operaciones donde el sujeto pasivo lo es por inversión.
— Conservar numeradas por orden de fechas y agrupadas por trimestres, las facturas que deban emitir.

❑ Régimen especial del comercio minorista

Dentro de este régimen encontramos dos modalidades:

• Determinación proporcional de las Bases Imponibles.
• Recargo de equivalencia.

Explicaremos el último por su importancia.
Se trata de que el minorista no liquide el IVA y lo haga su proveedor por él. Así pues, cuando el minorista se dirije a su proveedor y realice una compra, éste le cargará el IVA

normal más un recargo (*recargo de equivalencia*). A cambio de este recargo, el minorista «se olvida» de todas las obligaciones relativas al IVA.

Los recargos son:

El 4 por 100 si el IVA es del 16 por 100.
El 1 por 100 si el IVA es del 7 por 100.
Un 0,5 por 100 si el IVA es del 4 por 100.

EJEMPLO 10.3

Un minorista, acogido al recargo de equivalencia, compra a su proveedor artículos por valor de 1.000 pesetas y debe pagar un IVA del 16 por 100. Este minorista pagará el IVA del 16 por 100 y además un recargo del 4 por 100. A cambio, se olvidará del IVA, esto es, no estará obligado a liquidar este impuesto. Lógicamente, al minorista le repercutirá tanto el IVA como el recargo de equivalencia en el precio de venta de sus productos.

10.6. Otras cuestiones referentes al Fisco

Declaración o relación anual de operaciones con terceras personas

Los empresarios tienen obligación de presentar una declaración anual relativa a sus operaciones económicas con terceras personas en la que se relacionará a todas las personas, sociedades o entidades con quienes hayan efectuado operaciones que en su conjunto hayan superado las 500.000 ptas. Esta obligación se cumple mediante el modelo 397.

Retenciones e ingresos a cuenta

Las sociedades, empresas individuales y Comunidades de Bienes están obligadas a retener una parte de la renta, cuando satisfagan o abonen rentas en el ejercicio de sus actividades, y después ingresar dicha parte retenida en Hacienda.

CASO PRÁCTICO 7

Se trata de un taller de reparación de vehículos en el que trabaja el titular, su hijo, y dos personas asalariadas de las cuales una es menor de 19 años. La actividad se desarrolla en un local de 150 metros. Las cuotas soportadas (IVA *soportado por adquisiciones corrientes*) en el ejercicio, por la adquisición de bienes y servicios corrientes, ascienden a 2.200.000 ptas. Ha adquirido dos vehículos afectos a la actividad, soportando un IVA de 600.000 ptas. (IVA *soportado por adquisición de bienes de inversión*).

Solución:

A) CUOTA DEVENGADA por operaciones corrientes

• Personal empleado: $[1 + 1 + 1 + (1 \times 0{,}60)] = 3{,}6 \times 1.035.000$	3.726.000
• Superficie del local: 150×2000	300.000
Cuota devengada	4.026.000

B) CUOTA DERIVADA del régimen simplificado. [*Las cuotas soportadas (IVA soportado) durante el ejercicio por la adquisición de bienes y servicios corrientes ascienden a 2.200.000 ptas.*]

• Cuota devengada por operaciones corrientes	4.026.000
• Cuota soportada por operaciones corrientes	2.200.000(−)
• Cuotas soportadas de difícil justificación 1 por 100 s/4.026.000	40.260(−)
Diferencia	1.785.740
Cuota mínima (30 por 100 s/4.026.000)	1.207.800
Cuota derivada del régimen (la mayor de las dos anteriores)	1.785.740

C) Declaraciones de los tres primeros trimestres

• Cuota devengada por operaciones corrientes	4.026.000
• Porcentaje trimestral	9 %
A ingresar cada trimestre	362.340

D) Declaración del cuarto trimestre. [*Ha adquirido dos vehículos afectos a la actividad, soportando un IVA de 600.000 ptas.*]

• Cuota derivada del régimen simplificado	1.785.740
• Ingresado 3 trimestres anteriores (362.340×3)	1.087.020(−)
• Cuota soportada adquisición activos fijos	600.000(−)
A ingresar en el cuarto trimestre	**98.720**

Las rentas a las que nos referimos son, básicamente:

- Rendimientos del trabajo (sueldos, salarios, gratificaciones, etc.). El porcentaje a retener depende del sueldo anual y del número de hijos, se recoge en una tabla.
- Rendimientos del capital mobiliario (dividendos, intereses, etc.). Se retendrá el 18 por 100 de los rendimientos.
- Rendimientos de actividades profesionales (minutas de abogados, asesores, etc.). Se retendrá el 20 por 100 del importe de la minuta.
- Los premios en metálico sujetos al IRPF que se obtienen en juegos, concursos, rifas, etc. Se retendrá el 25 por 100 del valor del premio.
- Rendimientos de capital inmobiliario procedentes del arrendamiento de inmuebles urbanos. Se retendrá el 15 por 100 del importe del alquiler.
- Rendimientos correspondientes a actividades agrícolas y ganaderas. Se retendrá el 2 por 100.

El ingreso de las retenciones en la Agencia Tributaria se efectuará en los meses de abril, julio, octubre y enero.

Existe un modelo oficial para certificar las retenciones llevadas a cabo.

ACTIVIDADES DE ENSEÑANZA - APRENDIZAJE

1 Consigue los modelos de liquidación de cada uno de los impuestos.

2 Contacta con un asesor fiscal para que imparta una charla sobre los servicios que prestan las asesorías y los costes de las mismas.

3 Establece un debate sobre los impuestos que recaen sobre las empresas.

4 Realiza una labor de investigación con el fin de determinar cuál es el puesto relativo de España en relación a los demás países de la UE en cuanto a presión fiscal sobre las empresas.

5 A la vista del Plan Financiero de tu empresa, haz una «previsión de liquidación» por los sistemas a los que puedas optar y deduce el que más te convenga.

ACTIVIDADES DE EVALUACIÓN

1 Calcula el IVA simplificado de una empresa de servicios de peluquería con los siguientes datos: **Módulos:** personal asalariado = 280.000 ptas./persona – superficie del local = 6.100 ptas./metro – consumo de energía eléctrica = 29 ptas./Kw; **Coeficiente para el pago fraccionado**: 15 por 100; **Cuota mínima**: 48 por 100; **Coeficiente a deducir por cuotas soportadas de difícil justificación**: 1 por 100. En la peluquería trabajan el titular y un empleado. Ejercen la actividad en un local de 70 metros. Tiene un consumo de energía de 200 Kw/h. Las cuotas soportadas durante el ejercicio por la adquisición de bienes y servicios corrientes (IVA soportado) ascienden a 785.000 ptas.

2 El balance de una SA nos muestra un beneficio de 75.000.000 de ptas. El ejercicio pasado perdió 23.000.000 de ptas, en I+D gastó 12.000.000 y contrató a un trabajador minusválido. Halla el Impuesto de Sociedades.

3 Una empresa vendió su producto por un valor de 100.000.000. Hizo un descuento del 13 por 100 y cargo en concepto de transporte 300.000. El producto está sometido a la tarifa general de IVA. A su vez, sus proveedores le cargaron un total de 7.000.000 de IVA. Hacer la liquidación del IVA.

4 ¿Existen operaciones exentas del pago del IVA?

5 ¿Cuando se paga el IAE por una determinada actividad, se puede dedicar a todo tipo de actividades, o hay que pagar un IAE por cada actividad que se realice?

6 Una empresa sometida a estimación directa, obtuvo el primer trimestre unos beneficios de 7.000.000 de pesetas. ¿Qué pago a cuenta deberá hacer en el mes de abril?

7 ¿Qué tipo de IVA grava la compra de los siguientes artículos: frutas, verduras y hortalizas; libros, revistas, periódicos; medicamentos de uso humano; servicios de hospitales; servicios médicos; seguros; medicamentos para uso animal; prótesis de carácter ortopédico; viviendas?

UNIDAD DE TRABAJO 11

¿QUÉ DOCUMENTOS TENGO QUE UTILIZAR?

Independientemente de que la empresa se cree como forma de autoempleo o para obtener beneficios económicos, nuestro proyecto tendrá como finalidad, además, prestar bienes o servicios. Para ello debe recibir unos elementos del exterior, que, una vez transformados o utilizados, permitirán que se cumplan los objetivos de la misma.

En el funcionamiento de la empresa se realiza una serie de operaciones, normalmente rutinarias, que llevan aparejadas la utilización de documentos específicos.

En esta Unidad de Trabajo vamos a referirnos a los documentos básicos relacionados con las operaciones comerciales, que siguen un proceso que empieza con el pedido y termina con el pago.

Además, se hará referencia a los procesos o circuitos que recorren estos documentos en la empresa.

CONTENIDO

11.1. Los procesos administrativos en la empresa.
11.2. Documentos relacionados con la compraventa.
11.3. Documentos relacionados con el pago y cobro.

OBJETIVOS

1. Conocer la finalidad de los documentos básicos utilizados en la actividad económica normal de la empresa.
2. Ser capaz de cumplimentar los siguientes documentos: nota de pedido, albarán, factura, letra de cambio, cheque y recibo, a partir de unos datos supuestos.
3. Saber los trámites y circuitos que recorre en la empresa cada uno de los documentos.

11.1. Los procesos administrativos en la empresa

Dentro de las relaciones comerciales con sus clientes y proveedores, las empresas han de utilizar una serie de documentos relacionados con la compraventa de bienes o servicios, así como con la forma de pago y cobro de los mismos.

Este proceso administrativo, que existe en todas las empresas, sigue normalmente este camino:

- El cliente realiza el *pedido.*
- El vendedor entrega la mercancía al cliente con el *albarán* de entrega.
- El vendedor hace la *factura* de la entrega realizada.
- El comprador *paga* el importe de la factura.
- El vendedor, una vez que ha recibido el importe de la venta, remite al comprador un *recibo* justificante del pago.

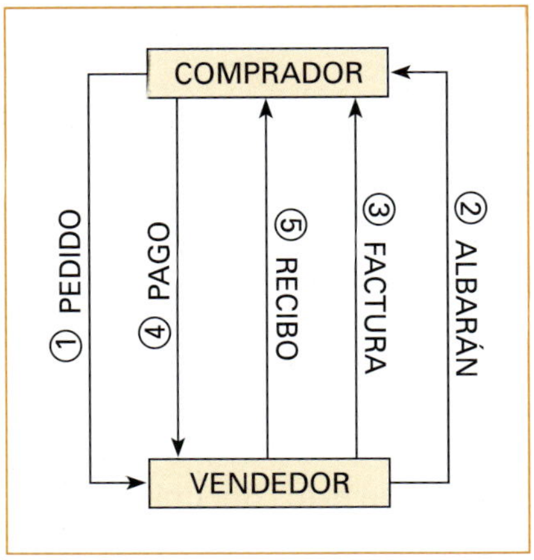

Esquema 11.1. Documentos en las relaciones comerciales entre comprador y vendedor.

Este proceso supone cierto «papeleo» que debe realizarse de la manera más clara posible, ya que en él pueden intervenir varias personas que deben recibir una información precisa (por ejemplo, qué importe se debe facturar o a qué dirección se debe remitir la factura).

11.2. Documentos relacionados con la compraventa

Los documentos habituales relacionados con la compraventa de un servicio o producto son:

- El pedido o propuesta de pedido.
- El albarán.
- La factura.

Estos documentos deben ser creados por cada empresa, o bien adaptar los que haya en el mercado, ya que no existen normas para el diseño de los mismos. Sólo está regulado lo que debe figurar en ellos.

11.2.1. El pedido o propuesta de pedido

Cuando una empresa ha decidido realizar una compra debe hacer el correspondiente **pedido** a la empresa vendedora, que puede hacerse de varias formas:

- Mediante *representante.* En estos casos será éste quien formalice el pedido, para comunicarlo posteriormente a la sección de ventas.
- *De palabra* (directamente o por teléfono). Para poder llevar un control más eficaz, lo mejor es confirmar el pedido por escrito mediante una carta o impreso, que se enviará al vendedor, y quedarse con una copia para poder contrastar los artículos a su recepción.
- Mediante *impreso.* Cada empresa deberá elaborar su propio modelo de impreso, y en él deben aparecer (ver Esquema 11.2):

  — Los datos completos de identificación del comprador y vendedor (nombres, domicilio, teléfono, código postal...).
  — Fecha del pedido y número de orden. Este último identifica al documento.
  — Relación completa de los artículos solicitados, así como las cantidades que se solicitan.
  — Precios de cada una de ellas (unitarios, parciales y totales).
  — Forma de envío y lugar donde deben entregarse las mercancías.
  — Condiciones de pago y fecha de entrega.
  — Precisión sobre quién corre con los gastos de embalaje, los portes, el seguro, etc.
  — Descuentos que, en su caso, deben aplicarse.
  — Firma de quien lo emite.

11.2.2. El albarán

Una vez que el cliente ha formulado la voluntad de comprar mediante el pedido, el vendedor prepara los artículos que va a servir. Éstos recorren un circuito desde el almacén hasta el punto de destino, donde se efectuará la entrega física de los productos.

En este momento aparece un segundo documento, el **albarán o nota de entrega**, que es el documento que acompaña a los artículos cuando se entregan.

Tiene una doble finalidad, ya que, por un lado, supone un *justificante* de la salida de los artículos del almacén y, por otro, *acredita que se ha realizado la entrega.*

El albarán consta de varias copias (4), normalmente de diferentes colores, cuyo destino es:

- El almacén, como acreditativo de salida.
- El departamento de ventas, para emitir la factura posteriormente.
- El cliente, como comprobante de los artículos recibidos.
- El cliente, que lo devolverá firmado y se archivará en la hoja del libro de clientes, como justificante de la aceptación de la mercancía recibida.

N.º de orden ________

________ de ________ de 19 ____

PROPUESTA DE PEDIDO

que hace D. ________
DNI/CIF ________ calle ________
________ Población ________
a D. ________
Población ________ calle ________
por mediación de ________ Expedición ________

Cantidad	ARTÍCULO	PRECIO UNITARIO	TOTAL Pesetas
CONDICIONES		TOTAL	

FIRMA

Esquema 11.2. Modelo de pedido.

ÉBOLI

C/ VALENCIA, 29
TELÉF. 22 30 15
37002 SALAMANCA
C.I.F. A-63141334

ALBARÁN

N.º PEDIDO ________ FECHA ENVÍO ________ N.º CLIENTE ________
ENTREGAR: ________ FECHA ENTREGA ________
CLIENTE
APELLIDOS ________ NOMBRE ________
DIRECCIÓN ________ POBLACIÓN ________
TELÉFONO ________ C. P. ________

ARTÍCULO	DESCRIPCIÓN	CANT.	PRECIO	DTO.	IMPORTE
CONDICIONES			TOTAL		

FIRMA

Esquema 11.3. Modelo de albarán

Tampoco existe un modelo oficial de albarán, pero deberá contener (ver Esquema 11.3):

- Datos identificativos del comprador y del vendedor.
- Número de pedido a que corresponda.
- Fecha de entrega y de envío.
- Descripción de la mercancía.

11.2.3. La factura

En este documento se formalizan las operaciones de compraventa, por lo que se debe realizar por duplicado, quedándose cada parte con un ejemplar.

Deben emitir facturas los empresarios y profesionales por las operaciones que realicen en el ejercicio de su actividad.

Antes de confeccionar la factura habrá que tener el pedido del cliente, compararlo con el albarán de salida y aplicar los precios establecidos a los diferentes artículos servidos.

Las facturas se pueden redactar en cualqier modelo, siempre que contengan:

- Número y serie de la factura.
- Nombre, apellidos o denominación social; número de identificación fiscal y domicilio tanto del comprador como del vendedor.
- Descripción de la operación, con detalle de los bienes y servicios que se transmiten y su contraprestación total.
- Tipo tributario y cuota de IVA, o la expresión «IVA incluido», si está autorizado.
- Lugar y fecha de emisión.

❑ Explicación del modelo adjunto (esquema 11.4)

① Nombre y dirección del proveedor.
② Número de identificación fiscal del proveedor.
③ Número de factura. Las facturas deben llevar una numeración correlativa, de forma que no se puedan duplicar los actos que se reflejan en ellas. Además, con él se facilita su control y gestión.
④ Lugar y fecha de expedición.
⑤ Nombre y dirección del destinatario.
⑥ Número de identificación fiscal del cliente.
⑦ Descripción del objeto de la venta. Si se trata de un servicio suele aparecer el período de prestación del mismo. Si es un producto, se desglosa en unidades y precio unitario.
⑧ Importe. Representa la cantidad bruta que supone la venta.
⑨ Base imponible. Es la cifra total del importe. Se trata de la cifra de referencia a la hora de cumplir los compromisos adquiridos con Hacienda.
⑩ IVA y equivalencia. Se especifica el tipo impositivo correspondiente.
⑪ Importe impuesto. Se obtiene aplicando la tarifa a la base imponible.
⑫ Total factura. Es lo que el cliente debe pagar.

❑ Particularidades

- Se permite incluir en *una sola* factura las operaciones realizadas para un mismo cliente en el plazo máximo de un mes natural.
- Las facturas dirigidas a un mismo destinatario pueden contener varios hechos imponibles. En estos casos figurarán separadamente los conceptos, el tipo impositivo y el importe del impuesto.
- En ventas al por menor, transportes de personas, hostelería, actividades recreativas y cuando la factura no exceda de 10.000 ptas., se podrá poner a continuación del precio la expresión «IVA incluido».
- Los empresarios y profesionales sujetos al IVA deben llevar obligatoriamente un *Libro de facturas emitidas* y un *Libro de facturas recibidas*.

CASO PRÁCTICO 1

La empresa mayorista AUDIOSA, S. A., de Madrid, con domicilio en la c/. Arco, 3, código postal 28175, y CIF A-38/274863, realizó una venta el día 1 de octubre de 1997 a la empresa minorista Beltrán, de Madrid, código postal 28003, c/. General Rodrigo, 7, y con CIF A-25/448721 (acogida al régimen especial de recargo de equivalencia), de los siguientes productos:

- 800 unidades del producto «uno», a 500 ptas./unidad, con un descuento del 10 por 100 y un IVA del 7 por 100 más el recargo de equivalencia.
- 30 unidades del producto «dos», a 5.000 ptas./unidad, con un descuento del 3 por 100 y un IVA del 16 por 100 más el recargo de equivalencia.

La factura se cumplimentaría de la siguiente manera (véase Esquema 11.5).

11.3. Documentos relacionados con el pago y el cobro

El proceso de la compraventa termina con el pago al vendedor de los artículos entregados como contrapartida.

El momento del pago se establece por acuerdo entre el comprador y el vendedor, y puede ser:

- **Al contado.** Cuando se lleva a cabo el pago en el momento de recibir los artículos o en un breve plazo de tiempo.
- **Pago aplazado.** Cuando el pago se realiza con posterioridad a la entrega. Normalmente el plazo máximo por el que se aplaza un pago *sin recargo* es de seis meses.

FACTURA EMITIDA POR: ①

N.I.F.: ____________ ②

Sr. D.: ____________ ⑤

____

____

____

N.I.F.: ____________ ⑥

FACTURA N.º: ____________ ③	FECHA ____________ ④

CANTIDAD	DESCRIPCIÓN	PRECIO UNITARIO	IVA %	RE %	IMPORTE
	⑦				⑧

IVA y EQUIVALENCIA	⑩ ____ %	____ %	____ %	____ %	____ %	
BASE IMPONIBLE	⑨					
IMPORTE IMPUESTO	⑪					
					TOTAL FACTURA	⑫

Esquema 11.4. Modelo de factura.

FACTURA EMITIDA POR:

AUDIOSA S.A
c/ Arco, 3 1º C
28185 - MADRID

N.I.F.: A-38/274863

Sr. D.: BELTRAN
c/ General Rodrigo 7
28003 - MADRID

N.I.F.: A-25/448721

FACTURA N.º: 1 — FECHA: 1-OCTUBRE-1997

CANTIDAD	DESCRIPCION	PRECIO UNITARIO	IVA %	RE %	IMPORTE
800	PRODUCTO "UNO"	500	7	1	400.000
	Descuento 10%				- 40.000
	Sub-total				360.000
30	PRODUCTO "DOS"	5.000	16	4	150.000
	Descuento 3%				- 4.500
	Sub-total				145.500

IVA y EQUIVALENCIA	7 %	1 %	16 %	4 %	%	
BASE IMPONIBLE	360.000	360.000	145.500	145.500		505.500
IMPORTE IMPUESTO	25.200	3.600	23.280	5.800		57.880
					TOTAL FACTURA	563.380

Esquema 11.5. Modelo de factura.

Cuadro 11.1. Ventajas de cada forma de pago

Al contado	Pago aplazado
• Se pueden obtener descuentos.	• Se pueden adquirir artículos sin tener liquidez. • No tiene gastos de financiación ajena. • Reduce los costes de almacenaje.

TEXTO DE APOYO

Código de Comercio

Art. 339. «Puestas las mercaderías vendidas a disposición del comprador, dándose éste por satisfecho (...) empezará para el comprador la obligación de pagar el precio al contado o en los plazos convenidos con el vendedor.»

En el cobro y el pago de los artículos o prestación de servicios se utilizan los siguientes documentos:

- Letra de cambio.
- Cheque.
- Recibo.

Vamos a analizarlos.

11.3.1. La letra de cambio

❑ Concepto

Está regulada por la Ley 19/1985 Cambiaria y del Cheque, pero en ella no se define lo que es una letra de cambio. No obstante, su concepto puede extraerse de sus características fundamentales.

- Es un **título valor**, puesto que, de forma literal, incorpora al documento un derecho autónomo, que se puede ejercer mediante su legítima posesión.
- Es un documento **formalista**, ya que para su validez necesita una forma escrita determinada.
- Es un título **completo** que tiene valor por sí mismo, sin necesidad de hacer referencia a otros documentos ajenos a la letra.
- Contiene un **mandato de pagar** una suma de dinero en metálico, y no en especie, a la propia **orden** del que lo manda o a la de un tercero, en el mismo **lugar** de expedición o en otro distinto.
- Si ha sido aceptada, contiene una **obligación o promesa de pago**.
- Obliga **solidariamente** a todas las personas que ponen su firma en el documento. Significa que todos y cada uno de los deudores cambiarios están obligados a pagar íntegramente al tenedor el importe de la deuda cambiaria.

Partiendo de estos caracteres, podemos definirla como: **título de crédito formal y completo, por medio del cual una persona** (*librador*) **manda u ordena a otra** (*librado*) **el pago de una cierta cantidad de dinero, en lugar y fecha determinados, a la orden del mandante o de un tercero** (*tomador*), **quedando obligados solidariamente todos los firmantes.**

❑ Función económica de la letra

Actualmente cumple diversas funciones económicas:

- Sirve como **medio de pago**, evitando el uso de dinero en metálico; y, a través del endoso, que estudiaremos posteriormente, una misma letra puede servir para pagar varias deudas sucesivamente.
- Es también un instrumento de **concesión de crédito:**
  - En la *compraventa* de mercancías, el vendedor emite una letra, retrasando el vencimiento de la misma, con el fin de que el comprador tenga tiempo de revender los géneros y con su producto pueda atender el pago de la letra. Entretanto, la letra sirve de garantía al vendedor, quien puede descontarla en el caso de que necesite el efectivo.
  - En los *créditos de aceptación*, el banco acepta una letra firmada por un cliente suyo para que éste obtenga dinero efectivo mediante su descuento en otro banco.
- Sirve para **obtener dinero** mediante el descuento en una entidad bancaria.
- Permite **obtener beneficios** a las entidades bancarias, porque cuando éstas anticipan el importe a los cedentes de las letras, les descuentan previamente una comisión, más los intereses por el tiempo que falta hasta el vencimiento.

❑ Tipos de letras de cambio No

Sólo hay un tipo de letra de cambio que reúna todos los requisitos exigidos por la Ley, pero la práctica jurídica, comercial y bancaria ha introducido una terminología aplicable a determinadas letras.

- Letra **comercial**. Se denomina así a la que se libra entre comerciantes para el pago de mercancías adquiridas de proveedores.
- Letra **financiera**. Sirve para obtener dinero a crédito de un banco.
- Letra de **favor**. Una de las personas que intervienen en ella pone su firma para favorecer a otra con el fin de obtener dinero en el momento mediante su descuento.

❑ Elementos personales de la letra de cambio

Intervienen en ella el librador, el librado y el tomador.

- **Librador**: es la persona que crea la letra y la manda pagar. Sin su firma la letra carece de valor.

El librador de una letra puede optar por girar la letra a la orden de una tercera persona, llamada tomador, o por emitirla a su propia orden y conservarla en su poder hasta su vencimiento, para exigir directamente el pago al aceptante o al librado.

- **Librado**: es la persona a quien se ordena hacer el pago de la letra, pero para que nazca la obligación de pagar es necesario que el librado acepte la letra. Su obligación de pago nace sólo desde el momento en que acepta la letra.

  Cabe la posibilidad de que existan dos o más librados, en cuyo caso se entiende que la letra se dirige indistintamente a cada uno, para que cualquiera de ellos pague el importe total de la misma.
- **Tomador**: es la persona a la que se debe hacer el pago, y puede ser el propio librador. Normalmente, cuando se gira la letra a la orden de un tercero (entidad de crédito) es porque se utiliza la fórmula del descuento cambiario. El banco anticipa el pago, pero descuenta los intereses y la comisión.

❑ Elementos formales de la letra de cambio

La letra de cambio debe extenderse en papel timbrado, que será de diferente cuantía en función del importe de la letra.

El modelo oficial de letra de cambio es el que se reproduce en el Esquema 11.6 (anverso y reverso).

① **Timbre de la letra**: como ya hemos señalado, la letra deberá extenderse en papel timbrado y adecuado a la cuantía de la letra. Si se utiliza un modelo de letra de cuantía inferior a la necesaria, la letra no tendrá eficacia ejecutiva. Cuando el plazo de vencimiento es superior a seis meses, el papel timbrado será el correspondiente al doble de su valor.

② **Lugar de libramiento**: se consigna el nombre de la población en la que se extiende la letra. Se trata de un requisito esencial, puesto que de éste depende la ley nacional aplicable y puede tener relevancia en el caso de que las comunidades autónomas asuman competencias en materia tributaria.

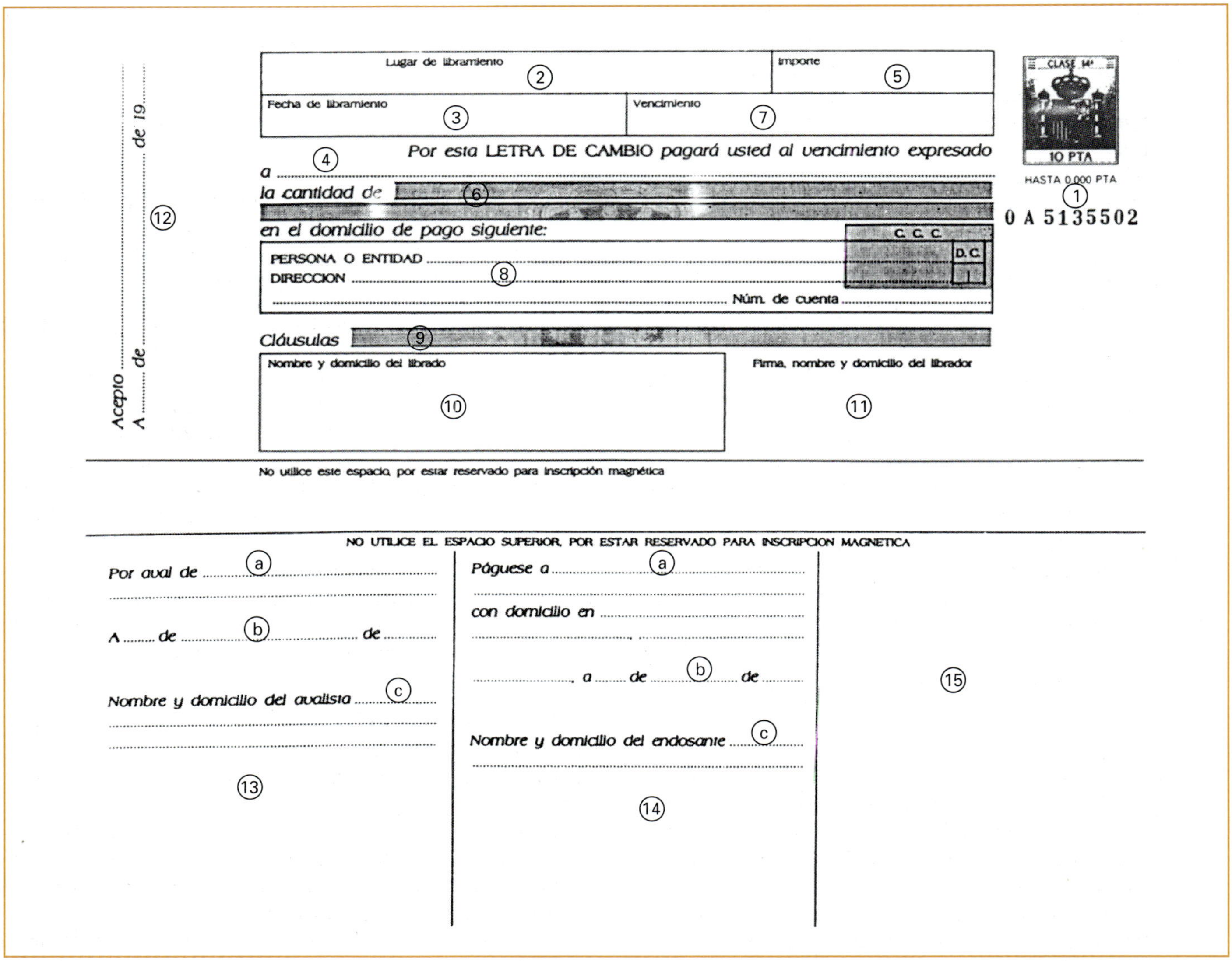

Esquema 11.6. Modelo de letra de cambio.

Cuando no figure expresamente el lugar de emisión, se considera librada en el lugar designado junto al nombre del librador.

③ **Fecha de libramiento**: es la fecha en la que se extiende la letra. Es un dato muy importante, y tiene utilidad, entre otros casos:

— Para determinar el vencimiento de la misma, cuando éste se fije a un plazo a contar desde la fecha de emisión.
— Para establecer la capacidad de librador en la fecha de emisión (incapacidad, vigencia de sus poderes, etc.).
— Para fijar la cuantía del efecto timbrado, pues cuando el vencimiento excede de seis meses, contados desde la fecha de emisión, deberá utilizarse un impreso correspondiente al doble de la base.

④ **Mandato de pago**: no se trata de una promesa, sino de un mandato de pago. Aquí figurará el nombre del tomador de la letra (la persona a la que se ha de realizar el pago de la letra).

⑤ **Importe**: es la cantidad expresada en cifras. Además de en pesetas, cabe la posibilidad de girarla en moneda extranjera, siempre que se trate de moneda convertible sujeta a cotización oficial.

⑥ **La cantidad:** se consigna el importe expresado en letras.

En caso de disparidad entre lo reflejado en letra y lo reflejado en número, prevalece lo señalado en letra.

⑦ **Vencimiento de la letra**: se considera vencimiento de una letra la llegada de la fecha señalada en la misma por el librador para realizar el pago.

El vencimiento puede ser:

- ***A fecha fija***: el pago deberá hacerse en la fecha indicada en la letra.
- ***A un plazo contado desde la fecha*** (d/f): el día en que vence el pago de la letra habrá de contarse tomando como referencia la fecha de expedición del título.
- ***A la vista:*** el pago deberá efectuarse por el librado en el momento en que le sea presentada por el poseedor de la misma. El plazo máximo para la presentación será de un año contado desde la emisión.
- ***A un plazo contado desde la vista*** (d/v): el plazo empezará a contar a partir de la fecha de aceptación.

⑧ **Domicilio de pago:** si no se pone nada, se entiende que es el domicilio del librado. También se puede escribir «en el domicilio abajo (librado) indicado».

Si se trata de una persona física, es suficiente con el nombre y la dirección.

Normalmente se deja en blanco hasta la aceptación, rellenándolo el aceptante, puesto que el aceptante puede señalar un lugar de pago distinto, o el librado facilita los datos al librador.

EJEMPLO 11.1

Las cuatro posibilidades de vencimiento se consignarán de la siguiente manera:

A FECHA FIJA

Vencimiento
10 de enero de 1997

A DÍAS FECHA

Vencimiento
60 d/f

A LA VISTA

Vencimiento
A la vista

A DÍAS VISTA

Vencimiento
60 d/v

Ese espacio se rellena de la siguiente manera:

- *Persona o entidad:* se anota el nombre de la persona o el nombre del banco o caja.
- *Dirección:* se anotará la sucursal y la provincia.
- *C. C. C.:* es el Código Cuenta Cliente:

— A la altura de «Persona o Entidad» se escribe el código o número del Banco o Caja.
— A la altura de la primera línea de «Dirección», se anota el código de la sucursal.
— La casilla D. C. está destinada a consignar los dígitos de control del código cuenta corriente.
— Número de cuenta: es aquella en la que el librado desea que se atienda el pago de la letra.

⑨ **Cláusulas**: es un espacio en blanco destinado a poner, si se desea, algunas cláusulas en la letra. La más frecuente es la de «sin gastos», que significa que no es necesario protestar la letra por falta de aceptación o de pago.

Si no se escribe nada, se entiende que es necesario protestar la letra en caso de falta de aceptación o de pago; en cualquier caso es conveniente, si no se pone «sin gastos», que el espacio quede anulado.

El librado puede negarse a aceptar la letra o pagarla. Según la Ley, la falta de aceptación o de pago deberá hacerse constar mediante **PROTESTO**, salvo en el caso de que figure la cláusula «sin gastos».

El protesto es una de las formas legales de acreditar la falta de pago o de aceptación de una letra, y cumple una función probatoria, acreditativa, de que el tenedor presentó la letra a la aceptación o al cobro y que el principal obligado no la pagó o no la aceptó.

La declaración de que la letra queda protestada la hará el notario mediante **acta**, en la que se copiará o reproducirá la letra. Posteriormente la remitirá al librado.

El notario retendrá la letra durante 48 horas hábiles desde la notificación. Si en ese plazo el aceptante o pagador se presentaran a aceptar o a pagar la letra, el notario admitirá el pago y cancelará el protesto; en caso contrario, se abrirá la vía ejecutiva (judicial).

En todos los casos, los gastos del protesto son por cuenta del librado, por no haber pagado o aceptado la letra en su momento.

⑩ **Nombre y domicilio del librado.**

⑪ **Nombre, domicilio y firma del librador**: este último elemento es un requisito esencial.

⑫ **Aceptación**: es un acto por el que el librado se compromete al pago de la letra a su vencimiento mediante su firma autógrafa en este espacio. Hasta el momento de la aceptación, el librado no tiene contraída ninguna obligación. Se suele poner «cantidad, vencimiento y domicilio».

En el impreso oficial existen unos espacios **en el reverso** destinados a:

⑬ **Aval**: es la declaración que tiene como finalidad garantizar el cumplimiento total o parcial del pago de la letra de cambio, y supone un compromiso que adquiere una persona de pagar en el caso de que no lo haga el librado.

En el aval intervienen dos personas: el ***avalista***, que es la que presta el aval, y el ***avalado***, que es la persona a la que se afianza.

En el reverso de la letra debe figurar:

- Nombre de la persona a la que se avala (avalado). Si no se indica nombre alguno, se entiende que se avala al aceptante, y en defecto de éste al librado.
- Fecha del aval.
- Nombre, domicilio y firma del avalista.

⑭ **Endoso**: si el tomador de la letra no quiere o no puede encargarse de su cobro, o simplemente si le conviene, puede ceder la letra a otra persona mediante **endoso**, transmitiendo en este caso todos los derechos resultantes de la misma.

En el endoso intervienen: el **endosante** o cedente y el **endosatario** o adquirente.

No se podrá endosar la letra cuando contenga la cláusula «no a la orden».

En el endoso debera figurar:

- Nombre y domicilio de la persona a quien se cede la letra (endosatario). Cuando éste recibe el documento se convierte en el nuevo tomador y, en consecuencia, adquiere todos los derechos resultantes de la letra.
- Fecha del endoso.
- Domicilio y firma de la persona que cede la letra (endosante).

CASO PRÁCTICO 3

D. Roberto Sánchez Julián, con domicilio en Madrid, c/. Reina Victoria, 64, compró a la editorial McGraw-Hill una colección de libros el día 3 de mayo de 1996 por un importe de 175.000 ptas.

Se fijó como forma de pago una letra a pagar a 30 días vista a la orden del Banco Central Hispano, con domicilio en la c/. Gran Vía, 35, de Madrid.

La aceptación se produce 10 días después de la firma de la letra.

Esta letra se cumplimentaría de la siguiente manera:

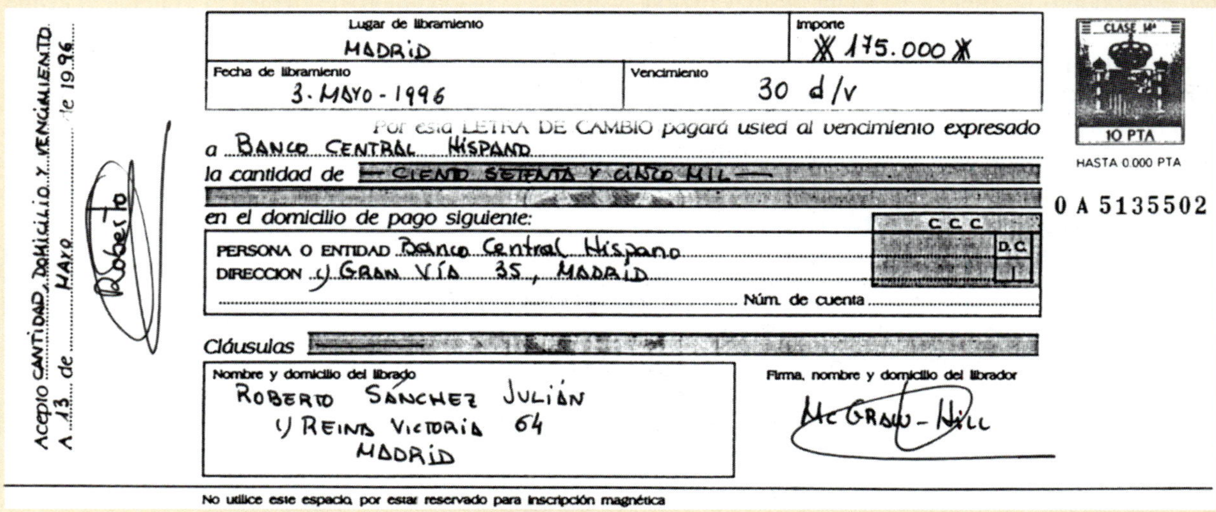
Acepto CANTIDAD, DOMICILIO Y VENCIMIENTO
A 13 de MAYO de 1996

Lugar de libramiento: MADRID
Importe: ✱175.000✱
Fecha de libramiento: 3-MAYO-1996
Vencimiento: 30 d/v

CLASE 14ª — 10 PTA — HASTA 0.000 PTA

0 A 5135502

Por esta LETRA DE CAMBIO pagará usted al vencimiento expresado
a BANCO CENTRAL HISPANO
la cantidad de — CIENTO SETENTA Y CINCO MIL —
en el domicilio de pago siguiente: C.C.C.
PERSONA O ENTIDAD Banco Central Hispano
DIRECCIÓN c/ GRAN VÍA 35, MADRID
Núm. de cuenta

Cláusulas

Nombre y domicilio del librado:
ROBERTO SÁNCHEZ JULIÁN
c/ REINA VICTORIA 64
MADRID

Firma, nombre y domicilio del librador: McGRAW-HILL

No utilice este espacio por estar reservado para inscripción magnética

Esquema 11.7. Solución al Caso Práctico 3.

CASO PRÁCTICO 4

Siguiendo con el Caso Práctico 3, la empresa McGraw-Hill exige a don Roberto Sánchez Julián que alguien garantice el pago de la letra, y don Roberto convence a don Pedro García Bustillo, que vive en Madrid, c/. Obispo Acuña, 6, quien lo avala el día 13 de mayo de 1996.

El reverso de la letra se completaría como sigue:

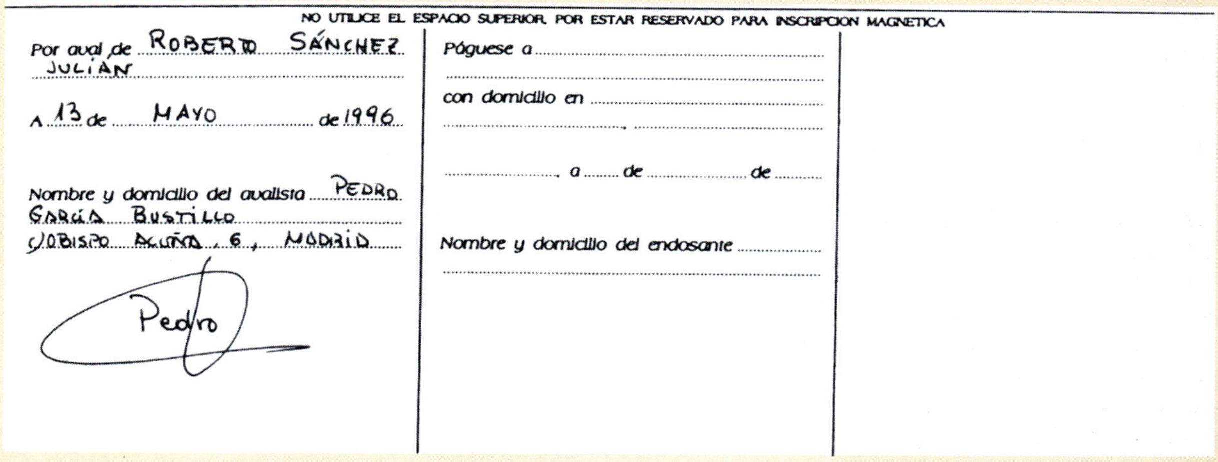

NO UTILICE EL ESPACIO SUPERIOR, POR ESTAR RESERVADO PARA INSCRIPCION MAGNETICA

Por aval de ROBERTO SÁNCHEZ JULIÁN

A 13 de MAYO de 1996

Nombre y domicilio del avalista PEDRO GARCÍA BUSTILLO C/OBISPO ACUÑA, 6, MADRID

Pedro

Páguese a ...

con domicilio en ...

... a ... de ... de ...

Nombre y domicilio del endosante ...

Esquema 11.8. Solución al Caso Práctico 4.

Una letra de cambio puede ser endosada tantas veces como se desee.

⑮ **Espacio para otras declaraciones cambiarias.** Aquí se pueden fijar los sucesivos endosos o avales, etcétera.

11.3.2. El cheque

Los cheques son documentos que contienen una orden de pagar una determinada cantidad de dinero. Partiendo de sus características, lo podemos definir como: **título valor por medio del cual una persona** (*librdor*) **manda u orde-**

CASO PRÁCTICO 5

Con los mismos datos de los Casos Prácticos 3 y 4, el día 2 de junio de 1996 se transmite por endoso la letra a la Caja de Madrid, c/. Rubí, 32, de Madrid.

Quedaría de la siguiente manera:

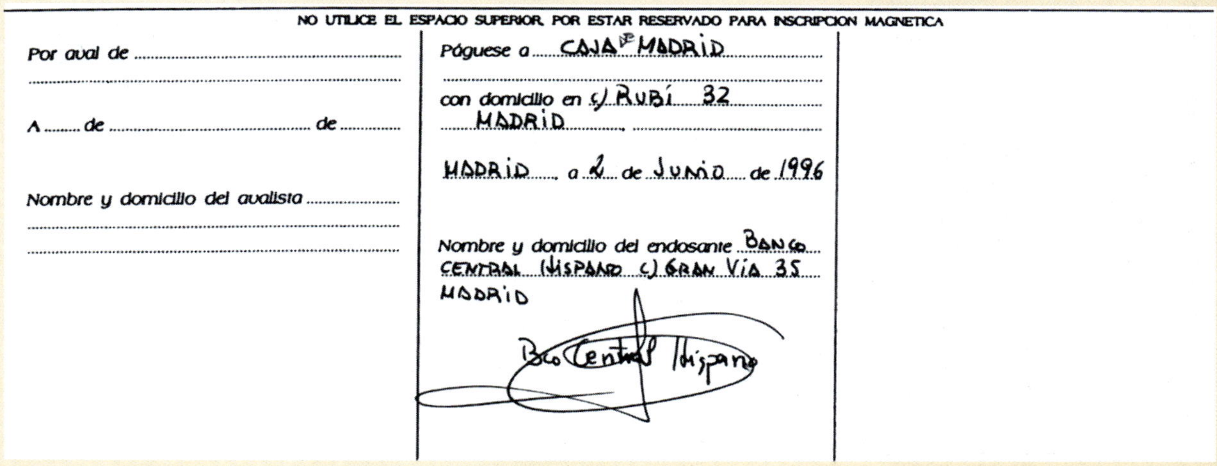

NO UTILICE EL ESPACIO SUPERIOR, POR ESTAR RESERVADO PARA INSCRIPCION MAGNETICA

Por aval de ...

A ... de ... de ...

Nombre y domicilio del avalista ...

Páguese a CAJA DE MADRID

con domicilio en C/ RUBÍ 32 MADRID

MADRID a 2 de JUNIO de 1996

Nombre y domicilio del endosante BANCO CENTRAL HISPANO C/ GRAN VÍA 35 MADRID

Bco Central Hispano

Esquema 11.9. Solución al Caso Práctico 5.

na a una entidad de crédito (*librado*) **el pago de una cierta cantidad de dinero que previamente esté en poder de aquélla, a la orden del mandante o de un tercero** (*tomador*), **quedando con ella obligados solidariamente todos los firmantes.**

El cheque es una forma de disponer de nuestros fondos, ya que podemos cumplimentarlo y exigir al banco (librado) que nos lo pague en caja, y también una *forma de pago,* ya que podemos entregarlo a un tercero como si se tratase de dinero.

❑ Personas que intervienen en el cheque

- **Librado:** es el banco o entidad de crédito que ha de pagar el cheque a su presentación con cargo a los fondos del librador.
- **Librador:** es la persona que dispone de los fondos de la cuenta. Es imprescindible que aparezca su firma de puño y letra en el cheque.
- **Tomador:** es la persona que tiene que recibir el importe del cheque.

❑ Forma del cheque

En el cheque deben aparecer los siguientes datos:

① *Nombre y domicilio del librado* (banco que realiza el pago).
② *Número de cuenta que el librador tiene en el banco librado.*
③ *Cantidad expresada en cifras.*
④ *Indicación del tomador* (nombre de una persona o al portador).
⑤ *Cantidad expresada en letras.*
⑥ *Lugar y fecha de expedición* (en letra).
⑦ *Firma del librador.*
⑧ *Número de serie.*

❑ Formas de emitir un cheque

La forma de emitir un cheque va a determinar quién es su tenedor, y puede hacerse de tres formas:

- *Al portador.* Son los cheques que llevan esta expresión. Deben pagarse a la persona que lo presente al cobro. El tomador es el poseedor del cheque, que se transmite con la simple entrega.
- *Nominativos.* Se emiten a favor de una persona determinada, que es la que debe cobrarlos.
- *A la orden.* Son los que indican una persona determinada con cláusula «a la orden», que pueden ser transmitidos por medio del endoso.

❑ Cheques especiales

Para aumentar la seguridad del cheque y evitar que personas distintas a las designadas por el librador puedan cobrarlo, existen unas modalidades de cheques que tienen ese objetivo, y que son:

- **El cheque cruzado.** El librador o tomador de un cheque lo cruzan por medio de dos barras paralelas sobre el anverso. Puede ser *general* o *especial.* Tanto uno como otro tienen como fin limitar la posibilidad de cobrar el cheque a los bancos o a las entidades de crédito, ya que el tomador no podrá cobrarlo directamente, sino que tendrá que presentarlo necesariamente a través de una de estas entidades.

  Es *general* si sólo contiene las dos barras paralelas sin otra mención, o bien si contiene además las palabras «banco», «y compañía» u otras equivalentes.

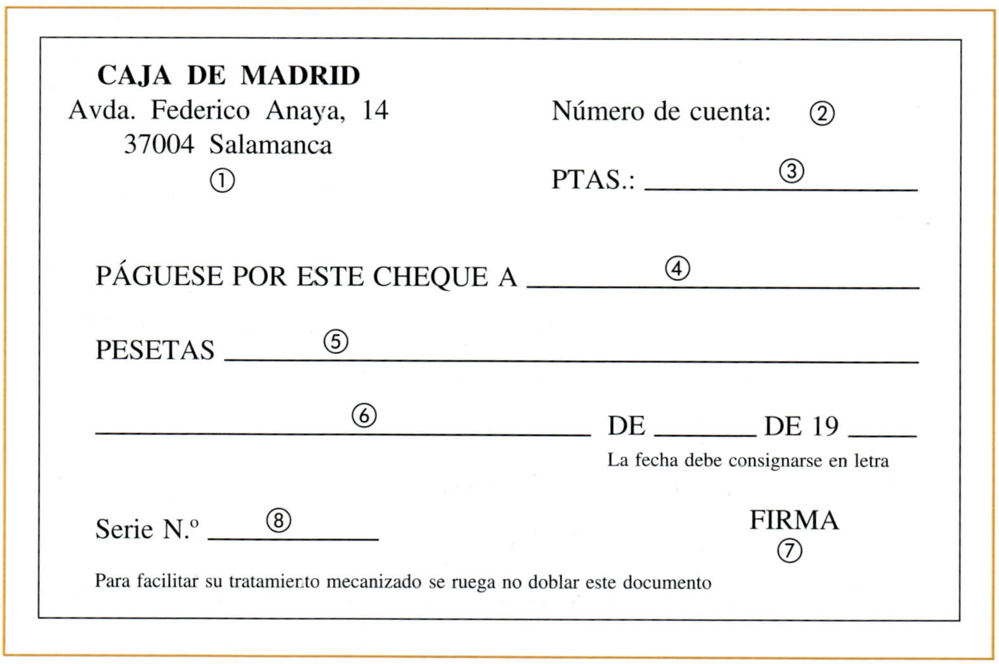

Esquema 11.10. Modelo de cheque.

Se trata de un cheque cruzado *especial* cuando, además de las barras cruzadas, se añade el nombre de una entidad bancaria determinada. En este caso sólo podrá presentarse el cheque en el banco que aparece designado.

- **Cheque para abonar en cuenta.** El librador o el tomador del cheque pueden prohibir su pago en efectivo si añaden la mención «para abonar en cuenta» u otra equivalente en el anverso.

  En este caso, el librado sólo podrá abonar el cheque mediante un ingreso en una cuenta bancaria.

- **Cheque conformado.** Es aquel en el que el librado (banco), a través de una declaración, manifiesta que todos los datos señalados en él son conformes (que

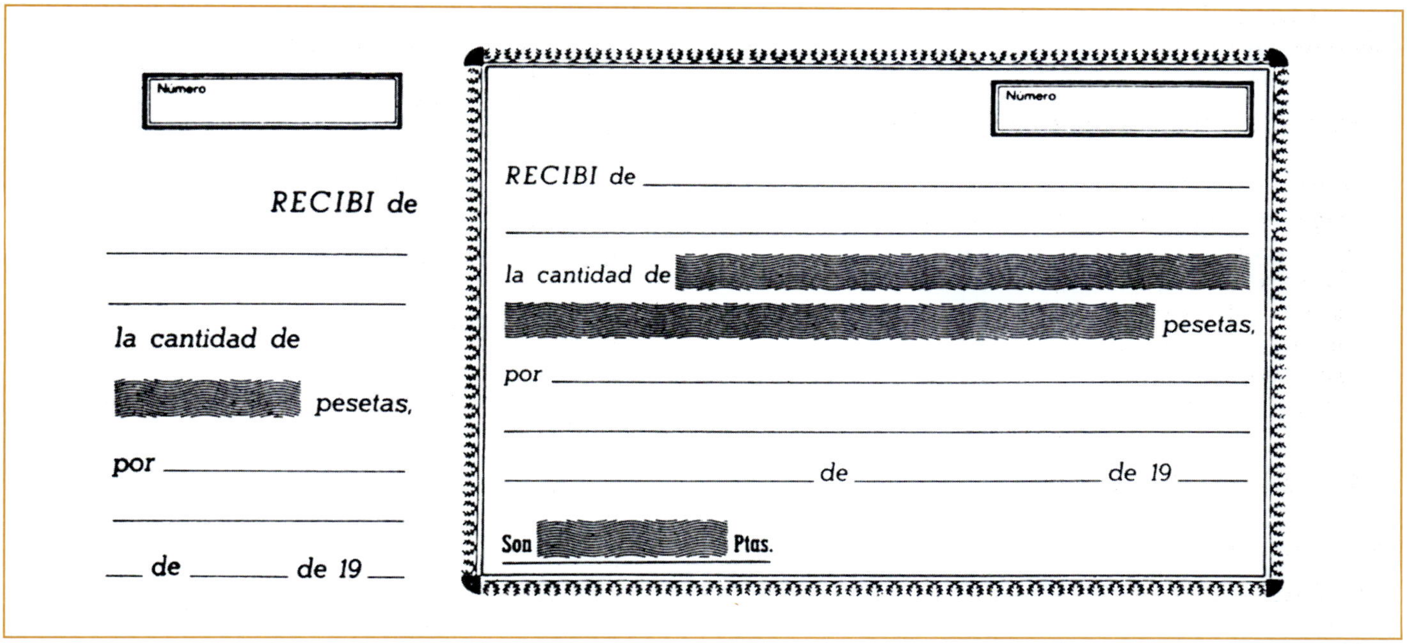
Número
RECIBI de
la cantidad de
pesetas,
por
de
de 19
Número
RECIBI de
la cantidad de
pesetas,
por
de
de 19
Son
Ptas.

Esquema 11.11. Modelo de recibo.

CASO PRÁCTICO 6

Don Rodolfo García Gómez se ha presentado en nuestra oficina para pagar en efectivo la factura 3.025, el día 5 de agosto de 1996, por un importe de 25.300 ptas. El recibo es el número 245.

Su cumplimentación sería la siguiente:

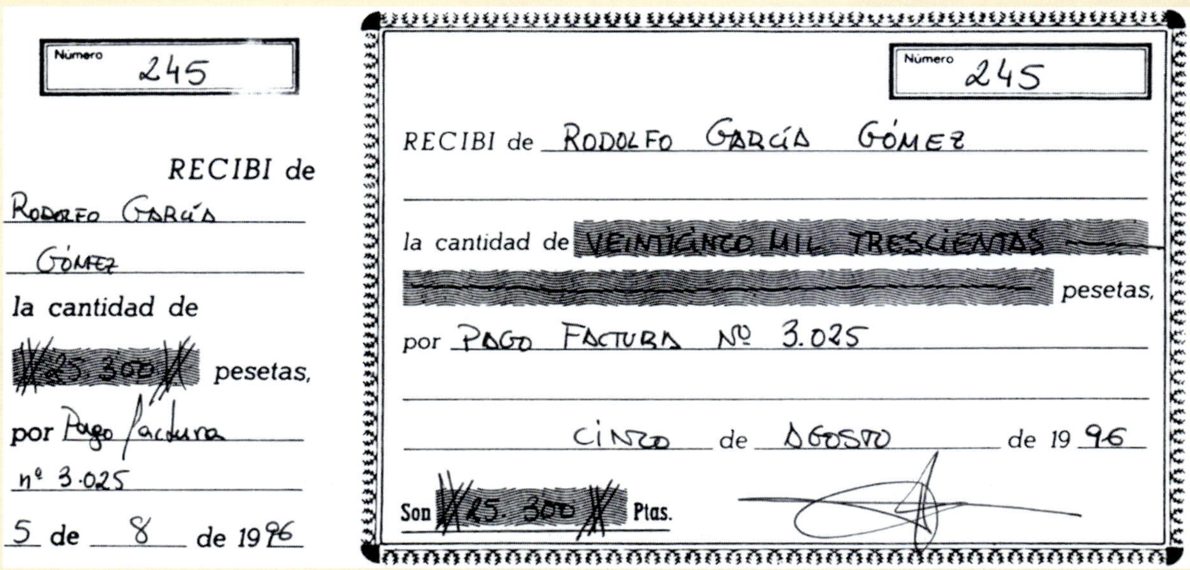
Número 245
RECIBI de Rodolfo García Gómez
la cantidad de ##25.300## pesetas,
por Pago factura nº 3.025
5 de 8 de 1996
Número 245
RECIBI de RODOLFO GARCÍA GÓMEZ
la cantidad de VEINTICINCO MIL TRESCIENTAS pesetas,
por PAGO FACTURA Nº 3.025
CINCO de AGOSTO de 1996
Son ##25.300## Ptas.

Esquema 11.12.

existen fondos suficientes para el pago). Esta conformidad se realiza en el dorso del cheque.

El librado retendrá de la cuenta del librador la cantidad necesaria para pagar el cheque a su presentación.

11.3.3. El recibo

Los recibos son los documentos mediante los que la persona que los elabora y los da reconoce haber recibido una cantidad de dinero de la persona que acepta el recibo.

Generalmente los recibos van en talonarios y constan de dos partes.

- *El recibo propiamente dicho,* que se entrega a la persona que efectúa el pago como justificante del mismo.
- *La matriz,* que queda en el talonario y contiene datos esenciales del recibo, como el número, el nombre del pagador, la cantidad pagada y el motivo del pago.

No existe un modelo oficial de recibo, por lo que cada empresa deberá elaborar los suyos propios.

En el recibo deben figurar los siguientes datos:

— Número del recibo.
— Nombre de la persona o empresa que entrega el dinero.
— Cantidad de dinero, en letra y en número.
— Concepto por el que se paga.
— Lugar y fecha de expedición del recibo.
— Nombre y firma de la persona que recibe el dinero.

Actividades de Enseñanza – Aprendizaje

1 Analiza los procesos administrativos en la empresa.

2 Realiza operaciones comerciales relacionadas con la compraventa.

3 Confecciona un modelo de factura.

4 Recopila facturas y comprueba que sus requisitos formales son correctos.

5 Señala las ventajas e inconvenientes de pagar o cobrar mediante una letra de cambio.

Actividades de Evaluación

1 ¿Qué entiendes por gestión comercial?

2 ¿Qué función cumple un albarán y qué datos debe contener?

3 ¿Qué datos debe contener una factura?

4 Analiza los supuestos especiales que existen en las facturas.

5 ¿Qué es un letra de cambio y cuándo se usa?

6 ¿Qué datos ha de incluir una letra de cambio?

7 ¿Qué personas pueden intervenir en una letra de cambio?

8 ¿Cómo puede ser el vencimiento de una letra de cambio?

9 ¿Qué es el endoso?

10 ¿Qué personas intervienen en un cheque?

11 ¿Para qué sirve un recibo?

12 Resuelve el siguiente suspuesto y confecciona los documentos correspondientes:

Don José García Gómez, con domicilio en Salamanca, c/. Azafranal, 6, compró una motocicleta a don Luis Pérez Pérez, de Salamanca, con domicilio en c/ Federico Anaya, 40, por valor de 200.000 pesetas.

Se fijó como forma de pago una letra por el total del importe.

Ésta se firmó en Salamanca el día 10 de enero de 1997, y se fijó como vencimiento 120 días después de la firma.

Como domicilio de pago se establece el mismo de don José García, que acepta la letra el día 20 de enero de 1997.

Don Luis Pérez exige que alguien garantice el pago de la letra, y don José convence de ello a don Rogelio García García, que vive en Zamora, c/. Obispo Acuña, 6, quien lo avala el día 20 de enero de 1997.

APLICACIÓN DE LOS CONOCIMIENTOS ADQUIRIDOS A UN CASO REAL

PLAN DE EMPRESA

OBJETIVOS

1. **Conocer los pasos que hay que dar para elaborar un plan de empresa.**
2. **Elaborar un plan de empresa.**

Introducción

Con este ejemplo práctico pretendemos hacer una exposición clara sobre cómo elaborar un plan de empresa, de forma que, con los conocimientos adquiridos hasta ahora, y a la vista del caso que vamos a presentar, el alumno tenga una guía para poder realizar él mismo su propio plan de empresa.

Diseñar un plan de empresa consiste en plasmar en un documento la idea o proyecto que tenemos.

Este documento tiene una gran importancia por dos razones:

1. Permite planificar todos y cada uno de los aspectos que debemos tener previstos antes de iniciar la actividad, de tal forma que nada quede al azar, asegurándonos así unas probabilidades de éxito mayores.
2. De cara al exterior, un plan de empresa bien elaborado nos ayudará a conseguir financiación, a atraer nuevos socios, subvenciones estatales, etc.

Organización del plan de empresa

1. Presentación del proyecto.
   - 1.1. Descripción de la idea.
   - 1.2. Descripción del objetivo.
2. Área comercial.
   - 2.1. El producto o servicio.
   - 2.2. El mercado.
   - 2.3. La clientela.
   - 2.4. La competencia.
   - 2.5. El plan de ventas.
3. Área técnica.
   - 3.1. Plan de emplazamiento.
   - 3.2. Plan de producción.
   - 3.3. Organización y dirección.
4. Área económico-financiera.
   - 4.1. Inversiones necesarias.
   - 4.2. Capacidad financiera.
   - 4.3. Previsión de ventas.
   - 4.4. Previsión de gastos.
   - 4.5. Presupuesto de tesorería.
   - 4.6. Balance y cuenta de resultados previsionales.
   - 4.7. Umbral de rentabilidad.
5. La decisión.
   - 5.1. Reflexiones sobre la viabilidad comercial, técnica y económico-financiera.
   - 5.2. Cálculo de rentabilidad.
     - 5.2.1. Viable.
     - 5.2.2. No viable.
       - — Abandono.
       - — Revisión de la idea.
6. Elección de la forma jurídica.
7. Calendario de actividades.
8. Obtención de recursos.
   - 8.1. Humanos: personal, mano de obra.
   - 8.2. Económicos.
     - 8.2.1. Recursos propios.
     - 8.2.2. Recursos ajenos.
   - 8.3. Materiales.
     - 8.3.1. Ubicación, locales.
     - 8.3.2. Suministros.
     - 8.3.3. Materias primas y otros productos.
9. Trámites administrativos.
10. Comentarios al proyecto.

1. Presentación del proyecto

En primer lugar vamos a describir la actividad a la que va a dedicarse la empresa y cómo surgió la idea.

1.1. Descripción de la idea

A la hora de describir la idea se debe señalar cómo ha surgido; si se trata de una idea nueva o ha surgido de la observación de alguna otra o del descubrimiento de alguna oportunidad en el mercado; si se ha dado algún paso hacia la consecución del objetivo; los principales problemas que se han planteado, y si se ha conseguido alguna ayuda o se espera conseguir.

1.2. Descripción del objetivo

Se trata de explicar cuáles son los objetivos que se pretenden alcanzar; el tamaño de nuestra empresa y las perspectivas para los próximos años.

ALOJAMIENTOS DE TURISMO RURAL

1. Presentación del proyecto

El sector turístico ha experimentado un fuerte crecimiento en los últimos años y, según los datos que se desprenden de los estudios del sector, se espera una tendencia alcista de la demanda para los próximos años.

Además, se observa un cambio en las costumbres y en los gustos de los consumidores. Si bien el turismo de fuera de nuestras fronteras sigue buscando sol y playa, el turismo del interior cada vez demanda más un turismo de tipo cultural, medioambiental y rural.

Hemos centrado nuestra idea precisamente en el *turismo rural.* Cada vez son más los ciudadanos que reclaman este tipo de servicios; sin embargo, la oferta de plazas es insuficiente y en algunas zonas inexistente.

Ante esta oportunidad de mercado, y pensando en la creación de una empresa y el conocimiento del sector de uno de los promotores (que son tres en total), creemos conveniente invertir en el sector del turismo rural con el fin de conseguir una rentabilidad de una forma lúdica y atractiva para nosotros.

Hemos estudiado nuestras posibilidades, la normativa sobre ordenación de alojamientos de turismo rural y la posibilidad de conseguir ayudas. En el primer análisis de la situación nos parece un proyecto posible, por lo que nos decidimos a estudiarlo en profundidad. Nuestro objetivo inmediato es crear una casa de turismo rural con capacidad para 14 personas (7 habitaciones dobles). Cabe la posibilidad de ampliar la capacidad rehabilitando otra vivienda tradicional colindante, pero se pospone para una segunda etapa.

2. Área comercial

2.1. El producto o servicio

En cuanto al producto o servicio se deberán tener en cuenta los siguientes aspectos:

- □ En primer lugar, habrá que describir de manera clara el producto o servicio que se va a comercializar. Esto nos servirá de punto de referencia para compararlo con otros productos existentes en el mercado. Se destacarán los aspectos innovadores y si el producto o servicio representa alguna ventaja para el cliente frente a los de los competidores.
- □ En segundo lugar, se relacionarán sus características técnicas distinguiendo según se trate de un producto o un servicio:
  - — En el caso de un producto, habrá que especificar materiales, componentes, dimensiones, para qué sirve, las necesidades que pretende cubrir, etc.
  - — Cuando se trate de un servicio, se explicará en qué consiste, qué necesidades pretende cubrir, etc.
- □ Además, se calculará el coste del producto o servicio (coste de producción + gastos comerciales).
- □ Por último, nos referiremos a la política de precios que vamos a seguir:
  - — En función de los costes.
  - — En función de la competencia.
  - — En función de los clientes.

2.1. El producto o servicio

Nuestro servicio principal consiste en ofrecer alojamiento confortable y cómodo en un enclave rural de gran atractivo paisajístico y ecológico.

Como complemento al alojamiento se ofertarán desayunos y menús elaborados con productos de la zona y recetas tradicionales.

Además, los clientes podrán realizar distintas actividades recreativas y deportivas: senderismo, bicicleta, paseos a caballo, etc. En algunas de ellas se contactaría también con gente de la zona.

Por otra parte, se pondrán a disposición de los clientes planos e información cultural de la zona, así como guías turísticas, si lo demandan.

Dado el carácter estacional de esta actividad, se ha pensado en otros servicios alternativos que cubran aquellos períodos en los que no existe demanda o es muy baja.

Fundamentalmente, el turismo rural se realiza en fin de semana o en períodos vacacionales (verano, Semana Santa), por lo que se ha pensado contactar con asociaciones de tercera edad y personas mayores de grandes ciudades para ofrecerles un «turismo de acompañamiento» en una zona rural. Con esto quedarían cubiertas las temporadas más bajas.

La política de precios que se sigue en el sector, y que será la que sigamos nosotros al principio hasta que la empresa esté consolidada, es aplicar el precio medio de la competencia, con lo cual los precios serían los siguientes:

- Alojamiento por persona y día en habitación doble . . . . 2.500 ptas.
- Alojamiento por persona y día en habitación individual . . . . 3.500 ptas.
- Desayuno por persona y día . . . . 250 ptas.
- Comida por persona y día . . . . 900 ptas.
- Cena por persona y día . . . . 900 ptas.

En temporada baja se pretende hacer una oferta dirigida a personas de la tercera edad, aplicando un descuento del 30 por 100 sobre el precio de pensión completa, quedando ésta en 3.000 ptas. por persona y día.

2.2. El mercado

El estudio del mercado tiene dos objetivos: demostrar la viabilidad del proyecto y proporcionar la información necesaria para el establecimiento de estrategias.

La profundidad del estudio de este mercado la va a determinar el momento en que consigamos la información necesaria que nos convenza de que existe un hueco en el mercado para el producto o servicio.

Las fuentes que podemos utilizar son fundamentalmente:

— Observación directa.
— Utilización de la información que aparece en los boletines económicos, anuarios estadísticos, etc. (véase Anexo, «Dónde buscar información para hacer un estudio de mercado», U.T. 2).

☐ En primer lugar, se describirá el entorno que puede afectar a la actuación de la empresa:

— Tecnológico.
— Demográfico.
— Legal y político.
— Económico.
— Sociocultural.
— Medioambiental.

☐ Una vez que conozcamos el entorno en el que vamos a actuar, se señalarán las posibles amenazas del sector (empresas que quieran entrar, etc.), así como las oportunidades que ofrece.

☐ Asimismo, se debe determinar la etapa en que se encuentra, si es un mercado creciente o decreciente, si está en desarrollo o declive, ya que estos datos condicionarán nuestro plan de *marketing*.

☐ Es necesario delimitar el mercado en el que va a actuar la empresa, así como las personas que usarán su producto o servicio. Hay que especificar, de la forma más aproximada que se pueda, la cifra de ventas globales del mercado y el número de clientes potenciales que puedan absorber el producto o servicio ofertado y, en función de esto, el volumen de ventas que podríamos lograr.

2.2. Descripción del mercado

La observación global de la estructura de la población, así como de la evolución de la tendencia del gasto y de la forma de vida, deja entrever algunos cambios importantes en la sociedad:

- Urbanización creciente de la población.
- Aumento del nivel de vida.
- Elevación del nivel cultural.
- Mayor preocupación por el medio ambiente.

Todos estos cambios se reflejan en la estructura del gasto de las familias. Así, en los últimos años se ha observado un aumento global del turismo, sobre todo del llamado turismo «verde». Mientras que en Europa, en los últimos 10 años el turismo se ha incrementado en un 7 por 100, el turismo rural ha aumentado entre un 10 y un 20 por 100, según los países. En España, el comportamiento es similar, y son muy numerosas las familias que demandan alojamientos en zonas rurales, donde puedan disfrutar de la naturaleza, hacer deporte, conocer las tradiciones culturales y la artesanía de la zona y disfrutar de una gastronomía a base de productos autóctonos.

Sin embargo, se ha comprobado que la oferta de este tipo de alojamientos es escasa, sobre todo en determinadas zonas.

Las administraciones, teniendo en cuenta que es una actividad en expansión que puede generar un gran número de empleos, y la escasa infraestructura existente, han puesto en marcha una línea de ayudas y subvenciones para inversiones en alojamientos rurales, lo que supone una «oportunidad» para nuestra empresa.

2.3. La clientela

En este apartado describiremos a nuestros clientes potenciales, cuál es su perfil, cuáles son sus motivaciones de compra, etc.

2.3. La clientela

Los clientes a los que va dirigido nuestro servicio son las familias:

- Con hijos menores de 14 años.
- Con un nivel de renta superior a 3.000.000 de ptas. de ingresos anuales por unidad familiar.
- Procedentes de un entorno urbano que esté a 3-4 horas de distancia.
- Nivel cultural medio-alto.

Nuestro servicio secundario: «turismo para la tercera edad», lógicamente tiene un perfil de cliente muy distinto, cuyas características serían:

- Personas solas o matrimonios mayores.
- El nivel de renta sería sustancialmente más bajo, de uno a dos millones de ptas. de renta anual, ya que la distribución del gasto de las familias mayores es muy diferente y su capacidad de ahorro es mucho mayor.
- Su procedencia sería igualmente de entornos urbanos (municipios de más de 75.000 habitantes).

2.4. La competencia

A la hora de analizar la competencia deberemos:

- ☐ Analizar y describir sus productos o servicios.
- ☐ Destacar sus puntos fuertes y débiles y compararlos con los de nuestra empresa.
- ☐ Conocer el número de empresas que están en el mercado al que quiero acceder, la cifra de ventas de cada una de ellas (este dato se puede obtener en el Registro Mercantil o a través de alguna agencia de informes comerciales) y la participación de cada una de ellas en ese mercado.

2.4. La competencia

En nuestro caso, el lugar elegido para la ubicación de nuestra empresa carace de alojamientos de estas características. Tan sólo cuenta con una pequeña fonda con capacidad para 10 personas y su oferta está dirigida a transeúntes en general.

En poblaciones cercanas a 10-20 km, existen alojamientos de distinta clase, pero ninguno de ellos pertenece a una red de turismo rural. Su negocio está orientado a alojar trabajadores temporales de la zona.

La oferta total de plazas hoteleras en la zona es de 54 plazas, pero ninguna está en la línea del turismo rural.

La diferencia que existe entre el servicio que oferta la competencia y el nuestro es fundamentalmente la calidad. Queremos que nuestro servicio tenga mayor calidad que la oferta que existe, por lo que le añadiremos las siguientes ventajas competitivas:

- Decoración de las instalaciones según la costumbre de la zona.
- Crear un ambiente familiar, de modo que los clientes se encuentren «como en su casa».
- Ofrecer menús baratos pero de alta calidad, utilizando productos propios de cada estación y de la zona.
- Posibilitar a la clientela la realización de actividades culturales y deportivas, informándola de lugares de interés cultural y natural, facilitándola documentación y poniendo a su disposición medios para realizar estas actividades: alquiler de bicicletas, guías de la zona, etc.
- Incluir nuestra casa en una red nacional de alojamientos de turismo rural.

2.5. Plan de ventas

En este apartado tendremos en cuenta:

- ☐ Los canales de distribución del producto que pensamos utilizar.
- ☐ Si se va a vender a través de representantes, su número y coste.
- ☐ El sistema de comunicación del producto que vayamos a utilizar: publicidad en prensa, *mailings*, ofertas de lanzamiento, catálogos, demostraciones de productos, etc.
- ☐ Si fuera posible, se realizará una previsión de ventas.
- ☐ Determinar el beneficio esperado (beneficio bruto = = facturación total − costes totales).

2.5. Plan de ventas

El sistema de ventas utilizado en este tipo de actividad, normalmente es la atención directa al cliente. Ahora bien, como ya hemos dicho, tenemos pensado incluir nuestra casa en una red de alojamientos de turismo rural. La mayoría de ellas cuenta con una central de reservas. Hemos contactado con una red que opera en nuestra región y supone un coste de un 7 por 100 sobre el importe de las reservas que gestionen desde la central. Por otra parte, queremos dar a conocer nuestra empresa utilizando los siguientes medios:

- Se realizarán 1.000 dípticos, en papel reciclado y a tres colores, en los que se describirá el alojamiento y sus características, así como un plano de situación y la dirección y el teléfono para contactar. Se distribuirán en oficinas de turismo, agencias de viajes y otros lugares de interés. El coste de imprenta y distribución es de 25.000 ptas.
- Coincidiendo con la apertura del negocio, hemos previsto un publirreportaje en una periódico regional. El importe de esta comunicación es de 50.000 ptas.
- Acudir a ferias de turismo, como FITUR, a través del *stand* que instale la provincia o la comunidad autónoma.
- Distribuir publicidad (carteles, dípticos, etc.) en congresos y jornadas relacionadas con el turismo y el medio ambiente.

Hemos procurado ser prudentes en la previsión de las ventas y hemos calculado para el primer año una ocupación del 50 por 100 durante los meses de julio y agosto (60 días) y 10 días en el período de Semana Santa. El resto del año se calcula: 25 fines de semana con el mismo porcentaje de ocupación (50 días), y 30 días que se ocuparían con clientes de la tercera edad (siempre con el 50 por 100 de ocupación).

El segundo año calculamos los mismos días y una ocupación del 70 por 100, aumentando el período ocupado por clientes de tercera edad a 40 días.

El tercer año esperamos que el porcentaje de ocupación ascienda al 80 por 100 en las fechas señaladas y que nuestros clientes mayores demanden 50 días.

La previsión de ventas que resulta es la siguiente:

- 1.er año . . . . (60 + 10 + 50) × 14 = (si la ocupación fuera total)
  1.680 × 50% = 840 alojamientos
  840 desayunos
  840 cenas
  400 comidas
  Clientes 3.ª edad 30 × 7 . . . . . . 210 alojamiento + pensión completa
- 2.º año . . . . . . 1.680 × 70% = 1.176 alojamientos
  1.176 desayunos
  1.176 cenas
  500 comidas
  Clientes de la tercera edad 40 días al 50% . . . . 280 alojamientos + + pensión completa
- 3.er año . . . . 1.680 × 80% = 1.344 alojamientos
  1.344 desayunos
  1.344 cenas
  600 comidas

Clientes de la tercera
edad 50 días al 50% . . . . .350 alojamientos +
+ pensión completa

Según las previsiones anteriores, los ingresos que se obtendrían son:

• Año 1	840 × 2.500 =	2.100.000 ptas.
	840 × 250 =	210.000 ptas.
	840 × 900 =	756.000 ptas.
	400 × 900 =	360.000 ptas.
	210 × 3.000 =	630.000 ptas.
Total 1.er año		4.056.000 ptas.
• Año 2	1.100 × 2.500 =	2.750.000 ptas.
	1.100 × 250 =	275.000 ptas.
	1.100 × 900 =	990.000 ptas.
	500 × 900 =	450.000 ptas.
	280 × 3.000 =	840.000 ptas.
Total 2.º año		5.305.000 ptas.
• Año 3	1.300 × 2.500 =	3.250.000 ptas.
	1.300 × 250 =	325.000 ptas.
	1.300 × 900 =	1.170.000 ptas.
	600 × 900 =	540.000 ptas.
	350 × 3.000 =	1.050.000 ptas.
Total 3.er año		6.335.000 ptas.

3. Área técnica

3.1. Plan de emplazamiento

En este apartado se debe indicar:

- ☐ La situación de la empresa: municipio, zona (indicando si se ubicará en algún polígono industrial, centro comercial, etc.).
- ☐ La proximidad de la empresa a las vías de comunicación. Es conveniente adjuntar un mapa o plano de la zona donde se pueda apreciar la ubicación de la empresa.
- ☐ Las políticas municipales o regionales de ayudas a la instalación de nuevas empresas.
- ☐ Los suministros y servicios existentes en la zona.
- ☐ La posibilidad de abastecerse de materias primas y otros productos en la zona.
- ☐ Si se puede subcontratar los servicios o trabajos con otras empresas.

3.1. Plan de emplazamiento

El emplazamiento elegido para nuestra empresa es un pequeño pueblo de la provincia de Zamora, situado en un enclave de gran atractivo paisajístico y que conserva vivas muchas de sus tradiciones y fiestas populares. Actualmente tiene una población de 500 habitantes. La zona cuenta con muchos parajes de gran belleza, a los que sólo se puede acceder andando, por lo que se pueden hacer rutas de distinta duración, en función de las posibilidades de cada uno.

A escasos kilómetros se encuentra un embalse donde se pueden practicar deportes acuáticos.

Por otra parte, en un radio de 50 kilómetros existen interesantes vestigios de otras épocas: arte prerrománico, románico y medieval.

Al pueblo se puede llegar por la carrtera comarcal 222 si se dispone de vehículo propio, o utilizando el transporte público que existe, que se comunica con la capital de la provincia con una frecuencia de dos veces diarias: al mediodía y por la tarde.

La zona cuenta con establecimientos suficientes y de calidad para el abastecimiento de las materias primas necesarias para llevar a cabo la actividad.

En cuanto a las posibilidades de subcontratación de servicios, se ha pensado contactar con personas del pueblo (chicos y chicas jóvenes y con cierto nivel cultural) para que con una pequeña formación previa, puedan hacer de guías cuando alguien lo requiera.

3.2. Plan de producción

Este apartado tiene una gran imortancia para realizar el cálculo de costes y precios. Para ello tendremos en cuenta los siguientes conceptos:

- ☐ Especificaremos, en unidades, el plan de producción previsto para tres años.
- ☐ Indicaremos la capacidad productiva y si está previsto algún cambio de la misma en el futuro.
- ☐ Tendremos en cuenta las características de la mano de obra necesaria: la cualificación requerida y su coste.
- ☐ Calcularemos el coste del producto o servicio:
  - — Costes fijos o indirectos: gastos de personal, Seguridad Social, alquileres, suministros y servicios exteriores, impuestos, amortización, etc.
  - — Costes variables o directos: materias primas y todos los costes que estén asociados a la producción directamente.
  - — Costes de comercialización: comisiones de venta, gastos de distribución, etc.
- ☐ Calcularemos el precio de venta; para ello habrá que determinar la estrategia de precios que se considere más interesante para la empresa: en función de los costes o en función de la competencia o de los consumidores.

  Se argumentarán los precios que se han fijado. Los compararemos con los de la competencia y explicaremos a qué se deben las diferencias.
- ☐ Determinaremos si la demanda es estacional o continua. En el primer caso se indicará si se introducirán productos o servicios complementarios para cubrir los períodos de menor actividad.

3.2. Plan de producción

Como ya hemos señalado en el Apartado 2.5) del plan de ventas, hemos procurado ser cautos en cuanto a las expectativas de ventas, calculando una ocupación en días del 30 por 100 del año (120 días) y en cuanto a capacidad el 50 por 100 para el primer año, el 70 por 100 para el segundo año y el 80 por 100 para el tercer año; todo ello calculado sobre los 120 días/año.

Con estas previsiones, las posibilidades de crecimiento del volumen de ingresos son numerosas y fácilmente realizables en los años siguientes al de puesta en marcha de la actividad.

La política de precios que se ha seguido, como ya se indicó, consistente en fijar el precio medio que aplica la competencia, ya que son los precios que el cliente de este tipo de alojamientos está dispuesto a pagar.

En cuanto a los gastos que va a suponer ofrecer el servicio, calculamos que serán los siguientes:

Coste de producción	Año 1	Año 2	Año 3
Desayunos	840 × 100 = = 84.000	1.100 × 100 = = 110.000	1.300 × 100 = = 130.000
Comidas	840 × 300 = = 252.000	1.100 × 300 = = 330.000	1.300 × 300 = = 390.000
Cenas	400 × 450 = = 180.000	500 × 450 = = 225.000	600 × 450 = = 270.000
	200 × 1.050 = = 210.000	280 × 1.050 = = 320.000	350 × 1.050 = = 367.000
Total coste	726.000	985.000	1.157.000

Los gastos de personal imputables al coste de producción son:

- Costes salariales del gerente (promotor del proyecto): 1.200.000 ptas. el primer año; 1.700.000 ptas. el segundo, y 2.000.000 ptas el tercero; en estas cantidades está incluida la cuota patronal a la Seguridad Social.
- Costes salariales de los trabajadores: se contratará una persona a tiempo parcial (20 horas semanales en principio), que se irá ampliando en función de las necesidades. Su coste,. incluida la Seguridad Social, es de 800.000 ptras. el primer año; 890.000 ptas. el segundo, y 980.000 el tercero.

Coste de producción	Año 1	Año 2	Año 3
Gastos personal	2.000.000	2.590.000	2.980.000

Otros gastos que hay que considerar dentro de los costes de producción en esta actividad son el consumo de energía y combustible, puesto que éstos varían en función del nivel de ocupación.

Coste de producción	Año 1	Año 2	Año 3
Electricidad	100.000	126.000	132.000
Combustibles	180.000	190.000	200.000

Otro aspecto que hemos tenido en cuenta son los gastos de comercialización. Suponen un 7 por 100 del importe de las reservas efectuadas a través de la central de reservas. En el caso de que la mitad de la ocupación se realice mediante este sistema, estos gastos ascenderían a:

Coste de producción	Año 1	Año 2	Año 3
Gastos de comercialización	142.000	195.000	222.000

Sumando las cantidades anteriores, resulta un coste total de producción de:

Coste de producción	Año 1	Año 2	Año 3
Coste total	3.148.000	4.086.000	4.691.000

3.3. Organización y dirección

En este apartado hay que hacer referencia a los aspectos de recursos humanos y de personal para la realización del proyecto. Se trata de organizar a los participantes en el proyecto teniendo en cuenta las funciones que van a cumplir, que vendrán determinadas por los objetivos que se pretenda alcanzar en función del esquema organizativo de la empresa y sus dependencias jerárquicas y funcionales.

En cuanto a la política de personal, es conveniente determinar la plantilla actual y la evolución a medio plazo, así como los sueldos y la forma de repartir beneficios.

3.3. Organización y dirección

El promotor del proyecto se encargará directamente de la gestión de la empresa, así como de otras tareas propias del negocio. Dadas sus habilidades en materia de restauración, tendrá a su cargo la elaboración de comidas, así como el abastecimiento de los productos necesarios.

Se requerirán los servicios de una persona que se encargue de la limpieza y del servicio de comidas.

Según las previsiones realizadas en cuanto a la ocupación, en principio sólo serán necesarios sus servicios los fines de semana, los meses de julio y agosto y el período de Semana Santa, por lo que se hará un contrato a tiempo parcial, excepto para los meses de mayor ocupación, que será a jornada completa.

Previsiblemente, la ocupación irá en aumento. En función de este crecimiento se irá ampliando la duración de la jornada y, si fuera necesario, el número de trabajadores.

4. Área económico-financiera

En este apartado se concentrarán todos los datos obtenidos del plan de empresa, de modo que a través de él podamos obtener la siguiente información:

- ☐ Los fondos que vamos a necesitar para desarrollar el proyecto, es decir, la inversión inicial que tendremos que efectuar más todos los recursos financieros que utilizaremos para acometer la actividad.
- ☐ La estructura financiera de la empresa, es decir, los recursos propios y ajenos de la misma.
- ☐ Calcular la rentabilidad de los recursos invertidos.

4.1. Inversiones necesarias

Es necesario realizar un plan de las inversiones que tendremos que hacer para iniciar la actividad, cuantificando su valor: instalaciones, locales, maquinaria, mobiliario, vehículos, etc.

4.1. Inversiones necesarias

- Inmueble. 5.000.000 ptas.
- Acondicionamiento y mejora del edificio (instalación de calefacción y agua caliente, cuartos de baño y otras reformas). . . . . 4.285.000 ptas.
- Mobiliario y electrodomésticos. . . . . 1.400.000 ptas.
- Utillaje. 85.000 ptas.

- Total inversiones iniciales. . . . . 10.770.000 ptas.

4.2. Capacidad financiera

Aquí citaremos las fuentes económicas con las que contaremos para financiar el plan de inversiones: capital de que disponemos, inversiones de otros socios, préstamos bancarios, subvenciones, créditos de proveedores, etc.

4.2. Capacidad financiera

Para el desarrollo de la actividad disponemos de un edificio valorado en 5.000.000 de pesetas.

Se ha pedido un préstamo bancario a cinco años de 3.000.000 ptas. que nos conceden al 10 por 100 de interés anual. El primer año sólo se pagan intereses. Los restantes, además de los intereses, se amortizarán la deuda a razón de 750.000 ptas. por año.

El promotor aporta una cantidad de 3.020.000 ptas. para cubrir los gastos iniciales.

La comunidad autónoma dispone de subvenciones para el sector del turismo rural a las cuales podríamos acogernos, pero en el momento en que nos informaron de las mismas estaba cerrado el plazo de solicitud. Podríamos esperar hasta el año siguiente o buscar otra forma de financiación. El promotor que aporta el capital decidió aportar la cantidad necesaria y no retrasar el inicio de la actividad.

4.3. Previsión de ventas

La previsión de ventas la establecemos a partir de los datos del estudio de mercado, en el que ya la hemos determinado, así como el precio del producto.

4.3. Previsión de ventas

La previsión que hemos hecho de las ventas para los tres primeros años la hemos expuesto en el Apartado 2.5), Plan de ventas.

Esta previsión es la siguiente:

1.er año.	4.056.000 ptas.
2.º año.	5.305.000 ptas.
3.er año.	6.335.000 ptas.

4.4. Previsión de gastos

Los gastos los determinaremos a partir de la previsión de ventas, de los costes de producción y de personal.

4.4. Previsión de gastos

Además de los costes directos, que dependen del volumen de ventas y que hemos relacionado en el Apartado 3.2), Plan de producción, hemos tenido en cuenta los siguientes gastos:

Previsión de gastos	Año 1	Año 2	Año 3
Compras.	726.000	985.000	1.157.000
Reparaciones y conservación.	20.000	40.000	60.000
Seguros.	35.000	37.000	40.000
Publicidad y gastos de ventas.	217.000	195.000	222.000
Suministros (gas y elec.). . .	300.000	316.000	332.000
Otros suministros.	100.000	126.000	132.000
Tributos (IAE y tasas muni.).	32.000	33.000	35.000
Gastos personal (sal. + S.S.).	2.000.000	2.590.000	2.980.000
Gastos financieros (int. 10%).	300.000	300.000	225.000
Amortizaciones.	1.153.000	1.068.500	1.068.500
Total gastos.	4.883.000	5.690.500	6.251.500

El cálculo que se ha hecho de las amortizaciones es el siguiente:

Inmueble: 5.000.000 × 10% anual.	500.000
Instalaciones: 4.285.000 × 10% anual (10 años).	428.500
Mobiliario: 1.400.000 × 10% anual (10 años).	140.000
Utillaje: 85.000 amortización en 1 año. . . .	85.000
Total amortizaciones año 1.	1.153.000
Total amortizaciones año 2.	1.068.500
Total amortizaciones año 3.	1.068.500

4.5. Presupuesto de tesorería

En él se recogen las entradas y salidas de fondos líquidos. Mediante la diferencia de cobros y pagos podremos determinar las necesidades de financiación de la empresa a corto plazo.

4.5. Presupuesto de tesorería

PRIMER AÑO (en miles de pesetas)

Presupuesto de tesorería	Ene.	Feb.	Mar.	Abr.	May.	Jun.	Jul.	Ago.	Sep.	Oct.	Nov.	Dic.
1. Saldo inicial			1.000	250	85	94	332	716	1.095	1.044	1.185	1.086
Cobros por:												
Ventas				337	273	588	814	809	358	561	154	162
Aportación socios			3.020									
Préstamos			3.000									
2. Total cobros			6.020	337	273	588	814	809	358	561	154	162
Pagos:												
Proveedores				60	49	105	145	145	64	100	28	30
Reparaciones									20			
Publicidad				75					100			42
Suministros:												
Luz				10		20		25		25		20
Teléfono					20		20		30		30	
Combustible				100						100		
Seguros				35								
Tributos:												
IAE				27								
Impuestos municipales							5					
Sueldos y sal. + S.S.				195	195	225	260	260	195	195	195	280
Gastos financieros												300
Otros mobiliario y acondi.			5.770									
3. Total pagos			5.770	502	264	350	430	430	409	420	253	672
4. Saldo neto (2 − 3)			250	−165	9	238	384	379	−51	141	−99	−510
5. Saldo final (1 + 4)			250	85	94	332	716	1.095	1.044	1.185	1.086	576

SEGUNDO AÑO (en miles de pesetas)

Presupuesto de tesorería	Ene.	Feb.	Mar.	Abr.	May.	Jun.	Jul.	Ago.	Sep.	Oct.	Nov.	Dic.
1. Saldo inicial	576	505	419	302	318	389	639	1.134	1.529	1.576	1.956	1.874
Cobros por ventas	130	110	200	400	352	730	964	958	450	730	200	81
2. Total cobros	130	110	200	400	352	730	964	958	450	730	200	81
Pagos:												
Proveedores	25	21	37	74	66	135	179	178	83	135	37	15
Reparaciones			15								25	
Publicidad				35				100				60
Suministros:												
Luz		15		15		25		25		20		26
Teléfono	16		15		20		25		25		25	
Combustible			90						100			
Tributos:												
IAE				28								
Impuestos municipales							5					
Seguros				37								
Sueldos y sal. + S.S.	160	160	160	195	195	320	260	260	195	195	195	295
Gastos financieros												300
Devolución préstamo												750
3. Total pagos	201	196	317	384	281	480	469	563	403	350	282	1.446
4. Saldo neto (2 − 3)	−71	−86	−117	16	71	250	495	395	47	380	−82	−1.365
5. Saldo final (1 + 4)	505	419	302	318	389	639	1.134	1.529	1.576	1.956	1.874	509

TERCER AÑO (en miles de pesetas)

Presupuesto de tesorería	Ene.	Feb.	Mar.	Abr.	May.	Jun.	Jul.	Ago.	Sep.	Oct.	Nov.	Dic.
1. Saldo inicial	509	393	287	260	372	502	613	1.382	2.160	2.230	2.326	2.253
Cobros por ventas	98	115	280	643	459	680	1.327	1.350	520	560	210	93
2. Total cobros	98	115	280	643	459	680	1.327	1.350	520	560	210	93
Pagos:												
Proveedores	18	21	51	117	84	124	242	247	95	102	38	18
Reparaciones			25					20		15		
Publicidad			35			50			100			37
Suministros:												
Luz		20		20		25		25		22		20
Teléfono	16		16		20		30		30		20	
Combustible				100						100		
Seguros				40								
Tributos:												
IAE				29								
Impuestos municipales							6					
Sueldos y sal. + S.S.	180	180	180	225	225	370	280	280	225	225	225	385
Gastos financieros												225
Devolución préstamo												750
Otros	—	—	—	—	—	—	—	—	—	—	—	—
3. Total pagos	214	221	307	531	329	569	558	572	450	464	283	1.435
4. Saldo neto (2 − 3)	−116	−106	−27	112	130	111	769	778	70	96	−73	−1.342
5. Saldo final (1 + 4)	393	287	260	372	502	613	1.382	2.160	2.230	2.326	2.253	911

4.6. Balance y cuenta de resultados previsionales

Se elaboran a partir de los datos obtenidos anteriormente. Les damos la denominación de previsionales porque corresponden a una situación teórica de la empresa en un futuro inmediato (en el ejemplo vamos a hacer una estimación a tres años).

El *balance* (como vimos en la U. T. 5) refleja la situación financiera de la empresa en un momento determinado. Está compuesto por el *activo*, o recursos que tiene la empresa para producir (bienes y derechos), y el *pasivo*, o fuentes de financiación de los recursos.

4.6. Balance previsional

BALANCE

ACTIVO		PASIVO	
Inmovilizado material:		Capital:	8.020.000
Edificio	5.000.000		
Instalaciones	4.285.000	Préstamos	
Mobiliario	1.400.000	a largo plazo	3.000.000
Utillaje	85.000		
Total	10.770.000		
Amortizaciones	−1.153.000		
Cajas y bancos	576.000		
Pérdidas y ganancias	827.000		
Total activo	11.020.000	Total pasivo	11.020.000

En la *cuenta de resultados* se aprecia el resultado económico de la empresa para un período determinado: beneficio o pérdida. Recoge las partidas de ingresos y gastos del período siguiendo unas determinadas normas contables.

CUENTA DE RESULTADOS

Concepto	Año 1	Año 2	Año 3
Ingresos por ventas	4.056.000	5.305.000	6.335.000
1. Total ingresos	4.056.000	5.305.000	6.335.000
Gastos			
Compras	726.000	985.000	1.157.000
Reparaciones y conservación	20.000	40.000	60.000
Seguros	35.000	37.000	40.000
Publicidad y gastos de ventas	217.000	195.000	222.000
Suministros (gas y elec.)	300.000	316.000	332.000
Otros suministros	100.000	126.000	132.000
Tributos (IAE y tasas muni.)	32.000	33.000	35.000
Personal (sueldos + S. S.)	2.000.000	2.590.000	2.980.000
Financieros (intereses 10%)	300.000	300.000	225.000
Amortizaciones	1.153.000	1.068.500	1.068.500
2. Total gastos	4.883.000	5.690.500	6.251.500
3. Margen bruto (ventas − compras)	3.330.000	4.320.000	5.178.000
4. Resultado antes de impuestos (1 − 2)	−827.000	−385.500	83.500
5. Impuesto de sociedades (30%)			25.050
6. Resultado (4 − 5)	−827.000	−385.500	58.450
7. *Cash-flow* (6 + amortiz.)	326.000	683.000	1.126.950

4.7. Umbral de rentabilidad

Es el punto en que los ingresos se equiparan a los gastos. La empresa no tiene beneficios, pero tampoco tiene pérdidas. Este punto nos indica el volumen de ventas a partir del cual la empresa comienza a tener beneficios, y esta información se puede obtener a partir de la cuenta de resultados.

4.7. Umbral de rentabilidad

Según se desprende de la cuenta de resultados, empezaríamos a tener beneficios a partir del primer año.

Analizando esos datos vemos que la ocupación que hemos considerado en esa etapa (primer año) es del 50 por 100 sobre 120 días al año:

120 × 14 (núm. de plazas disponibles) = 1.680

1.680 × 50 por 100 = 840 ocupación considerada para el primer año.

Ahora bien, si consideramos la ocupación total anual que podemos ofrecer (360 × 14), el número de plazas disponibles es de 5.040.

Por tanto, el porcentaje *sobre el total anual*, a partir del cual obtengo beneficios, es el 16,6 por 100.

5. La decisión

Ha llegado el momento de tomar la decisión. De cada una de las áreas analizadas anteriormente podré obtener la información necesaria que determine la viabilidad o no del negocio.

5.1. Reflexiones sobre la viabilidad comercial, técnica y económico-financiera

A la vista de los resultados anteriores podré determinar:

- Si mi empresa tiene un hueco en el mercado.
- Si puedo contar con los medios técnicos necesarios para fabricar y/o comercializar el producto o poder ofrecer el servicio.
- Si dispongo de los recursos financieros necesarios para afrontar las necesidades presupuestarias con las que cuento.

5.1. Reflexiones sobre la viabilidad comercial, técnica y económico-financiera

Como resultado del estudio que hemos realizado sobre el mercado y nuestras posibilidades, tanto técnicas como económicas, resulta:

- Que existe una necesidad insatisfecha, ya que no hay alojamientos de este tipo en la zona donde queremos ubicar nuestra empresa, que es un lugar de gran atractivo natural y ecológico.
- Que el número de personas que demandan estos servicios es elevado y, según la tendencia del sector, es previsible que aumente.
- Que estamos en disposición de poder ofrecer este servicio a un precio bajo, pero cuidando la calidad.
- Que podemos contar con recursos financieros suficientes para hacer frente a las necesidades económicas.
- Y, sobre todo, tenemos una gran ilusión por llevar a buen puerto nuestra idea, con lo que podremos afrontar todas las dificultades que se nos presenten.

5.2. Cálculo de rentabilidad

Se trata de aplicar los conocimientos adquiridos para calcular la rentabilidad de una empresa en temas anteriores a partir del balance y la cuenta de resultados.

En función del análisis efectuado y los resultados obtenidos decidiremos si nuestra empresa es o no viable.

Si no la consideramos viable podemos tomar la decisión de abandonar la idea o de reconsiderarla, modificando aquellos aspectos que creamos necesario.

Si el resultado es que la empresa es viable, ¡manos a la obra!

5.2. Cálculo de rentabilidad

Dadas las características de nuestra empresa, podemos calcular la rentabilidad del dinero que hemos invertido en ella a partir de los siguientes índices:

- Rentabilidad = beneficio/inversión × 100.
- Recuperación de la inversión = inversión en activo fijo/*cash flow* anual.

En nuestro caso, no vamos a tener en cuenta el cálculo de la rentabilidad a partir de la fórmula anterior, ya que, según los resultados obtenidos en los dos primeros años, reflejados en la cuenta de pérdidas y ganancias obviamente, la rentabilidad va a ser negativa, al no haber obtenido beneficios en este período. A pesar de ello, no desistimos de nuestra idea, ya que nos sentimos satisfechos con el solo hecho (para nosotros el más importante) de crear dos puestos de trabajo y además poder amortizar parte de los capitales invertidos a la vista de las cuentas previsionales.

El tiempo que se tarda en recuperar la inversión lo calculamos a partir de la segunda fórmula y, según se tomen los datos del segundo o del tercer año, los resultados son los siguientes (no tenemos en cuenta el primer año, ya que no se considera significativo puesto que hay más gastos y menos ingresos de lo habitual):

$$\text{Recuperación de la inversión}_2 = \frac{10.770.000}{683.000} = 15{,}7$$

$$\text{Recuperación de la inversión}_3 = \frac{10.770.000}{1.126.950} = 9{,}5$$

Consideramos que los resultados que podemos obtener a partir del tercer año pueden ser muy satisfactorios, ya que, además de haber creado dos puestos de trabajo, es posible conseguir una rentabilidad al dinero invertido y se podría recuperar la inversión realizada en un plazo de 9 a 15 años.

6. Elección de la foma jurídica

La primera decisión que debemos tomar es si constituimos una sociedad o actuamos como empresario individual.

Esta decisión estará condicionada por:

- El número de promotores que integren el proyecto.
- El tipo de actividad de la empresa.
- La limiación de responsabilidad frente a terceros.
- Los aspectos fiscales.
- El capital necesario para iniciar la actividad.

Las ventajas e inconvenientes de cada una de las formas legales que podemos adoptar se han estudiado en la U. T. 7.

6. Elección de la forma jurídica

Desde que gestamos la idea de crear esta empresa siempre habíamos pensado que la forma jurídica que adoptaríamos sería la de Sociedad de Responsabilidad Limitada, ya que cumplimos los requisitos mínimos exigidos, y la responsabilidad de cada uno de los socios estaría limitada al importe de su cuota de participación.

7. Calendario de actividades

Es conveniente elaborar un calendario de las actividades que tendremos que realizar, representando de forma gráfica el inicio y la finalización de cada una de ellas. Podría hacerse con 52 casillas, que corresponderían una a cada una, sin excluir ninguna actividad por obvia que sea.

8. Obtención de recursos

8.1. Recursos humanos: personal y mano de obra

Sabemos la cantidad de mano de obra que vamos a emplear, ahora habrá que determinar el tipo de contrato que vamos a realizar, la duración del mismo, conocer el convenio colectivo por el que se rige nuestra actividad, etc.

Tendremos prevista la selección de personal y su contratación para el inicio de la actividad.

8.1. Recursos humanos

Hemos contactado con gente de la zona que conozca las costumbres y el territorio, ya que esto sería de gran ayuda para la atención que queremos dar a nuestros clientes.

Como ya hemos apuntado en el plan de producción, hemos pensado en contratar a una persona a tiempo parcial, en principio 20 horas semanales (4 h. el viernes, 8 h. el sábado y 8 h. el domingo). Estas horas se irían incrementando a medida que la actividad lo requiera.

El tipo de contrato que se efectuaría el de Lanzamiento de Nueva Actividad, ya que con esta modalidad puede hacerse a tiempo parcial.

El convenio colectivo que afecta a esta actividad es el de hostelería.

8.2. Recursos económicos

Si no contamos con capital suficiente para afrontar las necesidades económicas de la empresa, tendremos que conseguir financiación ajena, bien mediante obtención de deuda, que devolveremos en unos plazos determinados y con unos intereses establecidos, o bien atrayendo nuevos socios, a quienes tendremos que ceder parte del control de la empresa a cambio de sus aportaciones de capital, pero nos ahorraríamos el coste financiero que conlleva la obtención de deuda.

❑ Recursos propios

- **Nuevos socios.** Ésta es una fuente de financiación importante a tener en cuenta para proyectos de nueva creación. A cambio de la inversión que depositan, los socios van a obtener una rentabilidad, participarán en la propieda de la sociedad y tendrán derecho a tomar decisiones que afecten a la empresa.
- **Capital riesgo.** Es una participación, con carácter temporal, en el proyecto de una empresa. El inversionista es una entidad financiera y participa en calidad de accionista, cobrando beneficios pero no intereses. Suele exigir el nombramiento de algún ejecutivo de la entidad, como consejero de la sociedad creada, con el fin de controlar directamente la gestión de la empresa.

❑ Recursos ajenos

La obtención de financiación ajena es uno de los principales problemas con los que nos vamos a encontrar; sin embargo, existen algunas fórmulas en el mercado que nos permitirán superar esta dificultad. Algunas de ellas son:

- **Bancos comerciales.** Ofrecen una serie de productos financieros destinados a financiar la inversión de las PYMES, como préstamos, créditos, líneas de crédito y descuento comercial, etc.

  El plan de empresa que hemos elaborado nos ayudará cuando acudamos a un banco en busca de financiación, ya que así sabremos qué cantidad vamos a necesitar, el tiempo en que pensamos amortizar la deuda y los plazos. No obstante, las entidades bancarias siempre intentarán eliminar el mayor riesgo posible, para lo que exigirán algún tipo de garantía personal, hipotecaria, etc. Por ello, si el emprendedor carece de garantías que pueda aportar, sus posibilidades de conseguir el dinero serán reducidas.

  Destacan los convenios de colaboración que algunos bancos suscriben con las distintas administraciones para conceder líneas de crédito blando a las inversiones empresariales. A través de estos convenios, los bancos financian activos fijos y/o circulantes de las empresas a un tipo de interés preferencial (interbancario) más un pequeño interés marginal, siempre que las empresas que solicitan dicha financiación hayan conseguido una subsidiación de los tipos de interés por parte de la administración.

- **Banca pública.** La carencia de recursos propios de las empresas, y las dificultades con que cuentan éstas a la hora de solicitar financiación en la banca comercial, al carecer de garantías para aportar ante las entidades de crédito, han hecho que se desarrollen programas específicos a través de la banca pública para apoyar la inversión empresarial. Ésta se encarga de canalizar los fondos comunitarios destinados a estas actividades.

  El Instituto de Crédito Oficial, el Banco Europeo de Inversiones y Argentaria, han puesto en marcha una serie de medidas que consisten en líneas de préstamo preferente y subsidiación de tipos de interés para financiar inversiones productivas de pymes.
- **Leasing.** Es un contrato de arrendamiento financiero por el que una empresa alquila a otra un bien, con una opción de compra. Al finalizar el período pactado, la empresa arrendataria podrá adquirirlo mediante el pago de un valor residual establecido en el contrato. La empresa, que jurídicamnte no tiene la propiedad del bien hasta que ha pagado la última cuota, cuenta con ventajas fiscales, pero los intereses que pagará son superiores a los bancarios.
- **Sociedades de Garantía Recíproca.** Están constituidas por pequeñas y medianas empresas. Éstas actúan como avalistas de sus socios, de forma que puedan acceder a operaciones crediticias. Además, ofrecen asesoramiento a los empresarios sobre los proyectos de inversión que pretenden acometer. Están reguladas por la Ley 1/1994 sobre Régimen Jurídico de las Sociedades de Garantía Recíproca.

8.2. Recursos económicos

Hemos presentado nuestro plan de empresa a un banco comercial de nuestra provincia. Lo ha valorado positivamente, y además contamos con garantías para respaldar el préstamo de 3.000.000 de ptas. que hemos solicitado (tenemos un edificio valorado en 5.000.000 de ptas.). Por tanto, no hemos tenido problema en que nos lo aprueben.

8.3. Recursos materiales

Tendremos que tener previstas y reflejadas en el calendario de actividades todas las actuaciones referentes a:

- Materialización de la compra o alquiler de locales, mobiliario, maquinaria, herramienta, etc.
- Adecuación de instalaciones.
- Suministros: agua, luz, etc.
- Contactos con proveedores, etc.

8.3. Recursos materiales

Como tenemos previsto el inicio de la actividad en el mes de abril, durante el primer trimestre del año nos dedicaremos a poner a punto todos los detalles referidos a instalaciones, mobiliario, equipamiento, decoración, etc.

9. Trámites administrativos

Los trámites necesarios para poner en marcha una empresa dependen de la actividad que vaya a realizar, del tipo de empresa, de si tiene o no trabajadores asalariados, etc. Estos trámites se han expuesto con detalle en la U. T. 8 y corresponden a los siguientes bloques:

- Trámites relativos a la constitución o adopción de personalidad jurídica.
  - — Persona física.
  - — Persona jurídica.
- Trámites de carácter general:
  - — En el Ministerio de Economía y Hacienda.
  - — En el Ministerio de Trabajo y en la Seguridad Social.
  - — En el Ayuntamiento.
- Trámites en el Registro Mercantil.
- Otros trámites de carácter específico, como Registro de la Propiedad Industrial, carnet de manipulador de alimentos, licencias para determinadas actividades, etcétera.

9. Trámites administrativos

Los trámites que tenemos que realizar para poner en marcha nuestro negocio son los siguientes:

- **Relativos a la forma jurídica adoptada:**
  - — Redacción de la escritura de constitución y de los estatutos.
  - — Obtención de la certificación negativa del Registro General de Sociedades Mercantiles.
  - — Otorgamiento ante notario de la escritura pública de constitución y aprobación de los estatutos.
  - — Inscripción en el Registro Mercantil.
- **Trámites en Hacienda y Registro Mercantil**
  - — Liquidación del Impuesto de TP y AJD.
  - — Obtención del Código de Identificación Fiscal.
  - — Alta en el censo de etiquetas y opciones IVA.
  - — Declaración previa al inicio de la actividad.
  - — Alta en el Impuesto de Actividades Económicas.

• **Trámites en el Ministerio de Trabajo y en la Seguridad Social:**

— Inscripción de la empresa en la Seguridad Social.
— Afiliación y alta de los trabajadores.
— Afiliación a la Seguridad Social de los socios.
— Formalización de los contratos de trabajo.
— Legalización de los libros oficiales.
— Solicitud de licencia de apertura.
— Comunicación de apertura del centro de trabajo.
— Adquisición y sellado del libro de matrícula y visitas.
— Confección del calendario laboral.

• **Trámites en el Ayuntamiento**

— Solicitud de licencia de obras.
— Solicitud de licencia de apertura.

10. Comentarios al proyecto

Para concluir, queremos insistir en la importancia que tiene la elaboración de un plan de empresa coherente y serio.

Como hemos visto a lo largo de este caso práctico, realizar un plan de empresa consiste en definir claramente nuestro producto o servicio, los clientes a los que va dirigido, el mercado, la competencia, hacer una previsión de ventas y de lo que nos va a costar producir el producto o servicio, calcular los gastos que origina la actividad para hacer un cálculo aproximado de los beneficios con todos estos datos, así como de la rentabilidad que vamos a obtener de los capitales invertidos.

Todo ello, junto con una perfecta planificación de las acciones necesarias previas al inicio de la actividad, harán que nuestra futura empresa tenga grandes posibilidades de éxito.

BIBLIOGRAFÍA

ASOCIACIÓN ESPAÑOLA DE FRANQUICIADORES: *Libro oficial de la franquicia en España,* 1977. AEF, 1997.

BELMONTE, I., y MARTÍN DE VALMASEDA, M.: *Proyecto empresarial.* Editex, 1996.

BERMEJO, M.; RUBIO, I., y DE LA VEGA, I.: *La creación de la empresa propia.* McGraw-Hill, 1994.

CÁMARA DE COMERCIO E INDUSTRIA DE MADRID: *Guía para la creación de empresas,* 1996.

CÁMARA DE COMERCIO E INDUSTRIA DE SALAMANCA Y ATC TORREALDAY: *Seminario de Franquicias,* 1996.

CEOE: *Gestión de la Pequeña y Mediana Empresa.* Instituto Superior de Estudios Empresariales, 1996.

COB MONTES, M.ª J.: *Guía para la creación de empresas.* Centro de Estudios Financieros, 1996.

COMISIÓN DE LAS COMUNIDADES EUROPEAS: *Iniciativas locales de desarrollo y empleo. Encuesta de la Unión Europea.* Luxemburgo, 1993.

COOKE, ROBERT: *Curso McGraw-Hill de finanzas para no financieros.* McGraw-Hill, 1994.

DEL VALLE, M.: *Cómo crear empresas rentables,* «Gestión 2000», 1996.

ELÍAS MONDEJA, A.: *La comunidad de bienes en la jurisprudencia y en la práctica.* Tirant lo Blanch, 1991.

FRADEJAS RUEDA, O.: *Derecho Mercantil: Código, Empresa, Sociedades, Títulos, Contratos, Concursal y Navegación.* McGraw-Hill, 1996.

GÓMEZ, J.; VALLE, V., y TRIGUEROS, J.: *Formacion y Orientación Laboral.* McGraw-Hill/Interamericana, 1996.

GUTIÉRREZ CONDE, J.: *Iniciación al mundo empresarial.* ESIC Editorial, 1994.

HALLORAN, J.: *Curso McGraw-Hill de creación de empresas en 36 horas.* McGraw-Hill, 1996.

IDEAS Y NEGOCIOS: Números 4-6-7-17-18-22 MAJ. Comunicación ediciones, 1995-96.

IMADE: *Guía para la creación d empresa,* 1996.

INEM: *Creación de pequeñas empresas e inserción laboral.* Escuelas Taller, 1992.

IRAZUSTA, M.ª: *Su dinero,* núms. 31 y 54. Diario «El Mundo».

KURILOFF, A., y HEMPHILL, J.: *Cómo hacer rentable un negocio desde el principio.* Deusto, 1984.

LÓPEZ-AMO, Á.: *Guía para crear tu empresa.* Guía Espasa, 1996.

LÓPEZ, S., y RUIZ, M.: *Prácticas administrativas 5.* McGraw-Hill, 1996.

LUDEVID, M., y OLLÉ, M.: *Cómo crear su propia empresa.* Marcombo Boixeareu Editores, 1994.

MAQUEDA LAFUENTE, F.: *Creación y dirección de empresas.* Ariel, 1991.

MONTALVO CORREA: *Derecho del trabajo: legislación básica.* McGraw-Hill, 1996.

NUENO, P.: *Emprendiendo.* Deusto, 1996.

OFICINA DE PUBLICACIONES OFICIALES DE LAS CC. EUROPEAS: *Crecimiento, competitividad y empleo. Retos y pistas para entrar en el siglo XXI. Libro blanco.* «Boletín de las CC. Europeas», suplemento 6/93, Luxemburgo, 1993.

ORPI, D.: *Confección de presupuestos y planes de viabilidad.* «Gestión 2000», 1995.

ORTIZ DE ZÁRATE, Á.: *Manual de franquicia.* Deusto, 1993.

PINILLA, F.; LÁZARO, I., y MARTÍNEZ, J.: *Procesos y Fundamentos de Administración y Gestión.* McGraw-Hill/Interamericana, 1994.

POPE, J.: *Investigación de mercados.* Parramon Ediciones, 1994.

RESNIK, P.: *Cómo dirigir una pequeña empresa. Decálogo de la supervivencia y el éxito.* McGraw-Hill/Interamericana, 1995.

RUIZ, E., y LÓPEZ, S.: *Prácticas administrativas 4.* McGraw-Hill, 1994.

RUIZ E., y LÓPEZ, S.: *Prácticas administrativas 4. Documentos.* McGraw-Hill, 1994.

SALINAS SÁNCHEZ, J. M.: *Formación y orientación laboral.* McGraw-Hill/Interamericana, 1995.

SÁNCHEZ, A., y CANTÚ, H.: *El plan de negocios del emprendedor.* McGraw-Hill, 1994.

SIEGEL, E.; SCHULZT, L.; FORD, B., y CARNEY, D.: *El plan de empresa.* Díaz de Santos, 1994.

TORMO & ASOCIADOS: *Franquicias 97.* Salina Olmedo, 1996.

TORREMOCHA HERNÁNDEZ, J. M.ª: *Guía para crear una empresa.* Cámara Oficial de Industria y Comercio de Valladolid, 1995.

VALLE, V., y GÓMEZ, J.: *Economía y organización de empresas.* McGraw-Hill, 1995.

VÁZQUEZ BONOME, A.: *Tratado de Derecho Cambiario. Letra, Pagaré y Cheque.* Dykinson, 1986.